KB259970

# 행복한 일터의 커뮤니케이션

토니 알레산드라 · 필립 헌스커  지음

최경희 · 정봉원  옮김

한언 HANEON.COM

# 행복한 일터의 커뮤니케이션

행복한 일터의 커뮤니케이션

# Communicating at Work

# 책머리에

쉬운 질문 : 다른 사람들을 관리하는 데 있어서, 정확하고 효과적이며 개방적인 커뮤니케이션이 중요하다고 생각하십니까?
대답: 물론이죠!

효과적으로 커뮤니케이션을 하지 못하는 사람은 절대로 직장에서 생산적인 사람이 될 수 없다. 만약 회사 구성원 각자가 해야 할 일에 관해 정확하게 커뮤니케이션을 하지 못한다면, 어떻게 그 일을 제대로 수행할 수 있겠는가? 더욱이 관리자인 당신이 부하직원들에게 업무 지시를 정확하게 했다 하더라도, 직원이 그것을 제대로 인식하지 못하거나 당신 혼자서만 정확하게 말했다고 느낀다면, 그 업무는 비효율적으로 진행될 수밖에 없다.

업무의 비효율로 인한 성과 저하는 당신은 물론 직원들의 사기를 떨어뜨리는 결과를 가져온다. 또한 명확하지 못한 커뮤니케이션은 업무를 제때 제대로 정확하게 수행될 수 없도록 하며, 부지불식간에 직원들을 태업상태로 빠뜨릴 수도 있다. 따라서 현명한 관리자라면 명확한 커뮤니케이션을 통해 업무 수행이나 상하간의 커뮤니케이션에 있어서 문제가 발생하지 않도록 노력을 기울일 수 있어야 한다.

　시간이 갈수록 정보가 지니는 자산적 가치는 기하급수적으로 팽창하고 있다. 예전에는 정보라는 것이 그다지 중요하게 취급되지 않았지만, 오늘날 정보가 지니는 힘과 가치는 부동산이나 공장설비 등을 제치고도 남을 만큼 엄청나다. 하지만 효과적으로 커뮤니케이션을 할 수 없다면 아무리 귀중한 정보도 적재적소에 쓰일 수 없다. 명확하고 효과적인 커뮤니케이션이 바로 '정보' 라는 자산을 얻고 처리하고 이용하는 열쇠인 것이다! 오늘날의 경영 환경은 급속한 속도로 변화하고 있다. 재조직, 기구축소, 통합, 인수, 신상품, 세계시장, 규제강화 등등 수많은 변수들이 속속 생겨나고 있는 것이다. 이러한 변수들은 조직과 그 구성원 각자에게 엄청난 압력으로 작용하며, 새로운 정보나 업무절차 및 수행과정 등에 관한 의견교환에 큰 장애요소가 되고 있다. 결국 효과적인 커뮤니케이션 기술은 어디든 조직에 소속되어 있는 사람이라면 필수적으로 갖추어야 할 중요 요건이 되는 것이다.

보다 어려운 질문 : 당신은 다른 사람들과 커뮤니케이션을 얼마나 잘 하십니까?
스스로 효과적이고 강력하게 커뮤니케이션을 하고 있다고 생각합니까?
아니면 적당히 효과적으로 커뮤니케이션 하십니까?
혹시 절대로 해서는 안 되거나 종종 오해를 살 수 있는
비효과적인 커뮤니케이션을 하고 있지는 않습니까?

대답 : 먼저, 스스로 자신의 커뮤니케이션 기술을 평가해 보아야 할 것입니다.

어떤 결과가 나왔습니까? 혹시 업무에서 비효율적인 커뮤니케이션으로 좌절하고 있습니까?

당신의 커뮤니케이션 기술에 만족하십니까?

커뮤니케이션을 하는 데 있어서 당신의 기술이 부족하다는 생각이 든다면, 지금부터라도 커뮤니케이션 기술을 향상시키기 위한 노력을 기울여야 합니다. 효과적으로 커뮤니케이션을 하는 사람들은 언제나 자신의 능력을 계발하기 위해 노력을 기울이는 사람들이라는 것을 기억하세요.


우리는 때때로 잘못된 커뮤니케이션으로 인해, 다른 사람들로부터 오해를 받거나 다른 사람을 오해하기도 한다. 이것은 잘못 해석될 수 있는 단어나 어구를 사용하기 때문이다. 또한 우리는 말하는 내용이나 사용하는 단어, 혹은 말하는 방법에 있어서의 모호함 때문에 스트레스를 받기도 한다. 여기서 명심해야 할 것은, 이러한 문제들이 효과적으로 커뮤니케이션을 하는 사람에게보다 비효과적으로 커뮤니케이션을 하는 사람에게서 훨씬 더 빈번하게, 그리고 정도가 더 심하게 나타난다는 것이다. 당신은 어떤 쪽에 속하는가?


비록 지금은 명확한 커뮤니케이션을 하는 데 자신이 없다 할지라도, 꾸준한 노력을 통해 커뮤니케이션 기술을 갈고 닦는다면, 지금 당신을 둘러싸고 있는 수많은 문제들은 대부분 해결될 수 있을 것이다. 그런 의미에서 이 책《행복한 일터의 커뮤니케이션》은 당신에게 무한한 가능성을 열어 줄 수 있으리라 확신한다. 이 책에서 다루고 있는 실제적이고, 세세한 커뮤니케이션 기술들은 어떤 상황, 어떤 경우에 부딪히더라도 효과적으로 커뮤니케이션을 할 수 있도록 짜여져 있다. 따라서 이 책의 모든 내용을 명확하게 숙지하기만 한다면, 책을 다 읽을 무렵 당신은 아마 훌륭한 의사소통자가 되어 있을 것이다. 또한 당신이 커뮤니케이션을 하는 데 별 어려움이 없는 사람이라면, 이 책에서 다루고 있는 광범위하고도 세밀한 지침들을 통해 더 효과적으로 커뮤니케이션을 할 수 있게 될 것이다.

어떤 경우에서든 또한 당신이 어느 정도의 커뮤니케이션 능력을 가지고 있든지 간에, 보다 나은 커뮤니케이션 기술을 배우고, 그것을 갈고 닦는 일은 꼭 필요하다. 이 점을 명심하라!


가장 어려운 질문 : 강력하고 역동적인 커뮤니케이션을 하기 위해서 당신은 어떤 방법을 사용하고 있습니까? 그 방법이 커뮤니케이션을 통해 당신이 필요로 하는 정확한 정보를 얻는 데 도움이 되고 있나요? 때때로 생겨나는 오해나 불신, 그리고 무관심 등은 어떻게 피하십니까?

대답 : 이 책을 끝까지 읽어 보십시오.

# 옮긴이의 글

　누구나 세상에 태어나면서부터 어떤 형태로든 인간관계를 맺게 된다. 그리고 이 인간관계는 평생을 통해 수많은 사람들과 다양한 형태의 인간관계로 확대된다. 이러한 인간관계에서 어떠한 느낌을 얻느냐에 따라 그 사람의 행복과 불행은 결정된다. 하지만 좋은 인간관계에서 느끼는 행복이 언제나 우리 곁에 있어주지는 않는다. 아마 당신도 알고 있겠지만, 살아가면서 점점 복잡해지는 인간관계에서 우리는 행복감보다는 너무나 많은 문제로 괴로워하는 경우가 더 많다.

　가정에서, 학교에서, 조직에서, 직장에서, 사회에서 문제를 느끼지 않는 날이 과연 얼마나 될까? 우리를 둘러싸고 있는 수많은 문제의 원인은 도대체 어디에 있는 것일까? 인간관계의 문제에 관해 조금이라도 생각해본 사람들은 인간관계의 문제는 대부분이 커뮤니케이션의 문제에서 기인한다는 것에 전적으로 동의한다. 그렇다면, 커뮤니케이션에서의 문제는 어떻게 해결할 수 있을까?

이 책에는 저자들이 수년간 연구해온 내용과 함께 강의를 통해 경험한 커뮤니케이션의 모든 것이 매우 상세하게 다루어져 있다. 특히 직장에서의 커뮤니케이션에 초점을 맞추어, 업무 중에 발생할 수 있는 커뮤니케이션상의 문제를 최소화하는 방법들을 알려 주고 있다. 또한 커뮤니케이션의 모든 내용을 실용적인 사례, 도표, 그림, 그리고 예문을 사용하여 이해하며 활용하기 쉽게 설명하고 있다.

사람에게는 누구나 타고난 성격유형이 있다. 타고난 성격과 환경에 의해 형성된 각자의 고유한 행동유형도 지니고 있다. 이 책의 또 하나의 특징은 사람을 네 가지 행동유형으로 나누고 각 행동유형의 특징 및 커뮤니케이션 방식을 설명하고 있다는 것이다. 따라서 이를 통해 먼저 당신의 커뮤니케이션의 특징을 알고 다른 사람들의 커뮤니케이션 방식을 파악하게 된다면, 당신의 커뮤니케이션은 인식하지 못한 채 그 수준이 높아져 있을 것이다. 다시 말해 커뮤니케이션에서 상호 적응력을 발휘할 수 있게 되는 것이다.

이 책의 또 다른 특징은 커뮤니케이션의 '3Vs' 즉, 언어적 · 음성적 · 시각적 요소를 빈틈없이 다루고 있다는 것이다. 어느 한 부분도 소홀함 없이 아주 진지하게 다루고 있다.
커뮤니케이션에 관해 강의하는 역자는 이 책을 만난 순간 큰 감동을 받았다. 그 어느 책보다도 충분한 이론과 실용적 방법론을 겸비한 이 책은 대학교재, 기업체 연수교재, 모든 조직의 교육자료로서 아주 귀중한 자료가 되겠다는 확신으로 가슴 벅찼다. 또한 커뮤니케이션에 관해 보다 많이 알고자 하는 사람들에게도 중요한 길잡이가 될 것으로 확신했다.

　이 책에 담긴 커뮤니케이션에 관한 주옥같은 지식들은 당신과 당신 주변의 사람들이 원만한 인간관계를 유지하는 데, 그리고 업무에서의 효과적인 의사소통을 가능케 하는 데 마술 같은 지침을 제공해 줄 것이다. 이 책은 독자 여러분을 위해 세상에 나왔다.

2003년 봄

**최경희 · 정봉원**

# 관계 속에서의 커뮤니케이션
**PART ONE**


## 미래의 완벽한 커뮤니케이션  21

일반적 문제지역 ┃ 송신상의 문제점 ┃ 주변의 소음 ┃ 수신상의 문제점


## 커뮤니케이션의 스타일  34

네 가지 행동유형 모델 ┃ 두 개의 간단한 질문 ┃ 직접성인가 혹은 간접성인가?
개방성인가 혹은 통제성인가? ┃ 당신은 어떤 행동유형인가?


## 네 가지 행동유형  59

사교형 ┃ 지시형 ┃ 사색형 ┃ 관계형


## 네 가지 행동유형의 커뮤니케이션  78

네 가지 행동유형에 적응하기 ┃ 일차원적 적응
역동적 커뮤니케이션과 적응력

# Contents

# 말을 통한 커뮤니케이션
**PART TWO**


## 적극적 경청  93

경청의 네 가지 단계 ｜ 카레스(CARESS) 모델 ｜ 집중 ｜ 인정 ｜ 조사
감정조절 연습 ｜ 비언어적 메시지 감각 ｜ 구조화 ｜ 적극적 경청 자세

## 질문 요령  118

왜 질문하는가? ｜ 질문의 두 가지 기본 형태
질문 전략 ｜ 깔때기 질문 기법

## 피드백 기법  134

피드백 형태 ｜ 효과적인 피드백 기술

## 갈등해결  157

갈등의 원인 ｜ 갈등의 4단계 ｜ 갈등관리 전략 ｜ 대면연속체
피해야 할 전략 ｜ 갈등해결 행동

# 글을 통한 커뮤니케이션
**PART THREE**

## 명확한 표현 기법  194

마인드맵의 테크닉 ㅣ 메시지 전달 ㅣ 글의 형식을 기능에 맞추어라

## 문체의 중요성  210

문체란 무엇인가? ㅣ 문체 전략

# Contents

# 비언어적 커뮤니케이션
**PART FOUR**


## 강력한 이미지 표출  231

첫인상 | 지식의 깊이 | 지식의 폭 | 열정

## 비언어적 커뮤니케이션의 힘  249

신체언어 | 제스처 조합 해석 | 신체언어가 유용하게 사용되는 예 | 신체언어의 중요성

## 효과적인 커뮤니케이션 기법  276

음성적 특성의 사용

## 효과적인 커뮤니케이션을 위한 공간배치  288

인간공간학에 대한 이해 | 인간공간학적 공간의 이용

## 효과적인 커뮤니케이션을 위한 시간관리  315

시간활용 방법

# 집단 커뮤니케이션

**PART FIVE**


## 프레젠테이션의 힘  330

두려움이 당신의 프레젠테이션을 성공으로 이끈다
성공을 위한 준비 ㅣ 성공을 위한 리허설과 시각화


## 회의의 마력  356

효과적인 회의를 위한 지침 ㅣ 효과적인 회의관리


## 효과적인 회의 진행  380

역동적인 회의의 리더십 ㅣ 문제해결을 독려하라 ㅣ 회의의 일관성 유지

Interpersonal
Communication

**PART ONE**

# 관계 속에서의 커뮤니케이션

— 원활한 업무 처리, 커뮤니케이션이 반이다.

미래의 완벽한 커뮤니케이션 ㅣ 커뮤니케이션의 스타일

네 가지 행동유형 ㅣ 네 가지 행동유형의 커뮤니케이션

한 사람의 생각과 다른 사람의 생각 사이에 놓여있는 장벽은
이 세상 그 어떤 것도 허물 수 없다.
— 윌리엄 제임스 *William James*


거의 모든 문제와 갈등, 실수와 오해는 아주 기본적인 커뮤니케이션 문제에서 기인한다. 이에 대해 윌리엄 제임스는 위에서처럼 커뮤니케이션의 장벽은 쉽게 '허물어질 수 없는*immutable*' 것이라고 말했다. 하지만 우리는 커뮤니케이션의 문제를 완전히 없앨 수는 없더라도 최소한으로 줄이거나 회피할 수는 있다고 믿는다.

당신이 살고 있는 이 세상은 '당신 자신과는 다른 사람들'로 가득 차 있다. 그러나 대부분의 사람들은 자신과는 다른 사람들로 가득 찬 이 세상에서 별 무리 없이 타인과 어울리며 살아가고 있다. 우리는 그 이유가 다른 사람의 도움 없이 혼자서는 절대 살아갈 수 없는 인간의 본성에 있다고 본다. 개인생활의 측면에서 인간은 안전과 안녕, 그리고 우정과 사랑을 갈구하기 때문에 서로를 필요로 하며, 타인을 자신의 곁에 두려고 한다. 또한 직장생활의 측면에서는 보다 효율적으로 목표와 목적을 이루기 위해 서로를 필요로 한다.

그러나 이러한 일련의 과정에서 커뮤니케이션이 제대로 이루어지지 않는다면 그 어떤 목표도 이룰 수가 없다. 따라서 커뮤니케이션은 인간과 인간을 한 데 엮어주는 기본적인 끈이다. 커뮤니케이션을 통해서 인간은 자신의 요구사항과 욕구, 생각과 감정 등을 타인에게 알린다. 이런 이유로 커뮤니케이션을 더 잘하는 사람일수록 자신의 희망과 꿈을 더 효과적으로 이룰 수 있게 된다.

1부 '관계 속에서의 커뮤니케이션'에서는, 당신의 커뮤니케이션

방식과 다른 사람의 커뮤니케이션 방식을 이해하는 데 도움이 되는 '대인간 커뮤니케이션 방식' 에 대해 설명할 것이다. 당신이 다른 사람들이 선호하는 커뮤니케이션 방식을 이해할 수 있다면 보다 효과적으로 당신의 커뮤니케이션 방식을 그것에 적응시키고, 타인에 대한 이해력을 증대시킬 수 있을 것이다. 이것은 궁극적으로 당신과 당신 주변의 사람들과의 신뢰관계를 한층 강화하는 데 도움이 될 것이다.

# 미래의 완벽한 커뮤니케이션

누군가로부터 이해받기를 바란다는 것은 사치스런 일이다.
– 랄프 왈도 에머슨 *Ralph Waldo Emerson*

영화 '스타 트렉*Star Trek(The Original Series)*' 에서 부선장 스팍 중령은 마음의 패를 봄으로써 자신과 발컨*Vulcan* (불의 신) 간에 완벽한 정보전달을 이룬다. 스팍 중령은 머리를 만짐으로써, 자신의 정보를 다른 사람의 마음으로 완전하게 전달한다. 이런 방법을 통해 그는 한치의 오류도 없이 자신의 뜻을 상대방에게 전달하고, 상대방의 뜻을 받아들인다. 하지만 불행하게도 우리는 다른 사람의 마음의 패를 볼 수 없다. 따라서 영적인 커뮤니케이션이 불가능한 인간들은 커뮤니케이션의 '3V', 즉 언어적*Verbal* · 음성적*Vocal* · 시각적*Visual* 요소를 포함한 매우 불완전한(자신의 마음을 정확하게 전달하는 데는 다소 무리가 있는) 커뮤니케이션 기술을 사용해야만 한다.

1장 '미래의 완벽한 커뮤니케이션' 에서는, 커뮤니케이션의 오류가 빈번하게 발생할 수 있는 장소와 커뮤니케이션의 문제를 회피할 수 있는 방법에 대해 다룰 것이다. 아울러 일반적인 커뮤니케이션 과정에 대해서도 다룰 것이다. 이를 통해 우리는 단순성과 실용성을 높이기 위해 이루어져야 할 커뮤니케이션의 과정을 보이는 데 주력할 것이다. 그것이 당신 스스로 커뮤니케이션 방식을 조정하고, 또 조정할 필요를 느끼게 해 주는 유일한 과정이 될 것이기 때문이다. 성공적인 인간관계에서는, 서로가 커뮤니케이션의 전체 과정에 깊이 관여하게 되므로, 위와 같은 과정을 이해하는 일은 매우 중요하다.

〈그림 1-1〉은 일반적으로 이루어지는 커뮤니케이션 방식을 개략적으로 나타낸 것이다. 이 방식은 송신자, 수신자, 송신 과정, 수신 과정, 메시지 등 다섯 개의 기본 요소로 구성된다.

〈그림 1-1〉 커뮤니케이션 과정의 일반모형

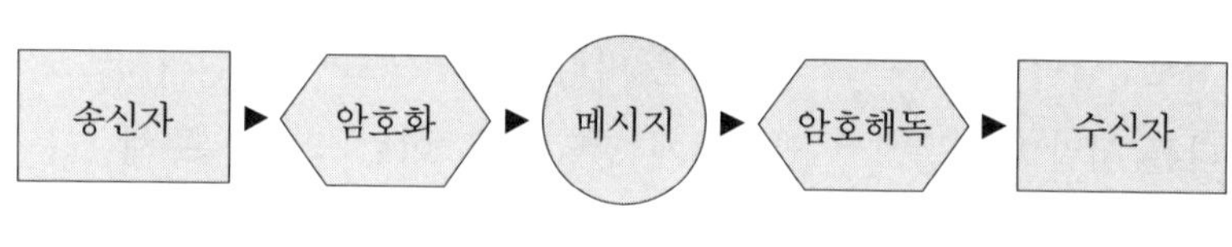


모든 커뮤니케이션에서 맞닥뜨리게 되는 가장 흔한 문제는, 한 사람의 머리에서 다른 사람의 머리로 아이디어를 효과적으로 전달하기 위해서는 어떻게 해야 하는가 하는 것이다. 앞에서 언급한 바와 같이 우리는 '스타 트렉'의 스팍 중령처럼 '마음의 패를 읽는 법'을 사용할 수 없기 때문에, 의사전달에 있어서 오해의 소지가 발생할 수

있는 불완전한 방법을 사용할 수밖에 없다.

그림에서와 같이 송신자(의사를 전달하고자 하는 사람)는 자신이 말하고자 하는 메시지를 전달하기 위해 커뮤니케이션을 시작한다. 이때 보다 정확하게 자신의 메시지를 전달하기 위해 송신자는 자신의 메시지를 언어와 행동으로 바꾼다. 다시 말해, 자신의 메시지가 갖는 의미를 보다 정확하게 전달하기 위해 언어를 사용하고, 부수적으로 다양한 몸짓과 얼굴표정 등을 사용하는 것이다.

메시지는 언어적·비언어적·시각적 세 요소로 전달될 수 있다. 이 중 언어적 요소는 현재 인간이 사용하고 있는 '말'을 가리킨다. 그 다음 비언어적 요소는 목소리의 톤과 강약, 그리고 음질 등을 의미한다. 마지막으로 시각적 요소는 수신자가 눈으로 보는 모든 것을 가리킨다. 이때 커뮤니케이션의 가장 강력한 요소는 시각적 요소라고 할 수 있다. 대개 말보다는 역동적인 시각적·비언어적 커뮤니케이션이 수신자의 이목을 더 집중시키며, 이를 통해 수신자의 이해도를 더 효과적으로 높일 수 있다.


**옛이야기** : 괴짜 노인과 한 젊은이가 노새를 타고 여행을 하고 있었다. 그런데 개울가에 다다르자 젊은이의 노새가 갑자기 멈춰 선 채 꼼짝도 하지 않았다. 젊은이가 아무리 어르고 달래도 개울물을 외면한 노새는 들었는지 말았는지 아무 반응이 없었다. 젊은이는 점점 애가 타기 시작했다. 한참을 고민하던 젊은이는 결국 노인에게 도움을 청했다. "노새가 도무지 개울을 건너려고 하지 않아요. 오늘 안으로 다음 행선지에 도착해야 하는데, 어떻게 하죠? 좀 도와주세요." 그러자 노인은 아무 말 없이 기다란 지팡이로 그 노새의 머리를 세게 후리치며 말머리를 개울 쪽으로 향하게 했

다. 그랬더니 노새는 거짓말처럼 재빨리 개울을 건넜다. 청년은 깜짝 놀라며, "와, 정말 희한하네요. 도대체 어떻게 하신 거죠?"라고 물었다. 노인은 근엄한 표정으로 다음과 같이 말했다. "우선 집중시켜야 해!"

위의 예화에서도 알 수 있듯이, 효과적인 커뮤니케이션을 이루기 위해서는 강력한 시각적·비언어적 요소를 통해 수신자의 이목을 집중시킬 수 있어야 한다. 먼저 이런 과정이 선행되고 난 후에 음성적·언어적 요소를 사용해야 효율적인 커뮤니케이션이 가능하다.

하지만 여기서 유의해야 할 것은 수신자는 수신한 메시지를 자신의 과거 경험과 화자에 대한 인식, 메시지에 대한 감정적 연관성, 내용에 대한 이해 수준, 집중력 정도 등과 같은 자신만의 필터를 거쳐 수신한다는 사실이다. 이런 이유로, 수신자는 상대방이 보내는 메시지를 본래의 의도와는 달리 개인적으로 해석할 수 있고, 자신의 언어로 받아들일 수 있다. 이에 대해 다음에서 좀더 자세히 알아보도록 하자.

## 일반적 문제지역

커뮤니케이션의 문제는 송신, 주변 환경, 수신의 세 가지 지역에서 주로 발생한다.

- **송신상의 문제** : 송신자가 자신의 메시지를 완전하게 전달하지 못할 때 발생한다. 송신자가 선택한 단어가 모호한 것일 수도

있고, 목소리 톤이 자신의 진정한 감정을 제대로 반영하지 못했을 수도 있다. 또한 몸짓이 메시지의 중요성을 제대로 전달하지 못해, 커뮤니케이션의 문제가 발생하기도 한다.

- **주변 환경적 문제** : 주변 환경이 너무 시끄러울 때는 메시지가 제대로 전달될 수 없다. 시끄러운 환경에서는 수신자가 송신자의 메시지에 제대로 주의를 기울일 수 없을 뿐만 아니라, 마음이 산란해져서 메시지의 내용을 정확하게 청취할 수가 없다. 따라서 메시지를 제대로 받아들이는 것은 더욱 어렵다.
- **수신상의 문제** : 일단 송신자에게서 떠난 메시지는 수신 과정에서 왜곡되어 받아들여질 수 있다. 수신자가 송신자의 언어 또는 얼굴표정을 잘못 해석해서 받아들일 수 있는 것이다. 앞에서도 언급했지만, 수신자는 자신의 이전 경험을 토대로 수신된 메시지를 이해하기 때문에, 송신자가 담은 본래의 뜻과는 다르게 메시지를 해석할 수 있다.

이처럼 커뮤니케이션은 여러 가지 난관에 부딪힐 수 있다. 하지만 이러한 문제지역을 제대로 파악하게 되면 커뮤니케이션 과정을 보다 잘 조절할 수 있게 된다. 또한 커뮤니케이션에서 발생하는 갑작스런 장애를 줄이거나 피할 수 있다.

## 송신상의 문제점

판매 상황에서의 커뮤니케이션을 생각해 보자. 이에 대한 개략적인 과정이 〈그림 1-2〉에 나와 있다. 그림에서 송신자는 판매원이고 수신자는 고객이다. 당신이 컴퓨터 판매원이라고 상상해 보라. 고객에게 컴퓨터를 판매를 하기 위해, 당신은 아마 컴퓨터의 용량과 처리 속도에 대해 수많은 이야기를 늘어놓을 것이다. 그 한 예로 당신이 어떤 컴퓨터를 판매하기 위해 고객에게 '이 컴퓨터의 용량은 256 메가바이트 램(RAM)이나 된다'고 말했다고 가정해 보자. 이때 당신의 진정한 메시지는, 그 컴퓨터가 고객의 모든 프로그램을 다 처리할 수 있을 만큼의 충분한 용량을 가지고 있다는 뜻일 것이다. 그러나 수신자인 고객이 당신이 말하는 컴퓨터 용어를 잘 알지 못한다면, 당신이 전달하고자 한 메시지를 원래의 의도대로 받아들이지 못할 것이다. 이러한 예는, 커뮤니케이션의 언어적 요소에서 장애가 발생했을 때, 본래의 메시지가 가진 의미가 얼마나 이탈될 수 있는지를 잘 보여준다.

〈그림 1-2〉 판매 커뮤니케이션 모형

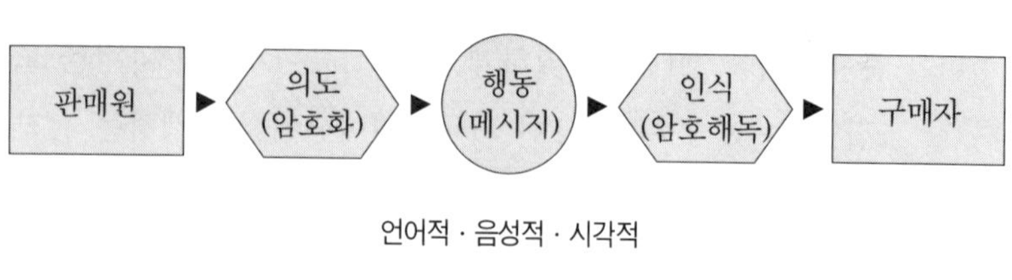


이 외에도, 적절하지 못한 시각적 · 음성적 메시지 또한 커뮤니케이션을 본래의 의도에서 벗어나도록 만들 수 있다. 사실, 시각적 · 음

26

성적 메시지는 커뮤니케이션에서 언어적 메시지보다 훨씬 더 큰 비중을 차지한다. 그러나 대부분의 사람들은 커뮤니케이션에 있어서 언어가 이차적 요소라는 사실을 잘 알지 못한다. 실제적으로 메시지를 전달하는 데 있어서 가장 최소한의 영향을 미치는 것이 바로 언어인데도 말이다.

한 연구에 의하면, 수신자는 일반적으로 가장 먼저 시각적 요소에 집중한다고 한다. 그 다음 음성적 요소에 집중하고, 마지막으로 언어의 의미에 집중한다.

이에 대한 예를 살펴보자. 당신이 주거래 은행을 바꾸려는 생각을 가지고 있는 한 회사의 사장이라고 가정해 보자. 그런데 새롭게 거래를 하고자 하는 은행을 방문했을 때, 당신의 눈앞에 얼룩 묻은 넥타이를 비뚤게 맨 게다가 혈색도 좋지 않은 부행장이 나타난다면, 그 은행에 대한 당신의 기대는 상당 부분 사라질 것이다. 은행직원의 정돈되지 못한 모습은 그럴 수 있다고 쳐도, 긴밀한 대화를 나누기 위해 들어간 사무실에 서류가 어지럽게 널려 있고, 책상 위에는 재떨이와 담뱃재들이 여기저기 떨어져 있다면, 거기다 불쾌한 냄새까지 난다면 당신의 실망은 극에 달할 것이다. 하지만, 이런 것들은 모두 외형적인 요소일 뿐이라고 애써 스스로를 위로한 당신은 은행장까지 만나보고 최종 결정을 내리기로 한다. 그런데, 사무실에 들어갔을 때 초조한 얼굴로 안절부절못하는 은행장의 모습이 보이고, 악수를 나누는 그의 손에 땀이 잔뜩 배어 있다면, 당신의 인내심은 이제 한계에 다다를 것이다. 은행장은 당신과 직접 시선을 맞추지도 못하고 이리저리 움직이며 불안정한 모습을 보이다가, 거의 기어들어가는 목소리로 "저어…"를 연발한다.

그리고는 마침내 조그마한 목소리로, "저희 은행은 국내 은행 중에서 최고로 안전하고 수익성이 높은 은행입니다. 만약 사장님께서 저희 은행과 거래를 하신다면, 맡겨 주신 돈에 대해 최고의 수익을 보장해 드리도록 하겠습니다. 진심으로 사장님과 거래하고 싶습니다"라는 설득의 말을 하더라도, 인내심과 신뢰감이 무너진 당신에게 이미 그의 말은 들리지 않을 것이다.

당신이 이런 상황에 있다고 생각해 보라. 모든 시각적 정보를 100% 무시하고, 누군가가 하는 말에만 집중할 수 있겠는가? 아마도 아닐 것이다. 어지러운 환경과 정돈되지 못한 모습은 그들의 말에 대한 신뢰감을 떨어뜨릴 뿐만 아니라, 자신에게 전달되는 메시지에 제대로 집중할 수 없도록 만든다. 이런 이유로 사람과 사람이 관계를 맺을 때 첫인상이 매우 중요한 역할을 하는 것이다.

대부분의 사람들은 말을 하거나 듣기 전에, 먼저 시각적 요소에 반응한다. 또한 상대방의 말을 듣고 해석하기 전에, 그 사람의 음성적 요소에 대해 먼저 반응을 보인다. 따라서 짜증스러운 목소리나, 전달하고자 하는 메시지와 어울리지 않는 목소리로 말하는 것은 수신자가 메시지 본래의 의미를 잘 이해할 수 없도록 만든다. 또한 즉각적인 반응을 보일 수 없도록 하는 방해 요소가 될 수도 있다.

전혀 주의를 끌지 못하는 단조로운 어투로 말하는 여행상품 판매원을 상상해 보라! "저기…" 또는 "있잖아요…"를 연발하는 투자상담사를 상상해 보라! 뉴스앵커의 목소리가 지나치게 부드러워서, 하루의 사건·사고에 대한 정확한 이해는커녕 뉴스를 보면서 잠이 올

정도라면 어떻게 되겠는가? 청중을 설득해야 하는 연설자가 지나치게 사투리를 구사한다면 그의 연설을 듣고 설득 당할 청중이 몇이나 되겠는가? 이런 이유로 송신자는 수신자가 말의 의미를 파악하기 전에 먼저 목소리부터 지각한다는 사실을 꼭 명심하고, 이에 대한 준비를 철저히 해야만 한다.

결과적으로, 시각적 요소와 음성적 요소는 실제 말의 내용보다 먼저 수신자에게 인식된다. 따라서 전달하는 메시지와 시각적 모습, 음성의 세 가지 요소가 잘 조화되어 있어야 커뮤니케이션에서의 문제는 최소화될 수 있다. 상대방이 들을 수 없을 만큼 작고 약한 목소리에 부드럽고 힘없는 단어로, '강한 메시지'를 전달하려 하는 것은 어불성설이다. 또한 뜻이 정확하지 않은 모호한 단어와 감정적 목소리로는 '논리적이고 사실적인 메시지'를 전달할 수 없다. 그러므로 당신의 커뮤니케이션 방식에 이러한 불일치가 있는지를 찾아보는 과정이 절실히 필요하다. 그래야만 당신이 원하는 메시지를 상대방에게 정확하게 전달할 수 있기 때문이다.

## 주변의 소음

메시지를 전달하는 과정에서는 수많은 장애가 발생할 수 있다. 그중 소음은 커뮤니케이션 과정의 중요한 장애 요소 중 하나이다. 소음으로 인해서 메시지의 내용이 왜곡될 수도 있기 때문이다. 또한 소음 때문에 메시지가 본래 의도한 방식대로 이해되지 않을 수도 있다.

우리 주변에서 소음은 수없이 많이 발생한다. 조용한 사무실에서의 전화벨 소리, 자동차의 경적, 사람들의 잡담 소리, 어지럽고 혼란스러운 주변의 사소한 소리 등과 같은 환경적 소음은 수신자가 메시지를 분명하고 정확하게 이해하는 데 방해가 된다. 그리고 많은 사람들이 간과하는 또 다른 환경적 소음은 바로 '시간'이다. 만약 당신이 대화를 나누거나 메시지를 전달하는 데 부적절한 때에 메시지를 보낸다면 수신자는 그 메시지를 제대로 이해할 수 없을 것이다. 예를 들어 한주 간의 업무를 마무리해야 하는 금요일 오후에 새로운 마케팅 계획에 관한 복잡하고 실무적인 보고서를 보내는 것은 적절하지 않다. 또한 모두가 잠든 한밤중에 보내는 메시지는 수신자에게 잠을 깨우는 훼방꾼의 역할밖에는 할 수 없다.

아울러 연설을 하면서 분명하고 정확한 메시지를 전달하고자 한다면 오가는 사람이 많은 광장보다는 주변이 정돈된 체육관이나 대회의실 같은 곳을 연설장소로 선택해야 한다. 연설자는 조용하고 침착한 분위기에서 청중들이 자신의 메시지에 완전히 집중할 수 있을 때에 자신의 메시지가 가장 잘 전달될 수 있다는 사실을 알아야 한다.


## 수신상의 문제점


송신자가, 메시지를 받아들이는 수신자의 수신 능력을 스스로 결정하여 그에 알맞게 메시지를 보내는 것은 참으로 어려운 일이다. 하지만 수신자의 수준에 따라 메시지를 보내지 못하면, 수신자는 메시지에 집중하지 않거나 지루해 할 수도 있다. 1분 전에 수백만 달러

짜리 복권에 당첨된 사람에게 업무 보고서를 제출하라는 메시지를 보낸다면, 그 메시지가 제대로 전달될 수 있겠는가?

당신과 당신의 메시지에 대해 나타나는 수신자의 감정상태, 선입견, 암묵적 지식, 판단 등은 메시지를 받아들이는 수신자의 수신능력에 지대한 영향을 미친다. 따라서 당신의 메시지를 보다 확실하게 수신자에게 인식시키기 위해서는 메시지를 보내기 전에 수신자의 관심을 집중시키는 과정이 필요하다.

수신자가 메시지를 명확하게 받아들일 수 있도록 돕기 위해서, 송신자는 다음의 세 가지 요소를 지켜야 한다.

- **언어적 · 음성적 · 시각적 메시지를 일치시켜라** : 당신의 언어는 전달하고자 하는 메시지를 명확하게 표현할 수 있는 단어들로 이루어져 있어야 한다. 또한 메시지의 내용에 따라 목소리 톤을 조절할 수 있어야 하며, 명확한 메시지 전달을 위해 시각적 효과도 최대한 이용할 수 있어야 한다.
- **주변을 정리하라** : 메시지 전달 과정 중에서 가장 흔히 생기는 문제는 주변의 소음 때문에 메시지 전달이 원활하게 이루어지지 않는 것이다. 따라서 메시지 전달에 장애물이 있다면, 그 장애물이 제거된 후에 메시지를 전송하거나 아예 보내지 말아야 한다. 당장 메시지를 보내야 하는 경우라면 산만한 상황이나 지나친 소음, 어지럽고 혼란스런 주변 환경을 먼저 제거해야 한다. 아울러 수신자가 집중하기 좋은 시간에 메시지를 전달하도록 하라. 샐러리맨들을 대상으로 하는 방송은 잠을 자야 하는

새벽 3시보다는 방송에 집중할 수 있는 출퇴근 시간에 메시지를 전송할 것이다.

- **상대방의 경청 태도를 확인하라** : 당신의 메시지에 상대방의 관심을 최대한 집중시키도록 하라. 상대방의 주파수를 알아내고, 그 주파수에 맞춰 메시지를 전송하라. 상대방은 사실과 실체에 관심을 쏟고 있는데, 당신은 감정에 호소하는 메시지를 보낸다면 당신과 그 사이의 주파수는 결코 맞춰질 수 없다.

"무슨 말씀인지 잘 이해가 안 되고 …, 그러니까 지금 말씀은 …, 그런 말씀하신 적이 없는 것 같은데 …, 제가 못 들은 것 같아서 …."
당신의 메시지를 듣고 상대방이 위와 같이 말한다면 당연히 그 메시지는 제대로 전달되지 못한 것이다. 이러한 상황을 흔히 '커뮤니케이션의 단절'이라 한다. 그러나 이러한 단절 상황은 당신의 노력 여하에 따라 충분히 피할 수도 있다. 당신이 메시지를 보낼 때 분명하고 정확한 언어적·음성적·시각적 신호를 사용한다면, 수신자는 메시지의 내용 그대로를 정확하게 수신할 수 있기 때문이다.

이 책에 제시되어 있는 강력하고 효과적인 커뮤니케이션 기법을 숙지하게 되면, 당신 스스로 소음을 걸러내는 기술을 개발하는 것은 물론, 수신자의 주의를 집중시키는 능력도 기를 수 있다. 즉 가장 명확하고 강력한 형태로 메시지를 전달할 수 있게 되는 것이다. 또한 당신의 신호를 조절하고 수신자 스스로 수신오류를 말할 수 있도록 만드는 피드백 과정을 이끌어 내는 데도 큰 도움을 받을 수 있다.

송신과 피드백 과정에서는 간결한 언어적·비언어적 기술을 사용하여 커뮤니케이션의 장애를 최소화함으로써 효과적인 대화 분위기를 조성할 수 있다. 이런 분위기에서는 송신자와 수신자 사이에 더욱 깊은 상호신뢰와 믿음이 형성되고, 유지되며, 확장된다.

이 책의 여러 부분에서는 언어적·비언어적·시각적 커뮤니케이션의 구체적인 기술들에 대해 다룰 것이다. 질문하기, 듣기, 음성의 고저, 이미지, 신체언어, 피드백 등의 기술에 대한 상세한 설명을 통해 당신은 커뮤니케이션의 여러 기술들을 송신과 수신, 피드백 기술을 얻는 데 효과적으로 적용할 수 있을 것이다.

커뮤니케이션의 세 가지 요소인 3V 향상을 위한 구체적인 방법으로 들어가기 전에, 먼저 각 개인의 커뮤니케이션 스타일이 서로 다르다는 것을 이해하는 과정이 선행되어야 한다. 따라서 다음 장 '커뮤니케이션의 스타일'에서는 각 개인의 커뮤니케이션 방식이 어떻게 다른지, 그리고 타인의 다양한 커뮤니케이션 방식을 당신의 커뮤니케이션 방식과 스타일에 어떻게 적응시킬 수 있을 것인가에 대해 구체적으로 다룰 것이다.

# CHAPTER TWO

# 커뮤니케이션의 스타일

'여자는 러시아어로 말한다…, 남자는 영어로 말한다….'
'여자는 발레를 보러 가고 싶어하고, 남자는 야구경기를 보러가고 싶어
  한다.'


이런 상황에서 두 남녀가 서로의 의사를 명확하게 이해하는 것은
매우 어렵다. 아마 그들은 서로 의견을 전달하려고 노력하다가 결국
엔 좌절하고 말 것이다. 여자는 남자의 말을 이해할 수 없고, 남자 또
한 여자의 말을 이해할 수 없기 때문이다. 이런 상황은 그들이 서로
다른 언어(그리고 다른 의도나 소망)를 가지고 있는 데서 기인한다.

우리 주변에서는 매일 이와 비슷한 양상의 일들이 벌어진다. 한
나라에 사는 사람들은 거의 같은 언어를 사용하지만, 각자가 구사하
는 표현 혹은 언어의 스타일은 모두 다르다. 이런 이유로 어떤 말을
들었을 때 처음에는 그 뜻이 무엇인가를 이해하는 것처럼 느끼지만,
결국 서로 다른 말을 하고 있었음을 발견하는 경우가 종종 발생하게
되는 것이다.

그렇다면 ‘스타일’, ‘스타일이 다르다’ 는 말은 도대체 무슨 뜻일까?

앞장에서 우리는 커뮤니케이션의 과정과 커뮤니케이션의 구성 요소인 3V, 즉 언어적 · 음성적 · 시각적 요소에 대해 대략적으로 알아보았다. 스타일은 이 요소들이 어떻게 결합되느냐에 따라서 다양하게 나타난다. 스페인어, 불어, 이탈리아어 등이 다같이 알파벳을 사용하지만 서로 다른 언어가 되는 것처럼, 3V를 어떤 측면에 치중하여 결합시키느냐에 따라서 서로 다른 커뮤니케이션 패턴이 생겨나게 되는 것이다. 이것을 우리는 ‘커뮤니케이션 방식의 스타일’ 이라고 부른다.

커뮤니케이션 방식의 스타일에는 매우 수많은 요소들이 얽히고설켜 있기 때문에, 우리는 자주 커뮤니케이션의 장애를 맞게 된다. 아울러 우리 모두가 서로 다른 스타일로 의사를 전달한다는 것을 이해하지(혹은 알지) 못하고 있기 때문에, 사람들 사이에 오해나 갈등, 불화가 빈번하게 발생하게 된다. 결국 우리는 이 장 첫 부분에 나온 커플처럼 서로 다른 언어로 의사를 전달하고 있는 것이나 마찬가지인 셈이다.

## 네 가지 행동유형 모델

오랜 세월 동안, 수많은 철학자와 과학자들은 ‘커뮤니케이션’ 과 ‘커뮤니케이션의 결렬’ 에 대해 깊은 관심을 보여 왔다. 그리고 그들은 의사전달에 있어 문제가 발생하는 가장 근본적인 이유가 ‘모든 사람들이 각각 다르다’ 는 사실에 있음을 발견하게 되었다. ‘각각의 다름'을 극복하기 위해서 최초로 시도되었던 방법은 바로 점성술을 통한 것이었다. 고대 사람들은 서로의 다른 점을 이해하기 위해 점성술을 믿고 점성술의 가르침대로 행동하고자 하였다. 천지(天地)의 정렬에 따라서 인간의 행동이 달라질 수 있다고 믿었던 것이다. 이러한 세인들의 기대에 부응하기 위해 점성술사들은 흙, 공기, 불, 물의 4가지 요소를 조합시켜 12가지 형태로 사람의 유형에 대해 정의를 내렸다.

고대 그리스의 의사이자 철학자인 히포크라테스 *Hippocrates*는 사람의 신체뿐만 아니라 정신세계도 연구했다. 그리고 이를 토대로 화를 잘 내는 기질, 냉담한 기질, 쾌활하고 낙천적인 기질, 우울한 기질 등 인간의 네 가지 기질에 대한 개념을 발표했다. 그는 사람의 기질이 몸속에 흐르고 있는 혈액, 점액, 흑색 담즙, 황색 담즙 등에 의해서 형성된다고 믿었다. 1920년대 스위스의 정신분석학자 칼 융 *Carl. G. Jung* ('분석심리학'이 대표적 이론 – 옮긴이) 박사는 인간의 성격에 대해 과학적인 접근을 최초로 시도한 사람이다. 그는 수많은 실험을 통해 인간 유형을 다음과 같은 네 가지로 나누었다. 직관형, 감각형, 사고형, 감정형 등의 네 가지 성격 유형이 바로 그것이다.

인간의 성격 유형을 네 가지로 나누는 것은 동양에서도 예외는 아닌 듯하다. 그 한 가지 예로, 일본의 행동 연구가인 토시타카 노미 *Toshitaka Nomi*가 저술한 베스트셀러《적절한 혈액형 배합 방법 *Advice on How to Form a Good Combination of Blood Types*》에는 네 가지 혈액형을 통해 교차적 관계에 기인한 10만 건의 성격 유형을 담고 있다. 토시타카 노미는 이 책에서 "일본 전체 인구의 40%

가 A형의 혈액형을 가지고 있다. A형은 성실하고 자신의 맡은 바 소임을 다하는 성격 유형이기 때문에 산업기술이나 공학 계통의 일이 적성에 맞는다. 나는 이것이 일본으로 하여금 첨단기술의 선두에 설 수 있도록 한 원동력이 아닌가 하는 생각을 가지고 있다"고 주장하고 있다. 그는 꼼꼼하고 성실한 A형의 성격이 일본 전체 인구의 절반 가량을 차지하기 때문에, 이것을 일찍 파악한 일본의 지도자들이 첨단기술 분야로의 진출을 모색해 왔고, 결국 오늘날 일본을 첨단 전자 산업의 선두 주자로 만든 것이라는 가설을 주장한다.

현재는 인간행동 유형의 다양성을 다루는 다수의 이론과 모델이 존재한다. 하지만 그 이론과 모델에는 모두 한 가지의 공통적 맥락이 있다. 그것은 인간의 행동양식을 네 가지 범주로 분류한다는 것이다.

우리도 이 책에서, 수많은 사람들을 통해 검증된 행동양식 모델을 간단하게 소개할 것이다. 이를 통해 자신의 행동 유형이 어떤 쪽에 속하는가를 알게 된다면, 당신은 커뮤니케이션 기술의 향상뿐만 아니라 직장에서의 의욕도 높일 수 있을 것이다. 또한 이것을 통하여 보다 나은 관계그룹을 형성하고 직장동료, 관리자, 판매자, 고객, 그리고 타인과 보다 원활한 관계를 맺고 발전시킬 수 있을 것이다.

이제부터 우리가 언급하게 될 행동 유형 모델은 매우 간단하고 실용적이어서 누구나 쉽게 그 뜻을 파악할 수 있다. 또한 기억하기도 쉬우며, 무엇보다도 매우 정확한 것이 장점이다. 행동 유형 모델은 외형적 행동 양식에 초점을 맞추고 있으므로, 이 행동 유형 모델을 배우고 실제에 적용하는 것은 매우 쉬울 것이다.

밖으로 드러나는 한 사람의 행동 양식은 그 사람의 생각의 흐름을 파악할 수 있는 매우 중요한 단서가 된다. 따라서 각 개개인의 행동 양식을 통해 서로의 차이점을 발견하고, 그 차이를 조금씩 좁혀 나갈 때 더욱 조화로운 인간관계를 유지할 수 있다.

## 두 개의 간단한 질문

두 개의 간단한 질문을 통해 인간의 행동유형을 네 가지로 나눌 수 있다.

- **직접성인가 혹은 간접성인가** : 이 특징은 그 사람의 행동 유형에 대해 알게 해 준다. 직접성인 사람은 어떤 질문에 대한 답을 향해 곧바로 나아가는 유형이다. 즉 자신의 생각이나 기분, 기대치를 밖으로 표출함으로써 다른 사람에게 영향을 주는 유형이라고 할 수 있다. 간접성인 사람은 답을 향해 곧바로 나아가기보다는 스스로 이러저러한 생각과 고민 끝에 행동을 하는 스타일이다. 따라서 간접성의 사람은 자신의 생각을 그대로 표출하지 않으며, 언제나 생각이나 행동을 나타내는 데 조심스럽다.
- **개방성인가 혹은 통제성인가** : 이 특징은 그 사람이 성취하고자 하는 목표가 무엇인가를 알 수 있게 해준다. 개방성인 사람은 다른 사람과의 좋은 관계를 우선으로 여기는 반면, 통제성의 사람은 주어진 일의 달성을 가장 최우선 목표로 삼는다.

어떤 사람의 성격이나 행동 유형을 잘 이해하기 위해서는 다음의 간단한 두 가지 질문을 활용할 수 있다.

*그 사람이 주로 직접성 양상을 띠는가 아니면 간접성 양상을 띠는가?*

*그 사람이 다른 사람들을 지원해 주는 개방성 성향이 더 짙은가 아니면 다른 사람을 지배하고자 하는 통제성 성향이 더 짙은가?*

일단 당신이 그 누군가에 대해서 위의 두 가지 질문에 명확히 답할 수 있다면, 그 사람의 성격이나 행동유형을 이해하고 있다는 뜻이 된다. 따라서 커뮤니케이션에 있어서 어떤 스타일의 대화로 이끌어갈 때 더 좋은 성과를 얻을 수 있는지도 알 수 있게 된다.

# 직접성인가 혹은 간접성인가?

## 직접성 행동양식

직접성인 사람은 대개 강한 자기주장과 주도권으로 강렬한 첫인상을 만든다. 또한 단정적이고 신속한 것을 선호하므로 위험부담을 안고서라도 빠르게 결정을 내린다. 직접성인 사람은 다소 조급한 면이 있기 때문에, 자신의 속도에 맞추지 못하는 사람들을 심하게 닦달하고 믿지 못하는 모습을 보인다. 또 한편으로는 말 잘하고 믿음직스러운 리더의 모습을 보이기도 한다. 직접성인 사람은 자신의 의견을 서슴없이 표현하며 주장을 단호하게 관철시키려는 경향이 강하기 때문에, 일을 밀어붙이는 데 있어서는 강한 추진력을 보인다. 하지만, 그런 만큼 자기 주변의 환경과 모든 관계를 자기 의지대로 형성시키고자 하는 지배적이고 통제적인 모습도 보인다.

## 직접성인 사람은 주로

- 신속하고 단정적이며, 앞에 나서서 다른 사람들을 지휘하기를 원한다.
- 강한 행동유형으로 인해 자주 갈등과 변화, 위험에 직면한다.
- 회의를 주도하며 거침없이 자신의 의사를 말한다.
- 경쟁적이고 성급하고 저돌적이다. 이런 이유로 때로는 논쟁을 위한 논쟁을 벌이기도 하며, 마치 불도저처럼 인생을 밀고 나간다.
- 확신에 찬 강렬한 눈빛을 보내며 상대방의 손을 꽉 쥐면서 악수한다.
- 성취감으로부터 행복을 찾고, 법칙과 정책에는 그다지 신경 쓰지 않는다.
- 허가를 구하는 것보다 용서를 구하는 것이 더 쉽다고 생각하는 경향이 있다.
- 언어적, 음성적, 시각적 세 가지 요소를 근거로 본다면, 이들의 말은 빠르고, 목소리는 크고 공격적이며, 시각적으로는 대담한 모습을 보인다.

회의를 할 때도 직접성인 사람은 "김과장에게 지금 당장 올라오라고 해요!" 라고 큰 소리로 말한다. 하지만, 간접성인 사람은 "김과장이 지금 내 방으로 올 수 있는지 알아봐 주세요" 라고 말해, 어느 정도 아랫사람에게 결정 권한을 주는 편이다.

직접성인 사람은 간접성인 사람보다 상대적으로 일의 처리 속도가 빠르다. 그리고 급박하게 처리되어야 하는 일일수록 더욱 단정적이고 경쟁적인 태도로 일에 임한다. 이러한 직접성 사람의 성향은 경솔함이나 호전성, 혹은 타인의 권리나 필요에 대한 무관심 등으로 나타날 가능성이 있다.

직접성인 사람은 거리낌없이 솔직하게 자신의 생각을 이야기하고자 하며, 대화를 할 때에도 자신이 대화를 이끌어가길 원하는 지배형이다. 이들은 또한 자신이 처한 외부 환경에 많은 관심을 기울이는 외향적인 사람들이다. 달리 표현하면, 활동적인 사람들 바로 그 자체라고 말할 수 있겠다. 이들은 될 수 있는 한 빨리 일을 끝내고 그 나머지 시간을 즐기는 데 투자하고 싶어한다. 그래서 친목모임이나 사회모임에서도 주저하지 않고 낯선 이들에게 자신을 소개함으로써, 탐색을 위한 시간 낭비를 줄이고 자연스럽게 다른 사람들에게 접근하고자 한다.

이들은 신속한 결정을 선호하며 느리게 진행되는 일 또는 원하는 대로 되지 않는 일 등에 조급함을 나타낸다. 또한 실수나 오류에 대한 점검은 많은 시간을 요하는 작업이므로, 이들은 자신이 하는 일의 실수나 오류의 발견 및 점검에는 약하다. 따라서 이런 일은 다른 유형의 사람이 해야 할 몫이다. 이들은 완료된 일을 점검하는 작업 대신, 간접성 사람들이 꺼리는 새로운 분야로 바쁘게 뛰어든다. 이런 이유 때문에 그들에게서 일관성을 요구하기란 매우 어렵다. 그 대신 언제 어디서든 새로운 일이 발생했을 때는, 직접성의 사람들에게 일을 맡겨 처리하게 하는 것이 효과적이다.

직접성인 사람은 모험을 즐기고 그에 대한 즉각적인 결과를 원한다. 그들에게 있어서 모험은 인생을 살아가는 중요한 방법이다. 그들은 배가 흔들리는 것에 대해 별로 걱정하지 않는다. 도리어 배를 뒤집고 물에 빠져서 물을 철벙철벙 튀길 가능성이 있는 사람들이다. 그들은 모든 일에서 흥분을 원하며 언제나 새로운 흥분을 찾기 위해 노력한다.

## 간접성 행동양식

간접성인 사람은 조용하고 침착하다. 그래서 이들은 대개 편안하고 침착한 상태를 유지하며, 자신의 생각을 잘 표현하지 않아 있는 듯 없는 듯 잘 눈에 띄지 않는 편이다. 간접성인 사람은 나서서 질문하고 말하기보다는 다른 사람의 말을 주로 듣는다. 이들은 애써 자기 견해나 관심을 다른 사람들과 공유하려 하지 않고, 분명한 입장을 밝히라는 요구를 받을 때면 모호한 말로 얼버무리거나 아예 아무 말도 하지 않는 것이 보통이다. 따라서 이들은 직접성인 사람보다 객관적인 자세를 유지하고 조용하며 의사를 분명히 내비치지 않는다. 이런 성격은 극단적인 상황일수록 더욱 잘 드러나, 많은 사람들은 간접성인 사람들의 우유부단함에 대해 부정적인 생각을 가지고 있는 경우가 많다. 위급한 상황에서, 이것도 저것도 아니고 때로는 꿀 먹은 벙어리처럼 아무 말도 하지 않는 그들의 모습은 자칫 혼자서만 살아남겠다는 이기주의로 보일 수 있기 때문이다.

그러나 간접성인 사람은 다른 유형의 사람들보다 덜 대립적이며 요구의 정도도 덜하다. 또한 사회생활을 함에 있어서도 단호하게 자신의 주장을 내비치지 못하며 결정력도 떨어지기 때문에, 주도권을 잡고자 하는 사람들은 간접성인 사람들을 선호하기도 한다. 이들은 기꺼이 다른 사람들이 주도권을 갖도록 허락하기 때문이다. 예를 들어 영화를 보러 갔을 때 간접성인 사람은 새로 나온 액션 영화를 보고 싶은 마음이 있어도 상대방이 코미디 영화를 제안하면, 순순히 자기의 생각을 접고 상대방의 제안에 따른다. 이들은 위험에 처하는 것을 매우 싫어하기 때문에 아주 사소한 것에서도 남들과 대립하지 않으려 노력한다. 때문에 매우 느린 속도로 움직이면서, 결정에 있어서 다른 사람의 의견을 따르거나 깊게 심사숙고하는 모습을 보인다.

이런 이유로 그들은 대개 과감한 모험이나 자발적인 행동을 피한다. 무엇보다도 이들은 자신이 내리는 결정에서 무언가 도움을 얻을 수 있으리라는 강력한 확신을 얻기 전에는 그것을 절대로 행동에 옮기지 않는다. 간접성인 사람은 실패나 추락을 피하는 가장 현명한 방법은 도전하지 않고 가만히 있는 것이라고 생각하기 때문이다. 이처럼 확실한 것만 실행에 옮기는 자세는 이들의 사회적 성공률을 대단히 높여 준다.


간접성인 사람은 실패를 경험했을 때에도 그 실패의 원인을 개인적인 부분에서 찾는다. 언제나 신중한 모습을 보이는 이들은 실패를 받아들일 때도 조심스럽고 차분한 태도를 잃지 않으며, 실패의 원인을 개인적으로 재평가한다. 그리고는 자신에게 뭔가 잘못이 있다고 받아들이고, 모든 원인은 자신이 어리석은 행동을 한 탓에 있다고 스스로를 자책한다. 따라서 다른 사람들이 '당신에게 무언가 잘못이

## 간접성인 사람은 주로

- 위험부담, 의사결정, 변화 등에 매우 신중하다.
- 천천히 행동하고, 겸손하며, 아주 온순하다.
- 회의에서 나서기 꺼려하고, 가설을 많이 내세우며, 말수가 적다. 이들은 대개 자신의 말 앞에 "확실치는 않지만, …" 또는 "제가 아는 바로는, …" 등의 조건을 붙인다.
- 대개 대립을 피하고자 한다. 이런 이유로 이들은 수완이 있고 인내심 있으며 협조적인 모습을 보인다. 또한 중요하지 않은 사항에 관해서는 논쟁을 피하고 대개 맞춰 주는 것이 보통이다. 반면 어떤 사항에 대해 강한 신념이나 확신이 있을 때는 자신의 생각을 확고히 다진다.
- 겸손하고, 침착하며, 부드럽다. 언제나 부드럽게 악수하며, 직접성인 사람보다 느리고 낮은 목소리로 말한다.
- 어떤 모임에서든 나서거나 앞장서지 않는다.
- 언어적·음성적·시각적 요소를 고려해보면, 간접성인 사람은 조용하고 조심스럽게 말하며, 간접적인 표현을 사용하고, 조건을 붙여 말한다. 또한 시각적으로는 대부분 신중하고 침착한 모습을 보인다.

있다' 라는 아주 작은 기미만 보여도 간접성인 사람은 며칠 동안 자신을 비판할 것이다. 하지만 이와는 대조적으로 직접성인 사람에게는 자신을 돌아보고 반성하는 일은 거의 없다.

간접성인 사람은 느리고 계산된 속도를 지닌다. 변화를 시도할 때는 조심스럽고 안정적인 기준에 초점을 맞추기 때문에 말과 행동이 더욱 느려진다. 이런 이유로 이들의 행동이 지나치게 조심스러울 때, 성급한 직접성 사람은 이들이 자신의 발목을 잡는다고 생각하거나 그 일에 참여할 의향이 없는 것으로 간주하기도 한다.

간접성인 사람에게 어떤 일의 결과를 예측하는 것은 매우 중요하다. 이들은 자신에게 도움이 되는 결과가 나온다는 확신이 없을 때에는 절대로 행동하지 않기 때문이다. 따라서 이들은 다른 사람의 찬성과 반대를 깊게 고려하고, 자신의 의견을 개진하는 것을 자제하며, 조심스럽게 진실을 찾고자 노력한다. 또한 간접성 사람은 다른 사람으로부터 분명한 지시가 없을 때에는 언제나 행동을 취하기 전에 확답을 요구하거나 허가를 요청한다. 절대적으로 주변 환경의 요구에 자신을 맞추는 방식으로 행동하는 것이다. 아울러 이들은 대개 정해진 규칙과 지침에 따라 행동하는 것이 대부분이다. 이런 이유로 간접성인 사람과 약속하면 정확한 약속시간에 나타날 것이 거의 확실하고 미리 도착해서 당신을 기다리고 있을 가능성도 높다.

간접성인 사람은 자신의 생각을 주장하거나 강하게 어필하기 보다는 질문하거나 관찰함으로써 커뮤니케이션을 한다. 따라서 이들의 질문 방식은 정보확인과 정보지원 및 보다 많은 정보획득에 도움이 된다. 또한 이들은 자신의 생각을 표현할 때에는 대개 조건을 붙이고,

확언 대신에 가설의 형태로 말하는 경향이 있다. 그래서 어떤 문제가 주어졌을 때 포괄적이며 단계적인 접근을 취한다. 간접성인 사람이 자신의 생각을 표현하는 일반적 방법은 다음과 같다. "어떤 정보에 의하면 …" 또는 "이 문제에 관한 또 다른 …한 시각이 있을 수 있다".

간접성인 사람은 타인에게서 자신과 맞지 않는 부분을 발견했을 때에도 이를 상당히 우회적으로 지적한다. 예를 들어 "네 옷 중에서 저기 걸려있는 저 옷이 가장 잘 어울리는 것 같아"라고 말함으로써

〈표 2-1〉 직, 간접성에 따른 언어적 · 음성적 · 시각적 표현

| 간접성 | | 직접성 |
|---|---|---|
| · "앉으시겠습니까?"라고 의사를 묻는다. | 언어적 | · "앉으세요"라고 말한다. |
| · 의견을 마음속에 담아둔다. | | · 적극적으로 자기 의견을 말한다. |
| · 언어적 의사표현이 많지 않다. | | · 언어적 의사표현이 많다. |
| · 일관된 내용, 전달적 어투 | 음성적 | · 다양한 어투 |
| · 덜 강제적 | | · 강제적 |
| · 작고 낮은 목소리 | | · 크고 높은 목소리 |
| · 느린 말투 | | · 다소 빠른 말투 |
| · 부드러운 악수 | 시각적 | · 손을 꽉 쥐는 강한 악수 |
| · 간헐적인 눈맞춤 | | · 지속적인 눈맞춤 |
| · 한정된 제스처 | | · 중요성 강조를 위한 다양한 제스처 |
| · 인내심이 보임 | | · 조급함이 보임 |

현재 입고 있는 옷 보다는 다른 옷이 어울린다는 의사를 우회적으로 전달한다. 간접성인 사람은 자신의 생각을 표현할 권리를 아껴두거나 아예 표현하지 않는다. 그러나 자신의 생각이 침해받지 않기를 바랄 때에는, 상당히 확고부동한 자세를 보일 수도 있다.

# 개방성인가 혹은 통제성인가?

직접성과 간접성 이외에, 사람의 행동양식을 나누는 또 다른 기준은 개방성과 통제성이다. 직접성과 간접성의 정도가 그 사람의 행동을 관측할 수 있게 해 준다면, 개방성과 통제성은 일상행동을 유도하는 내적 목표를 설명해 준다. 즉 개방성과 통제성은 한 개인이 행동을 일으키는 근본적 원인과 그러한 행동방식을 선택한 이유를 설명해 준다고 하겠다.

이 두 가지 기준을 효과적으로 합하면, 그 사람이 자신의 생각과 감정을 얼마만큼 나타내고, 다른 사람의 생각과 감정표현에 대해 얼마만큼 개방적으로 반응할 것인가를 예측하는 것이 훨씬 쉬워진다.

## 개방성 행동양식

개방성인 사람은 자신의 인간관계나 내적 감정으로부터 행동의 동기를 얻는다. 이들은 타인에 관심이 많아 보다 많은 사람들을 알고 싶어한다. 이런 이유로 이들의 의사결정은 대개 내적 감정, 경험, 인간관계를 근거하여 이루어지는 것이다.

개방성인 사람의 마음은 항상 열려있다. 이런 사실은 이들의 언어적 · 음성적 · 시각적 요소에서도 잘 나타난다. 개방성인 사람은 말뿐만 아니라 온몸으로 대화한다. 이들의 음성은 상황과 내용에 따라 다양하게 변화하며, 연속적으로 상대와 눈맞춤을 하고, 상대에 대해 많은 관심을 보이는 방향으로 커뮤니케이션을 이끌어 간다. 이들은 다양한 표정, 손과 몸의 부드러운 동작, 시간에 대한 융통성, 즉각적이고 비언어적인 피드백을 보냄으로써 커뮤니케이션에서 상대방이 편안함을 느끼도록 배려한다.

개방성인 사람은 자신이 겪었던 일이나 주변 상황 등에 대해 말하고 듣는 것을 좋아한다. 또한 이런 이야기를 들으면서 감정을 표현하는 데 있어서도 별 어려움을 느끼지 않는다. 이들은 언제나 열린 마음으로 대화에 응하기 때문에 기쁨, 슬픔, 혼란, 그리고 그 밖의 다른 감정도 자연스럽게 표현할 줄 안다.

직장에서의 개방성 사람은 업무에서 다소 벗어나더라도 자신이나 타인에게 흥미롭고 관심 있는 일이라면 무엇이든 하고자 한다. 이들은 언제나 즐겁게 대화하기를 원하기 때문에, 다른 이들에게 즐거움을 줄 수 있다고 판단될 때는 주제에서 벗어나는 이야기일지라도 말하는 것을 꺼리지 않는다. 그리고 스토리가 어느 정도 연결된다고 생각되면, 자신의 이야기가 지금의 주제와 어울린다고 생각한다. 또한 내용을 과장하고 자신의 경험을 생생하게 묘사함으로써 흥미를 더하고자 노력한다.

개방성인 사람의 단점을 들자면, 시간에 대해 너무 유연한 태도를 가지고 있다는 것이다. 이들의 시간에 대한 관점은 먼저 사람이 우선이고, 그 다음이 업무다. 이런 이유로 그들은 통제성인 사람보다는 시간적으로 융통성이 있지만, 직장이나 기타의 사회생활에서 ‘시간 약속을 못 지키는 사람’으로 인식되기도 한다. 예를 들어 회사에 지

## 개방성인 사람은 주로

- 자신의 감정을 잘 드러내며, 다양한 제스처와 생기 있는 얼굴표정을 짓는다.
- 기쁨, 슬픔, 혼란과 같은 자신의 여러 감정들을 상대가 누구이든 간에 거리낌없이 표현한다.
- 신체적 접촉을 꺼리지 않고, 상대방을 껴안거나 악수하는 등의 가벼운 스킨십을 즐긴다.
- 형식에 구애받지 않고 사람들 사이에서 자유롭고 편안한 관계를 맺을 수 있기를 바란다.
- 편안하고 즐거운 분위기에서 대화하기 좋아하며, 주변이야기나 자신에게 일어났던 황당했던 일, 부끄러운 일도 스스럼없이 얘기한다.
- 시간관리에 느슨한 편이다. 이런 이유로 타인 때문에 자신의 시간이 낭비된다 해도 별로 개의치 않는다.
- 감정을 바탕으로 의사결정을 한다. 느낌을 중요시하며 언제나 타인의 기분을 먼저 고려한다.

각했을 경우, 개방성인 사람은 대개 "늦어서 죄송합니다"라는 말을 먼저 한 후에 그 이유를 구구절절이 설명한다. "제 아들이 아침부터 과학 과제물이 망가졌다고 울지 뭐예요. 그래서 아이를 달래고, 선생님께 편지를 써서 보내느라 좀 늦었습니다." 말하지 않아도 알겠지만, 직장에서 이런 식의 사유를 다는 것은 그 사람의 능력을 평가 절하하게 만드는 중요한 요인이 된다.

### 개인적 대화와 행동양식

개방성인 사람의 개방성 정도가 너무 지나치게 되면, 다른 사람을 당황하게 만들 수 있다. 예를 들어, 속마음을 거리낌없이 드러내는 행위는 다른 사람에게 오히려 자신의 곤궁함을 나타내는 것으로 비쳐질 수 있다. 또한 대화 중에 주제에서 벗어나는 이야기를 하는 것은 대화에 대한 무관심이나 나태함으로 보일 수 있다. 지나치게 활기 넘치는 모습은 통속적으로 보이며, 부탁을 잘 들어주는 성격은 도리어 약점이 될 수도 있다. 지나치게 친절한 행동 또한 오히려 다른 사람에게 생색내고 싶어하는 모습으로 오해받을 수 있다. 이처럼 어떤 행동양식이라도 다른 사람에게 부담을 줄 만큼 지나치게 되면, 오히려 자신에게 불리한 점으로 작용할 수도 있다.

개방성인 사람의 행동양식은 〈표 2-2〉의 상단에 잘 나타나 있다.

## 통제성 행동양식

개방성인 사람을 펼쳐진 책에 비유한다면, 통제성인 사람은 포커 게임의 포커페이스에 가깝다고 할 수 있다. 통제성 사람은 좋은 패를

# 통제성인 사람은 주로

- 어떤 일에 있어서도 감정의 개입이 없다. 포커페이스처럼 이들은 자신의 얼굴표정이나 감정을 철저히 숨김으로써, 다른 사람들이 자신의 심리 상태에 대해 알지 못하도록 한다.
- 개방성인 사람에 비해서 자신의 마음이나 생각을 드러내지 않는 편이다. 다른 사람과의 가벼운 신체적 접촉도 가능한 피하며, 완고한 태도로 자신만의 고유한 행동영역을 고수한다.
- 사람들 사이에서 부담 없이 이루어지는 악수나 가벼운 포옹 같은 신체적 접촉도 이들에게는 피하고 싶은 일이다.
- 모든 행동, 지적, 신체적, 감정적인 면에서 자기 방어적이다.
- 다른 사람들 앞에 자신을 잘 내세우지 않는다.
- 큰 소리로 떠드는 행동은 거의 하지 않는다.
- 한 가지 뚜렷한 주제, 특히 자기 업무와 관련된 분야에 관심이 많다.
- 계획에서 벗어나는 생활을 싫어한다.
- 실제 수치와 통계, 뚜렷한 증거, 확실한 이유 등을 바탕으로 의사결정을 한다.
- 독자적으로 일을 처리하는 것을 좋아한다.
- 개인적 견해나 감정에는 거의 가치를 부여하지 않는다.
- 지적인 방법으로 업무 수행하기를 선호한다.
- 시간관리의 마술사이다. 철저하고 세심하게 계획을 세우고 그에 따라 진행표를 만들어서 움직임으로써 전문가적 면모를 보인다.

들고 있지만 상대에게 들키지 않기 위해 얼굴 표정을 숨기는 포커페이스처럼 좀처럼 자신의 속내를 드러내지 않는 특성을 가지고 있다.

통제성인 사람은 자신의 현재 일과 목표에서 성취감을 느끼는 데서 큰 동기를 얻는다. 이들은 다른 사람과 신체적, 정신적으로 어느 정도의 거리를 두고자 한다. 통제성 행동양식의 사람은 절대로 당신에게 어떤 가벼운 신체접촉도 시도하지 않을 것이다. 통제성인 사람들과 친분을 맺고 있는 사람들은 대개 다음과 같이 그들을 평한다. "알고 보니 정말 좋은 사람이에요. 물론 친해지기까지는 단단한 벽을 부수는 것과 같은 노력이 필요했지만요."

통제성 행동양식의 사람은 개방성 행동양식의 사람과는 달리, 사람들과 멀리 떨어져 있기를 원하며 악수를 할 때도 약간의 거리를 둔 채 형식적으로 한다. 또한 사적인 공간과 영역을 침범당하는 것을 매우 경계한다. 만약 누군가가 자신의 책상 위에 놓인 물건을 가져간다든지 허락 없이 물품을 사용하게 되면, 통제성인 사람은 그것을 사적공간의 침해라고 간주하고 강한 적대감을 표시한다.

통제성인 사람은 제한된 언어와 제한된 음조로 대화하며, 시각적 표현에 있어서도 되도록 단조롭고 한정된 모습을 보이고자 한다. 이들은 신체를 사용한 제스처는 가능한 피하는 편이며, 때문에 얼굴표정을 통해서 이들의 생각과 느낌을 감지하는 것은 거의 불가능하다. 또한 이들은 사실과 그에 따른 세부 내용에 대해서만 관심을 보이며 의사결정 시 자신의 개인적 감정은 가능한 배제한다. 아울러 일에 있어서는 현재 자신을 둘러싸고 있는 공식 업무와 관련된 것에만 집중하며, 시간관리에 매우 엄격하다.

이들은 선천적으로 타인과의 가벼운 스킨십을 통한 인사에 익숙하지 못하다. 누군가 그들을 껴안거나 가벼운 스킨십이라도 한다면, 매우 어색해 하고 부자연스럽게 반응할 것이다. 개방성인 사람과는 다르게, 통제성인 사람은 명확한 언어 이외의 수단으로는 효과적 반응을 거의 보이지 않는다.

통제성인 사람은 자신이 현재 직면하고 있는 문제나 업무, 아이디어에 모든 힘을 집중시키는 데 능하며, 이런 과정에서 발생되는 긍정적인 자극이나 동기에 우선적으로 반응한다. 통제성인 사람은 대화가 주제 이외의 다른 방향으로 흘러가는 것을 절대 참지 못한다. 시간관리에 엄격한 그들은 주제 이외의 이야기를 하는 것이 시간낭비라고 생각하기 때문이다. 그래서 이들은 다른 사람과 대화할 때 그 대화가 어떤 방향으로 흘러가는지 주의 깊게 관찰하며, 중간에 무의미하며 쓸모없고 수다스런 내용이 끼어들었을 때에는 원래 주제로 돌아갈 것을 주장하거나 관심을 아예 다른 곳으로 돌려 버린다.

통제성인 사람의 이런 특성은 개방성인 사람이 대화도중에 주제에서 이탈하게 되었을 때 그 대화를 원래의 주제로 돌릴 수 있는 힘을 발휘한다. 또한 불가피하게 대화의 주제가 바뀐다면, 통제성인 사람은 먼저 이전 대화의 주요 내용을 다시 한번 명확하게 이해하고자 노력한다. 만약 당신이 아무런 결론 없이 통제성인 사람과의 대화를 중단한다면, 그들은 아마 이런 반응을 보일 것이다. "말씀하신 내용을 다시 한번 요약해주시겠습니까?", "말씀하신 내용의 핵심이 뭡니까?"

통제성인 사람과 개방성인 사람은 서로의 관심사가 다르므로, 서로에 대한 생각 또한 매우 다르다. 통제성인 사람은 개방성인 사람을 대부분 시간낭비가 심하며 우유부단한 성격의 소유자로 여긴다.

반면, 개방성인 사람은 통제성인 사람을 냉정하고 동정심 없는 이기적 인물로 여긴다. 이 두 성향 사이에서 생기는 오해는 각기 다른

〈표 2-2〉 개방성과 통제성에 따른 언어적 · 음성적 · 시각적 표현

| 개방성 | 언어적 | 음성적 | 시각적 |
| --- | --- | --- | --- |
| | · 자신의 주변이야기나 일화를 말하기 좋아한다.<br>· 사적인 감정을 공유하는 것을 즐긴다.<br>· 구어체 대화를 즐긴다. | · 음조의 변화가 심하다.<br>· 다양한 음성톤을 지님. | · 항상 활기 넘치는 표정이다.<br>· 대화에서 빈번한 제스처 사용.<br>· 가벼운 스킨십.<br>· 과장된 표정. |
| 통제성 | · 주로 사실과 업무에 관련된 주제로 대화한다.<br>· 다른 사람들과 개인적 감정을 공유하지 않는다.<br>· 비형식적 대화보다 형식적인 대화를 선호한다. | · 음조 변화가 거의 없다.<br>· 음성의 고저 변화도 없다.<br>· 일관된 목소리 톤 | · 감정변화를 얼굴에 표출하지 않는다.<br>· 신체를 이용한 제스처를 자제한다.<br>· 가벼운 스킨십도 절제한다. |

특성과 개인적인 목표, 인생관의 차이에서 야기된다고 볼 수 있다. 그러므로 각 성향의 사람들이 갖는 행동양식을 잘 숙지하고 그들이 보이는 차이점을 잘 이해하지 못한다면, 사람들 사이의 오해는 영원히 풀리지 않을 것이다.

통제성인 사람의 행동양식은 〈표 2-2〉의 하단에 잘 나타나 있다. 잘 숙지해 놓도록 하라.


# 당신은 어떤 행동유형인가?

지금까지 다룬 각 행동유형의 특징을 잘 파악했는가? 그렇다면 당신은 자신은 어느 유형에 속하는가를 틀림없이 생각해 보았을 것이다. 앞의 내용을 다시 한번 정확하게 검토한 후, 〈표 2-3〉에 나오는 두 개의 축 사이에서 자신은 어느 영역에 속하는지 비교해 보라. 그리고 다음 질문에 답하라!

당신은 직접성 성향이 높은가 아니면 간접성 성향이 높은가?
당신은 개방성인 사람에 가까운가 아니면 통제성인 사람에 가까운가?

위의 질문에 대한 답을 찾았다면, 지금까지 알고 지내왔던 사람들 중에서 커뮤니케이션에 있어 어려움을 겪었던 사람을 생각해 보라. 그리고 〈표 2-3〉의 중심축을 기준으로 양쪽에 나타난 네 개의 서로 다른 유형별 행동양식 중 그 사람은 어느 영역에 속하는지를 생각해 보라. 함께 대화하면서 편안하지 못하고 부담스러움이 느껴졌던 사람은 대부분 당신과는 반대의 행동양식을 가지고 있는 사람일 것이다.

당신 또는 다른 사람의 행동양식을 효과적으로 파악하기 위해서는 각 차원의 설명을 종합하여 생각해 보는 것이 좋다. 그리고 이를 바탕으로 자신이 어떤 방식으로 행동하는지를 잘 생각해 보아야 한다. "이게 맞는 것 같기도 해. 그래, 맞아. 하지만, …"과 같이 애매모호한 결과가 아니라, 100% 자신과 일치한다고 느껴지는 행동유형이 어느 것인지를 잘 알아보라.

사람의 사고방식은 매우 다양하고 복잡하다. 누구나 하나의 주된 행동유형이 있다 해도, 부분적으로는 다른 행동유형의 특징도 지니고 있을 수 있기 때문이다. 당신도 아마 어느 면에서는 아주 주관적이고 직접적이며 능동적인 성향을 나타낼지 모르지만, 또 다른 면에서는 아주 수동적으로 반응하는 경향이 있을지도 모른다.

마찬가지로, 자발적으로 상대방에게 도움과 협력을 제공하는 개방성 성향을 보일 수도 있지만, 또 한편으로 상대방에게 지배적으로 다가서는 통제성 성향을 나타내는 경우도 있을 것이다. 하지만 스스로 가장 편안하고 부담스럽지 않은 자연스러운 행동양식이 있다고 생각된다면, 그것이 바로 당신의 주요 행동유형이다.

## 네 가지 행동유형

〈표 2-3〉에서 보듯이 수직과 수평의 두 가지 차원이 결합하여 네 가지의 행동유형을 형성하게 된다. 이 네 가지 고유한 행동유형에는 사람이 살아가면서 다른 사람과 자신을 뚜렷하게 구분되도록 하는

커뮤니케이션 방식과 행동유형이 포함되어 있다. 따라서 커뮤니케이션을 효과적으로 하기 위해서는 의사소통과 관련해서 각 사람들이 갖는 특성을 제대로 파악하고 있어야 한다. 특성을 잘 파악하는 일은 당신의 커뮤니케이션 능력을 인식하고 향상시키는 데 아주 중요한 영향을 미칠 것이다.

다음 장에서는 네 가지 행동유형이 갖는 성향에 대해 살펴볼 것이다. 여기서는 각 행동유형의 사람이 세상을 보는 시각과 그들의 지각·행동·커뮤니케이션 방식에 대해 자세하게 설명할 것이다. 이를 통해 당신은 효과적인 커뮤니케이션을 위해 미리 준비해야 할 사항이 무엇인가를 알 수 있게 될 것이다.

네 가지 행동양식을 완벽하게 숙지한 후에는, 4장에서 서로 다른 행동유형의 사람에게 최선의 방법으로 자신의 생각을 전달하는 비결을 배우게 될 것이다. 또한 서로 다른 행동유형의 사람이 서로의 생각을 이해하고 수용할 수 있는 효과적인 방법을 제시함으로써 커뮤니케이션에서의 문제를 줄이는 데 큰 도움을 받을 수 있을 것이다.

네 가지 행동유형은 사교형*socializer*, 지시형*director*, 사색형*thinker*, 그리고 관계형*relater*이다. 자, 이제부터 이 네 가지 행동유형에 대해 알아보자.

<표 2-3> 각 행동유형의 특성

---

**관계형 스타일**

· 결정과 실천이 느리다.

· 친해지면 좀더 개인적인 관계를 맺기를 기대한다.

· 남에게 피해주는 것을 싫어한다.

· 남을 잘 돕고 일에 있어서 호흡을 잘 맞춘다.

· 목표 설정과 자기 조절에 약한 측면이 있다.

· 도움될 만한 인간관계를 맺는 데 탁월한 능력이 있다.

· 타인과 결속력이 있고, 차분한 태도로 일한다

· 보안과 결속력을 중시한다.

· 타인에게 조언해 주는 것을 좋아한다.

**사교형 스타일**

· 자발적으로 행동하고 의사결정을 한다.

· 어디든 소속되기를 바란다.

· 사람들과 떨어져 있는 것을 싫어한다.

· 확대하고 일반화하는 경향이 있다.

· 몽상을 즐기며 다른 사람들도 자신과 같다고 생각하는 경향이 있다.

· 하던 일을 자주 바꾼다.

· 타인들과 함께 즐겁게 일한다.

· 사람들로부터 존중과 인정을 받고 싶어한다.

· 탁월한 설득력을 가지고 있다.

개방성(관계지향적)

간접성(느린속도) ← → 직접성(빠른속도)

**사색형 스타일**

· 조심스럽게 행동하고 결정한다.

· 계획하고 구조화하는 것을 좋아한다.

· 소속되는 것을 싫어한다.

· 세세한 것에 대해 많은 질문을 한다.

· 목적과 방법 위주의 일 방식을 선호한다.

· 좋은 환경에서 일하기를 바란다.

· 일을 완벽하게 해내고자 하는 욕심이 있다.

· 사실과 자료에 많이 의존한다.

· 느리지만 정교하게 일한다.

· 문제해결 능력이 탁월하다.

**지시형 스타일**

· 행동과 결정을 신속하게 한다.

· 사람들을 앞에 나서 지휘하기를 좋아하며 나태함을 싫어한다.

· 타인에게 지시를 내릴 수 있는 사람이 되기를 바란다.

· 시원스럽고 독립적이며 경쟁력이 있다.

· 개인적인 감정을 자주 무시한다.

· 다른 사람의 충고를 잘 수용하지 못한다.

· 독단적으로 빠르게 일처리를 한다.

· 경영 능력이 뛰어나다.

통제성(업무지향적)

---

# CHAPTER THREE

# 네 가지 행동유형

"친해지고 싶은 사람이 있다면, 그 사람의 보다 많은 부분을 파악을 하기 위
해 더 많은 시간을 투자하라."
— 알렉산더 스미스 *Alexander Smith*

이제 당신이 살펴볼 네 가지 행동유형은 세상을 보는 시각과 다른
사람과의 커뮤니케이션 방식에 있어서 각각 다른 특성을 지니고 있
다. 따라서 각각의 본질적 차이점을 완벽하게 인식하게 된다면, 당신
은 그 누구와도 효과적인 커뮤니케이션을 할 수 있을 것이다.

## 사교형

사교형인 사람은 직접적이며 협력적이다. 활발하게 상호 교류하
기를 좋아하는 사교형은 친절하며 열정적이고 모든 일에서 스포트
라이트를 받기 원한다. 이런 이유로 그들은 언제나 사람들로부터 인

정과 환호, 칭찬, 존중을 받기 위해 열심히 노력한다. 또한 언제나 긍정적인 태도를 유지함으로써 즐거운 인생을 살고자 애쓴다. 모든 일에 역동적이고 신속한 모습을 보이는 사교형 사람은 일보다 사람과 사람 사이의 관계를 매우 중요시하는 경향이 있어, 인간적인 면이 강하게 나타난다. 아울러 낙관적이며 친절한 자신만의 노하우를 통해, 사교형인 사람은 대부분 다른 사람으로부터 긍정적인 평을 받는다.

하지만 사교형인 사람이 갖는 외향적이며 친절한 성격이 가끔은 주어진 상황에서 벗어나는 행동으로 비쳐질 때도 있다. 지나치게 들떠 있는 모습이나 도를 넘는 친절함이 무례하거나 상대방의 약점을 이용해서 자신의 능력을 높이고자 한다는 부정적 이미지로 비쳐질 수도 있는 것이다.

사교형인 사람은 사실과 그 세부적 내용에는 별 관심이 없으며, 가능한 그러한 것을 피하려고 한다. 이러한 성향 때문에, 사교형인 사람은 때로 어떤 사실을 다소 과장하거나, 작은 일을 일반화하여 재해석함으로써 문제를 일으키기도 한다. 또한 이러한 성향은 그들이 어떤 잘못을 범했을 때 변명의 중요한 소재가 되기도 하는데, 그들은 대개 "저는 그 사실을 몰랐습니다"라는 말로 자신의 잘못을 회피한다.


사교형인 사람은 상대방을 자신의 아이디어와 견해에 빠져 들게 하는 탁월한 능력을 소유하고 있다. 사교형인 사람은 강력한 설득력을 바탕으로 다른 사람에게 많은 영향력을 행사한다. 주변 환경을 자신이 원하는 대로 조성하며, 그런 분위기가 자신의 목표달성에도 큰 도움이 되도록 만든다. 또한 자신이 영향력을 행사한 결과가 다른 사람들에게도 만족스럽게 느껴지기를 바라며, 이를 통해 그들로부터 칭찬과 인정을 받으려 한다. 하지만 다른 사람들로부터 충분한 인정과 동의를 받지 못할 때에도, 자신을 위로하고 자신에게 칭찬해 줄 소재를 만들어 내어 스스로에게 힘을 북돋는다.

사교형인 사람은 이야기하는 것을 좋아한다. 언제나 활기 넘치는 태도를 잃지 않는 이들은 커뮤니케이션 능력 또한 매우 뛰어나다. 사교형인 사람은 자신의 생각과 감정을 다른 사람들과 나누는 데 있어서 숨김이 없고, 항상 활기차며, 다른 사람들과 잘 어울림으로써 자신의 커뮤니케이션 능력을 배가시킨다. 또한 신나고 재미있는 분위기 조성을 위해서는 다소 과장을 하더라도 상관없다고 생각한다. 이들은 언제나 관객을 필요로 하며, 다른 사람들의 관심과 끈끈한 관계 속에서 삶을 살고자 하는 욕심이 있다. 이런 이유로 여러 사람과 일하는 데 있어서 신속하고 열정적인 모습을 보이며, 때로는 자신의 직관력을 바탕으로 커다란 위험부담을 스스로 감수하는 결정을 내리기도 한다.


사교형이 싫어하는 것은 지루한 일, 혼자 있는 일, 전화기를 사용할 수 없는 상황이다. 이런 의미에서 사교형은 진정한 예능인이라고 할 수 있다. 그들은 자신에게 시선을 주는 관객들을 매우 소중히 여기며, 그들의 시선과 인정을 얻지 못할 때에는 금방 풀이 죽는다. 다른 사람과 함께 일할 때는 신속하고 열정적으로 일하며, 자신의 주변에 있는 사람들을 위해 기꺼이 분위기 메이커 역할을 자청한다. 이런 일을 통해 사교형 사람은 타인에게 훌륭한 자극제 역할을 하며, 그로부터 더 많은 칭찬과 인정을 얻기 위해 꾸준히 노력한다.

사교형의 장점은 열정, 설득력, 그리고 뛰어난 적응력이다. 반면 이들의 가장 큰 약점은 너무 많은 일에 연루되어 있다는 것이다. 또한 조바심을 많이 내고, 어떤 일에 집중하는 시간이 매우 짧으며, 쉽게 싫증을 내고 지치는 것도 이들이 갖고 있는 중요한 약점이다.

사교형인 사람은 사교활동 전문가, 토크쇼 사회자, 법정 대리인, 함대의 지휘관, 호텔 관리자 등 주로 다른 사람과 대화하고 이끌어가는 직업을 갖는다. 또한 다른 사람에게서 받는 인정과 칭찬에 매우 큰 의미를 두기 때문에, 이들은 다소 화려하고 어려운 듯한 일에 많이 끌린다. 업무를 함에 있어서 사교형인 사람은, 다른 사람이 위험부담을 감수하고서라도 신속하고 확실하게 행동해 주기를 바란다. 또한 사회생활에서는 다른 사람이 자유롭고, 자발적이며 즐겁게 행동할 수 있기를 바란다.

사교형은 혼란스럽고 무질서한 방법으로 자신의 시간을 관리하고 사용하지만, 무언가 빠뜨린 것이 있을 때는 그것을 쉽게 알아차린다. 그들의 사무실 벽에는 대개 상장, 격려문, 포스터, 좌우명 등이 담긴 많은 액자들이 걸려있다. 실내는 개방적이고 활기차면서 친근한 느낌으로 장식하고, 좌석배치는 다정하고 협조적인 분위기에서 의사소통이 잘 이루어지도록 하는 데 중점을 둔다. 사교형인 사람은 언제나 사람들과의 만남을 즐기며, 자신의 사무실에서 방문자와 대화할 때는 자신의 좌석위치를 방문자 중심으로 바꾼다.

이들은 신체접촉 또한 꺼리지 않으므로, 등을 '툭' 친다거나 다정한 악수를 나누는 것을 즐긴다. 또한 다른 사람의 접근을 불편하게 여기지 않으므로, 그들에게 가까이 서거나 앉는 것에 대해 따로 신경 쓸 필요는 없다.

# 사교형인 사람은 주로

- 다른 사람과 만나서 상호작용을 이끌어낼 수 있기를 바란다.
- 언제나 열정적이며 생동감이 있다.
- 자발적으로 행동하고 결정한다.
- 다른 사람의 인정과 외모에 관심이 많다.
- 감정적으로 사고한다.
- 큰 계획에 대해서는 신중하게 생각하지만 세부적인 사항에 대해서는 금방 싫증을 내고 오래 생각하지 못한다.
- 변화와 혁신을 좋아한다.
- 어떤 일의 순서를 처음부터 끝까지 조직하는 데 어려움을 겪으므로, 이런 일을 해야 할 때는 다른 사람의 도움이 절대적으로 필요하다.
- 언쟁을 싫어한다.
- 삶에 대해서 긍정적이고 낙관적인 태도를 유지한다.
- 어떤 일에 대해 과장하거나 일반화하기를 좋아한다.
- 언제나 무언가를 꿈꾸고 있고, 자신의 꿈속에 다른 사람들을 끌어들이고 싶어한다.
- 여러 활동에 참여한다.
- 다른 사람과 일할 때 신속하게 행동하고, 열정적으로 임한다.
- 다른 사람으로부터 존경과 인정을 받고자 하는 열망이 크다.
- 설득력이 뛰어나다.

사교형인 사람이 유연성과 보다 조화로운 관계를 맺기 위한 균형 감각을 얻기 위해서는 시간과 감정을 조절하는 방법을 배워야 한다. 또한 뚜렷한 목적을 성취하겠다는 마음가짐으로 모든 일을 단계적으로 확인하고 조직하며, 임무에 집중하는 습관을 개발해야 한다. 아울러 목표를 향해서 보다 논리적으로 접근하는 능력 또한 키워야 한다.

# 지시형

지시형인 사람은 대개 강력한 지도력과 자기 조절력을 갖추고 있다. 이들은 모든 상황에서 어떤 일이든 자신이 책임을 맡고 지휘해야 한다는 내적 욕구를 지니고 있다. 이런 이유로 지시형은 다른 사람과의 관계에서 맺고 끊음이 확실하며 단호한 모습을 보인다. 또한 목표와 결과 지향적인 경향을 보인다. 모두를 지휘해야만 직성이 풀리는 이들은 완고하고, 참을성이 부족하며, 말이나 행동이 거친 편에 속한다.

지시형인 사람은 상황과 사람들을 자신의 생각대로 조절하고자 하는 경향이 강하다. 행동에 있어서는 강한 결단력이 있으며, 한번 결정을 내리면 그것을 잘 추진하기 때문에 일의 추진력에 있어서는 상당히 믿을 만하다. 언제나 바쁘고 빠르게 움직이며, 무엇이든 계획보다 지체되는 것을 참지 못한다. 이런 이유로 지시형인 사람이 전화를 걸어 인사말도 없이 곧바로 본론으로 들어가는 것은 절대 이상한 일이 아니다. 지시형인 사람은 다른 사람이 자신의 속도를 따라오지 못할 때는 그들이 무능하기 때문에 느리다고 생각한다.

지시형인 사람은 언제나 상대를 이기고 싶어한다. 그래서 종종 다른 사람들이나 불만스런 규칙들에 도전한다. 또한 다른 사람의 도전을 쉽게 받아들이고, 권위를 얻고자 노력하며, 물불을 가리지 않고 문제 해결을 위해 뛰어들기도 한다. 이들은 관리 및 경영 분야에 뛰어난 능력을 보이며, 스스로 모든 업무를 신속하고 인상적으로 처리하고자 하는 욕심이 있다.

지시형인 사람은 성취능력이 뛰어나다. 이런 이유로 이들은 업무의 마무리와 새로운 일의 착수에 있어서 매우 능수능란한 모습을 보인다. 이들의 업무 형태를 살피다 보면, 마치 마술처럼 여러 가지 업무를 동시에 교묘하게 다루고 있음을 볼 수 있다. 지시형은 한꺼번에 세 가지 일을 하면서도 별 무리가 없다고 판단되면, 주저 없이 네 번째 일을 또다시 시작한다. 그래서 때때로 작업 수를 너무 많이 늘려서 업무에서 오는 엄청난 압박으로 도저히 더 이상 아무 일도 할 수 없는 지경에 이르기도 한다. 이런 경우에는 나름대로의 기준으로 '우선순위 재평가' 작업에 들어가, 자신이 하고 있는 일의 우선순위를 정리한다. 이를 통해 업무의 과부하에서 오는 스트레스를 줄인 후, 다시 모든 일을 시작한다.


지시형인 사람은 업무에 중독되는 경향이 있다. 일 욕심이 너무 많아 자신도 모르는 사이에 너무 많은 일을 처리하는 경향이 있기 때문이다. 이런 이유로 의사들은 지시형인 사람이 심장마비에 걸릴 위험이 매우 높다고 경고한다. 또한 참을성도 없기 때문에 위궤양에 걸릴 확률도 매우 높다. 하지만 지시형인 사람은 위궤양에 걸리지 않는다. 대신 업무에 대한 스트레스를 부하직원이나 다른 사람들에게 풀어, 주변 사람들을 위궤양으로 몰고 간다!

지시형인 사람은 조절능력이 뛰어나다. 그만큼 독립적이고 의지가 강하며, 까다롭고 목표 지향적인 측면을 가지고 있다. 또한 냉정하고, 업무에서는 특히 경쟁적이다. 이런 이유로 지시형인 사람은 도전을 잘 받아들이고 권위를 존중한다. 또한 계획의 실행에 있어서 장애물을 극복하기 어렵다고 판단될 때에는 자신을 바꾸기보다 주변 환경을 바꾸려한다. 이들은 조직경영에 있어서 최대한의 자유를 원해, 다른 사람들의 감정, 태도, 무능 등에 대한 인내심이 매우 부족한 편이다.

지시형의 최대 장점은 업무처리와 의사결정에서의 빠르고 확실한 판단, 그리고 강력한 리더십이다. 반면 약점은 유연성과 인내성의 부족, 완고한 고집, 인간적 감수성의 부족이다. 이들은 인간적인 정서를 거의 무시하기 때문에, 예컨대 '꽃향기'를 맡기 위해 보내는 시간을 엄청난 낭비라고 생각한다. 또한 너무 경쟁적이어서, 꽃향기를 맡을 기회가 있었다 하더라도 향기에 대한 감흥보다는 "난 오늘 장미 열두 송이의 냄새를 맡았어. 넌 몇 송이나 맡았니?"라며 꽃의 숫자에 대해서만 이야기를 한다.

업무에 있어서 지시형인 사람은 다른 사람이 결단력 있고, 능률적이며, 수용력이 풍부하고, 지성적이기를 원한다. 또한 사람들과의 관계에 있어서는 다른 사람의 취향이 자신의 취향과 같고, 단호하며, 재치 있기 바란다. 이러한 지시형 사람에게 어울리는 직업은 바쁘게 돌아가는 신문사의 리포터나 주식중계인, 독립 컨설턴트, 기업의 총

# 지시형인 사람은 주로

- 책임감이 강하고, 행동하지 않는 사람을 싫어한다.
- 신속하고 결단력 있게 행동한다.
- 논리적으로 사고한다.
- 사실과 최고의 관심사를 원한다.
- 결과를 추구한다.
- 자신의 방식으로 자신과 다른 사람을 관리하기 원한다.
- 변화를 좋아한다.
- 권한위임을 선호한다.
- 냉철하고 독립적이며 경쟁심이 강하다.
- 감정, 태도, 다른 사람의 충고 등을 잘 참지 못한다.
- 혼자 힘으로 신속하고 효율적으로 업무 처리한다.
- 자신의 성취결과로써 자신이 알려지기 원한다.
- 논쟁과 갈등에 관련되는 성향이 있다.
- 관리능력이 뛰어나다.

수, 훈련 조교 등이 적합하다.

지시형의 책상은 보통 각종 문서와 집기들로 가득 차 매우 어지러운 모습을 보인다. 하지만 이들은 다른 사람들에게 깔끔하고 정돈된 모습보다는 자신이 가지고 있는 힘을 보여 줄 수 있도록 꾸미는 것을 더 선호한다. 예를 들어, 벽에 전투용 손도끼를 벽에 걸어 두거나 일정이 빼곡이 적혀 있는 커다란 달력이 걸어 놓음으로써, 이들은 자신이 회사에서 갖는 힘과 영향력을 암시하고자 한다. 지시형은 어떤 일에 있어서나 인간적인 교감보다는 형식에 치중하기 때문에, 신체적으로나 심리적으로 다른 사람들과 거리를 두고자 한다. 이런 이유로 지시형인 사람의 사무실 의자는 앉는 사람의 편안함을 고려하지 않은 채 형식적으로 놓여져 있는 것이 대부분이다. 또한 힘을 상징하는 커다란 책상이 지시형과 방문자 사이의 거리를 조절하도록 해, 자신이 다른 사람과 가깝게 있는 것을 좋아하지 않는다는 사실을 간접적으로 알린다.

지시형인 사람이 유연성을 갖고 다른 행동유형의 사람들과 보다 조화로운 상태를 유지하기 위해서는, 다른 사람의 말을 적극적으로 경청할 줄 아는 자세를 길러야 한다. 또한 다른 사람들에게 보다 편안한 인상을 줄 수 있도록 신경 써야 하며 인내성, 겸손, 타인에 대한 배려 등을 키워야 한다. 아울러 자신이 내린 결정에 대한 이유를 구체적으로 설명하는 습관을 가져야 하며, 직장동료들과의 일체감 형성에도 주의를 기울여야 한다. 지시형은 자신의 생각에서 벗어나 다른 사람들이 관례적으로 지키는 규칙이나 관습에 대해 좀더 배울 필요가 있다.

# 사색형

사색형인 사람은 간접적이면서도 자기 조절력이 매우 뛰어난 사람이다. 이들은 분석적이고, 고집이 세며, 체계적으로 문제를 해결하고자 하는 특성을 보인다. 이런 특성은 대개 냉담하고, 까다롭고, 비판적인 모습으로 비쳐지기 때문에, 사색형인 사람들은 일반적으로 많은 사람들과 어울리지는 못하는 편이다. 사색형은 안전에 상당히 집중한다. 또한 정확성에 지나치게 집착해서 때로는 정보수집에 과다한 시간을 쏟아 붓기도 한다. 그렇다고 해서 관련된 정보 모두를 무조건 받아들이는 것은 아니다. 이들은 매우 분석적이기 때문에, 정보수집 과정에서도 수많은 세부사항들에 대해 꼼꼼한 질문을 던지며, 믿을 만한 정보를 통해 어느 정도 결론을 내렸다 하더라도 의사결정에는 더욱 더 신중한 모습을 보인다. 이런 이유로 사색형인 사람은 문제해결 능력도 뛰어나지만, 의사결정 능력 또한 매우 뛰어나다. 하지만 완벽한 결정을 내리기까지 수많은 정보를 필요로 하기 때문에 결정에 상당히 긴 시간이 소요되는 편이다. 하지만 시간적 한도가 주어지면 그 한도를 넘기는 일은 거의 없다.

어떤 일에 있어서건 사색형인 사람의 가장 큰 관심사는 정확성이다. 이 말은 사색형이 감정을 거의 드러내지 않는다는 의미를 갖기도 한다. 사색형인 사람에게 있어 감정은 지극히 주관적이고 개인적인 것이기 때문에, 객관성을 왜곡시키는 장애물로 밖에 생각되지 않는 것이다. 따라서 정확성을 추구하는 이들은 어떤 일에서건 감정이 개입되는 것을 원치 않으며, 감정적이고 비이성적인 행동으로 인해 목표달성을 이루지 못하게 되는 상황을 가장 경계한다. 또한 다른 사람이 감정적이고 비이성적인 태도를 보이는 것에도 매우 좋지 않은 감정을 드러낸다. 사색형인 사람은 자기 자신과 감정을 조절함으로써 문제의 소재를 없애고자 하며, 자신에게 위험부담이 돌아오는 것을 막기 위해 항상 주의를 기울인다.

신중하고 규칙적인 성격 탓에, 사색형인 사람은 완벽주의자가 되기 쉽다. 이들은 세부사항과 업무 과정의 효율성에 중점을 맞춰 사소한 오차 없이 일을 진행시키는 데 많은 노력을 쏟아 붓는다. 따라서 갑자기 예기치 못한 사건이 발생하는 것을 싫어하며, 언제나 '효율성' 에 가장 중요한 테마를 맞춘다. 이들은 상품과 서비스 질을 향상시키는 가장 좋은 방법은 기존의 지침을 지키면서 효율성을 높이는 것이라고 생각한다.


사색형인 사람은 조직과 완벽한 구조에서 오는 독립성을 좋아하므로, 필요 이상으로 다른 사람들과 연루되는 것을 싫어한다. 이런 이유로 이들은 거의 대부분 혼자서, 천천히, 그리고 매우 세밀하게 일하는 모습을 보인다. 객관적인 것을 좋아하고, 업무 지향적이며, 지적인 업무 환경을 선호하고, 세심하고, 시간을 엄수하며, 자신이 수행한 결과에 대해 비판적으로 되돌아 보는 철저함도 지니고 있다. 이들은 문제해결 과정에 매우 큰 흥미를 느끼며, 잘 조직된 환경하에서 일하기를 원한다.

사색형인 사람이 지니는 최고의 장점은 정확성과 신뢰성, 그리고 임무완수와 조직에 있어서 보이는 탁월한 조절 능력이다. 반면 단점으로는 느린 업무 처리 속도와 보수적 성향으로, 이들은 대개 까다롭

# 사색형인 사람은 주로

- 논리적이고 분석적으로 사고한다.
- 의사결정을 하는 데 있어서 많은 자료를 필요로 한다.
- 언제나 정답을 추구한다.
- 조직적이고 구조적인 것을 좋아한다.
- 세세한 사항에도 많은 질문을 던져 허점이 생기지 않도록 한다.
- 목표 중심적이고, 업무 지향적이며, 지적인 업무 환경을 선호한다.
- 어떤 업무이든 그 과정을 명확하게 이해하길 원한다.
- 신중하게 의사결정을 한다.
- 혼자 일하는 것을 좋아한다.
- 혼자서 천천히 정밀하게 일한다.
- 자신의 정확성을 다른 사람들이 알아주길 바란다.
- 언쟁을 싫어한다.
- 어떤 일이든 심사숙고하여 결정한다.
- 문제해결에 뛰어난 자질을 보인다.

고 소심해서 다른 사람들과의 마찰이 잦은 편이다.

이런 사색형 사람에게 어울리는 직업은 세밀한 숫자까지 계산해야 하는 은행원이나 기술자, 컴퓨터프로그래머, 화학·물리학·수학 같이 세밀함과 정밀함이 요구되는 과학 분야의 전문가, 분석가, 건축가 등이 있다.

사색형인 사람이 가장 견디기 힘들어하는 것은 조직적이거나 논리적이지 못한 상황 혹은 사람과 부딪힐 때이다. 이런 이유로 사색형 사람은 업무 환경에 있어서 자신과 같이 일하는 동료가 신용 있고, 전문적이며, 진실하고, 정중하기를 바란다. 또한 사회적으로 관계를 맺을 때에는 유쾌하고 성실한 사람들과 관계를 맺을 수 있기를 바란다.

사색형인 사람의 사무실을 살펴보면, 정확함과 조직성을 추구하는 그들의 성격이 매우 잘 드러난다. 이들의 사무실에는 대개 업무와 관련된 차트나 그래프, 그림 등이 깨끗하게 배치되어 있으며, 비효율적이거나 지저분한 구석은 도무지 찾아볼 수 없을 만큼 깔끔한 상태를 보인다. 또한 일에 있어서 다른 사람과의 개인적인 접촉이나 혼란스러운 상황을 싫어하기 때문에, 사람을 만나더라도 되도록 짧고 간단한 악수로 인사를 대신하거나 간략한 전화통화로 일을 끝낼 수 있기를 바란다. 이러한 이유로 이들의 사무실 책상과 의자 배열은 방문하는 사람들을 위한 배치보다는 자신들의 업무를 효율적으로 할 수 있는 동선에 초점을 맞추어 배치되어 있다.

사색형인 사람이 커뮤니케이션 능력을 향상시키기 위해서는 유연성을 발휘해 다른 사람에게 보다 많은 관심과 호의를 보이려는 노력이 필요하다. 또한 일에 있어서도 매번 정석대로 일을 처리하려 하기보다는 가끔 지름길이나 간단한 방법을 선택해 처리할 줄 아는 센스가 필요하며, 변화와 부조화에도 쉽게 적응할 수 있는 연습을 해두는 것이 좋다. 시기 적절한 의사결정과 새로운 일에 대한 도전, 상대방과의 타협 능력 등도 원활한 커뮤니케이션을 위해 이들이 개발해야 할 중요 요건이다.

# 관계형

　관계형인 사람은 네 가지 행동유형 중에서 가장 대인 중심적인 사람으로서, 다른 사람들과 가까워지고 개인적 친분을 맺는 것, 혹은 서로 이름을 부를 정도의 친밀한 관계를 형성하는 것을 가장 중요하게 생각한다. 관계형인 사람은 다른 사람들과 갈등이 생기는 것을 너무나 싫어하기 때문에, 상대방이 듣고 싶을 거라고 생각되는 말을 일부러 하기도 한다. 이들은 상담에 탁월한 능력이 있으며, 매우 협조적인 편이다. 이런 이유로 많은 사람들은 관계형인 사람과 함께 있는 것을 좋아하며, 이들과 있을 때 기분이 좋아진다고 말한다.

　관계형인 사람은 상대방의 말을 잘 경청해 준다. 또한 자신의 말에 귀기울이는 사람과는 매우 친밀하고 화기애애한 인간관계를 형성한다. 그리고 이 관계를 상호간에 도움을 주고받을 수 있는 강한 유대관계로 발전시키기 위해 부단한 노력을 기울인다. 이런 이유로 관계형은 상대적으로 자기주장이 약한 편이며, 온화하고, 협조적이며, 다른 사람이 자신에게 의지하는 것을 좋아한다. 하지만 이런 성향이 다른 사람에게는 바보스러울 만큼 순종적이고 마음 약한 사람으로 비쳐질 수 있다는 것에 유의해야 한다. 자칫 물렁한 사람으로 인식될 수도 있기 때문이다.

　관계형인 사람은 사색형과 마찬가지로 안전을 추구한다. 이런 까닭에 업무와 의사결정에 있어 신속하지 못한 모습을 자주 보인다. 관계형인 사람은 위험성이 내포된 상황이나 잘 알지 못하는 상황에 처하는 것을 매우 싫어하기 때문에 신속하게 의사결정을 내리지 못한다. 또한 다른 사람들과의 관계를 중요하게 여기는 성향 탓에 자신의 행동과 의사결정에 대해 사람들이 어떻게 느낄 것인가를 먼저 생각하고 알고 싶어하며, 이것이 의사결정의 지체를 초래한다.

　관계형은 다른 사람과 친숙해지고, 그들과의 신뢰 형성에 상당한 가치를 둔다. 언제나 다른 사람들을 먼저 생각하는 성격 탓에 타인이 보내는 강압적이고 공격적인 행동에는 잘 적응하지 못하며, 언제나 '그들이 나를 얼마나 좋아하는지 주목하라'는 테마를 가슴속에 새기고 있다. 그래서 이들은 어떤 제안을 받았을 때 가장 먼저 다음과 같은 질문을 던진다. "그것이 내 개인적인 관계와 우정에 어떤 영향을 줄 것인가?"


　관계형인 사람은 여러 사람들의 마음을 잘 헤아리기 때문에 협동적이고 꾸준하며, 팀플레이에 매우 능하다. 이런 이유로 관계형인 사람의 매끄러운 대인관계 능력과 다른 사람들에 대한 관심과 사랑은 가장 큰 장점이 된다. 반면 이들의 약점은 자기주장이 약하고, 너무 민감하며, 쉽게 상처받을 수 있다는 것이다.

　관계형인 사람에게 어울리는 가장 이상적인 직업은 상담원, 교사, 민원상담사, 심리학자, 간호사 등 사람과 관계되고 사람을 도와주는 일이다. 업무에 있어서 관계형인 사람은 다른 사람이 진실하고, 친밀감을 나눌 수 있으며, 신뢰할 만한 사람이기를 바란다. 또한 사회적으로 관계를 맺을 때에는 진실하고 정다운 사람과 관계 맺기를 원한다.


　관계형인 사람의 책상에는 대개 가족사진이나 다른 사람들과 함께 찍은 사진이 놓여져 있다. 또한 사무실 벽에는 개인적인 목표를

# 관계형인 사람은 주로

- 안정을 좋아한다.
- 논리적으로 사고한다.
- 사실과 증거를 원한다.
- 개인적인 관계를 원한다.
- 천천히 행동하고 결정한다.
- 단계적으로 전체 과정을 알고 싶어한다.
- 위험과 변화를 되도록 피하려 한다.
- 다른 사람들과의 갈등을 싫어한다.
- 동료들과 함께 천천히 꾸준하게 일한다.
- 다른 사람들과 친해지려고 노력한다.
- 고요와 평화를 원한다.
- 안전과 소속을 추구한다.
- 팀워크를 선호한다.
- 자신이 제대로 평가받고 있는지를 알고 싶어한다.
- 상담에 뛰어난 능력이 있다.

위한 슬로건과 함께 가족 또는 친구들과의 사진, 평화스러운 그림, 과거를 추억할 수 있는 물건들이 걸려 있다. 관계형은 감성이 매우 발달된 사람이어서, 사무실도 온화하고 정다운 분위기로 꾸미기를 좋아한다. 이런 이유로 관계형인 사람의 사무실 의자나 그 밖의 집기들은 다른 사람들과 친밀한 상태에서 이야기를 나누는 데 알맞도록 배치되어 있다.

관계형인 사람이 커뮤니케이션에서 좀더 유연성을 기르기 위해서는, 때로 "싫어"라는 말도 할 수 있어야 한다. 또한 업무를 마무리할 때는 다른 사람들의 기분에 너무 신경 쓰지 않는 것이 좋다. 그리고 어느 정도의 영역 확장과 위험성이 내포된 일도 인생의 목표 안에 포함시킬 수 있어야 한다.


이제 당신은 네 가지 행동유형과 각 유형의 행동방법, 그리고 각 유형이 주위 환경에 대해 보내는 반응에 대해 확실한 지식을 얻었다. 아울러 이를 통해 당신 자신의 행동유형과 당신을 둘러싼 주변 사람들의 행동유형이 어디에 속하는가도 잘 파악할 수 있게 되었을 것이다. 다음에 있는 나와 있는 표는 위의 네 가지 행동유형을 다시 한번 요약한 것으로, 각 행동유형에 대한 이해를 보다 체계적으로 정리할 수 있도록 도와줄 것이다.

# 네 가지 행동유형의 특징

관계형

관계 지향적

천천히 움직이고 행동하며 말한다.

위험성을 피한다.

고요와 평화를 원한다.

팀워크를 즐긴다.

훌륭한 상담기술

사교형

관계 지향적

빠르게 움직이고 행동하며 말한다.

위험성을 받아들인다.

흥분과 변화를 원한다.

스포트라이트를 즐긴다.

훌륭한 설득력

사색형

업무 지향적

느리게 움직이고 행동하며 말한다.

정확하기 바란다.

혼자 하는 지적인 일을 즐긴다.

신중하게 의사결정 한다.

문제해결 능력이 뛰어나다.

지시형

업무 지향적

빠르게 움직이고 행동하며 말한다.

책임을 맡기 원한다.

다른 사람들을 통해 결과를 얻는다.

신속하게 의사결정 한다.

관리 능력이 뛰어나다.

# CHAPTER FOUR

# 네 가지 행동유형의 커뮤니케이션

네 가지 행동유형을 파악하고 각각의 유형이 선호하는 커뮤니케이션 방식을 이해함으로써, 당신의 커뮤니케이션 방식을 상대방에게 적응시킬 수 있다는 것은 대단히 가치가 있는 일이다. 그렇게 함으로써 상대방은 당신의 메시지를 더 잘 받아들일 수 있기 때문이다. 자신의 커뮤니케이션 유형과 상대방의 커뮤니케이션 유형을 잘 파악하고 있을 때, 비로소 '받아들이는' 방식에 가장 부합되는 '보내는' 방식을 선택하고 적용할 수 있게 된다. 따라서 당신은 행동유형과 그에 따르는 커뮤니케이션 유형을 이해함으로써, 개인적인 인간관계는 물론 직장에서의 일대일 대면, 미팅, 판매 프레젠테이션, 직원교육, 문제해결 회의 등 모든 업무상황에서 뛰어난 커뮤니케이션 능력을 발휘할 수 있을 것이다.

다른 사람의 커뮤니케이션 방식에 대한 자신의 커뮤니케이션 적응력을 확장시키는 것이야말로 성공적인 커뮤니케이션을 이루기 위한 최대 관건이다. 하지만 적응력이란 자신의 대화 방식을 다른 유형에 단순히 '적응' 시키는 것으로 끝나는 것은 아니다. 진정한 적응

<표 4-1> 네 가지 행동유형이 개선해야 할 점

| 유형 | 줄여야 할 점 | 개발하여 보완해야 할 점 |
|---|---|---|
| 지시형<br>(Director) | 다른 사람들과 상황에 대한 통제 | 경청, 질문 긍정적 강화 등을 통한 상대방에 대한 지원 기술 또는 행동 |
| 사교형<br>(Socializer) | 다른 사람들 또는 집단으로부터 받고 싶은 인정에 대한 욕구 | 자기주장, 갈등해결, 협상 등과 같은 지도적 기술 |
| 관계형<br>(Relater) | 새롭고 또 다른 기회를 찾아 보거나 시도하려는 것에 대한 저항 | 새롭고 다양한 사고력 및 협상 등과 같은 지도적 기술 |
| 사색형<br>(Thinker) | 약점 또는 부족한 면에 초점을 맞추는 불필요한 완벽주의와 그 성향 | 공감적 경청, 타인에 대한 긍정적 피드백 및 지원을 통해 인간관계를 개방적으로 이끌어 나갈 기술 혹은 행동 |

력이란 지금까지 지켜 왔던 자신의 커뮤니케이션 방식과는 또 다른 방법으로 타인과의 의사소통을 이끌 수 있어야 한다는 의미를 갖고 있다.

어떤 특정시기와 특정관계에서 요구되는 커뮤니케이션 및 행동 방식에 전략적 적응력을 발휘하는 것은 당신의 능력을 높이는 매우 큰 플러스 알파 요인이 될 수 있다. 하지만 이러한 플러스 알파를 얻기 위해서는 상대방에게 알맞은 언어 선택과 함께 그에 따르는 여러 가지 요건을 적절히 적용할 줄 아는 능력이 필요하다. 그러나 누구든 다른 사람의 행동유형에 보다 잘 적응할 수 있는 방법을 배울 수 있으므로 그다지 염려할 필요는 없다. 당신의 커뮤니케이션 적응력을 높이는 데 도움이 될 일반적 지침을 여기에 제시한다.

　‘자신의 커뮤니케이션을 상대방에게 적응시킨다’는 것은 다른 사람의 커뮤니케이션을 모방하라는 뜻이 아니다. 그것은 상대방이 선호하는 커뮤니케이션 방식과 조화를 이루기 위해 자신의 커뮤니케이션 방식이 갖는 개방성*Supportingness*, 통제성*Controllingness*, 직접성*Directness*, 간접성*Indirectness*을 적절히 조절하는 것을 의미한다. 예를 들어 당신이 지시형인 사람과 대화하는 사교형 사람이라면, 당신이 보이는 커뮤니케이션 패턴은 지시형인 사람에게 초점이 없고 지나치게 사교적인 것으로 보일 수 있다. 더 나아가 지시형인 사람은 자신과 당신 간의 대화를 아무 가치 없는 ‘애들의 재잘거림’ 정도로 간주할 수도 있다. 이런 상황에 부딪힌다면 더 이상 대화를 진행시킬 수 없을 것은 불을 보듯 뻔한 일이다. 하지만 당신이 지시형인 사람의 커뮤니케이션 특성을 이해하고 있다면, 대화를 곧바로 요점으로 이끌어 업무에 초점을 맞출 것이다. 이를 통해 당신은 지시형인 사람과의 커뮤니케이션을 효과적으로 전개해 나갈 수 있게 되는 것이다.

　위 사례에서 지시형과 사교형 두 사람은 모두 직접성 성향이 강한 사람들이므로, 대화의 속도는 쉽게 조화를 이룰 수 있다. 그러나 두 사람의 우선적 선호는 각각 다르다. 사교형인 당신은 개방성 성향이므로 관계 지향적인 반면, 지시형인 상대방은 통제성 성향이며 업무 지향적이기 때문이다. 따라서 모든 대화에 있어서 상대방의 성향을 파악하고, 이에 맞추어 커뮤니케이션 전략을 짜는 것은 효과적인 의사소통을 위해 매우 중요하다.

# 네 가지 행동유형에 적응하기

가장 효과적인 커뮤니케이션 전략은 상대방의 행동유형을 파악하고 그 사람의 특정한 선호에 자신을 맞추는(적응시키는) 것이다. 다음은 각 유형에 적응할 수 있는 방법을 간단히 요약한 것이다.

**사교형(직접성, 개방성이 강하다)** : 사교형의 대화, 활동, 의사결정은 빠른 편에 속한다. 그리고 이들은 관계 지향적이다. 따라서 사교형과의 효과적인 커뮤니케이션을 하기 위해서는 다음의 방법들을 머릿속에 새기고 있어야 한다.

- 사교형의 견해, 생각, 꿈 등을 지지한다.
- 대화를 흘러가는 대로 두며, 때로 주제에서 벗어나는 이야기가 나와도 허용한다.
- 대화는 즐거워야 하며, 빠른 진행으로 지지부진 하지 않게 이끈다.
- 사교형 사람에게 관심을 보인다.
- 갈등과 논쟁은 회피한다.
- 합의에 관한 특정 사항을 자주 주지시키고, 그의 의견에 대부분 동의해 준다.
- 사교형의 외모, 창조적 아이디어, 설득력, 카리스마 등에 대해 칭찬한다.
- 사교형이 '가슴속의 모든 것을 쏟아 낼 수 있도록' 배려한다.

**지시형(직접성, 통제성이 강하다)** : 지시형인 사람은 대화하거나 움직이고 결정하는 것이 빠르다. 지시형은 업무 지향적인 성격이 강하다. 지시형과의 효과적 커뮤니케이션을 위한 적응 지침은 다음과 같다.

- 지시형의 목표와 목적을 지지한다.
- 바람직한 결과에 관해 대화한다.
- 대화의 주제를 업무 중심적으로 유지한다.
- 지시형의 개인적인 성격보다 그들의 생각을 먼저 인식한다.
- 대화를 정확하고 효과적이며 논리정연하게 이끈다.
- 대화 주제에 대한 체계적 분석과 명확한 설명을 제시하며, 여러 대안을 제시하여 그 안에서 선택할 수 있는 여지를 준다.
- 의견의 불일치가 발생할 경우, 감정이 아닌 사실에 관해 토론한다.

**사색형(간접성, 통제성이 강하다)** : 사색형인 사람은 지시형·사교형 사람보다 상대적으로 천천히 대화하고 행동하며 의사를 결정한다. 사색형 사람은 업무 지향적인 성향이 짙다. 사색형과의 효과적 커뮤니케이션을 위한 적응 지침은 다음과 같다.

- 대화 내용을 철저하게 잘 준비한다.
- 사색형의 조직적이고 사려 깊은 접근에 대해 지지를 표명한다.
- 정확하고 논리적이고자 하는 사색형의 욕구 지지한다.
- 그들의 효율성, 사고의 과정, 조직성 등을 칭찬한다.

- 말보다는 행동을 통해 보여준다.
- 구조적이고 정확하고 조직적으로 대화 내용을 준비한다.
- 대화에서, 과정에 대해 상세하게 묘사하고 그것이 만들어 낼 결과를 명확하게 설명한다.
- 자주 질문을 던져 당신의 생각을 그들이 얼마나 많이 알고 있는지를 스스로 보일 수 있도록 유도한다.
- 대회 내용을 다시 한번 숙고하고 분석할 시간을 준다.
- 질문에 대한 답변을 성실히 하고, 세부사항에 대해 분석할 수 있는 시간을 준다.
- 계획이 갖는 이점과 불리한 점을 한눈에 알아볼 수 있도록 리스트를 만들어 보여 준다.
- 확고하고 가시적인 실제적 증거를 제시한다.

**관계형(간접성, 개방성이 강하다)** : 관계형인 사람은 대화하고 행동하며 의사결정을 하는 데 있어 매우 느린 편에 속한다. 사교형과 마찬가지로, 관계형도 관계 지향적인 성향이 강하다. 그들과의 커뮤니케이션을 효과적으로 이끌 적응 지침은 아래와 같다.

- 따뜻하고 진실하게 대화한다.
- 개인적인 관심을 보임으로써 그들의 감정을 지지한다.
- 관계형은 모든 것을 개인적으로 받아들인다는 것을 항상 생각하고, 되도록 조심스럽게 대화한다.
- 그들이 당신에 대한 신뢰를 형성할 기간을 준다.
- 형식적이지 않으면서, 느리고 편안한 태도로 함께 행동한다.

- 그들의 이야기를 적극적으로 경청한다.
- 서로의 생각이 일치하지 않을 경우에는 개인적 감정이나 느낌에 대해 토론한다.
- 인간관계에 관해 토론하고, 그에 대한 관계형 사람의 생각을 지지한다.
- 관계형 사람이 갖는 훌륭한 팀워크 능력과 인간관계, 그리고 누구와도 '잘 융화하는' 능력을 칭찬한다.

# 일차원적 적응

상대방의 커뮤니케이션 방식에 적응할 수 있기를 바라지만, 그 사람의 행동유형이 확실치 않아 어떤 방법으로 적응해야 할지 알 수 없는 경우가 생길 수 있다. 이럴 때는 그 사람이 직접성·간접성·개방성·통제성 중 어느 영역과 가장 가까운가를 먼저 파악하라. 이에 따라 당신의 커뮤니케이션 방향을 상대방의 성향에 어울리는 방식으로 변화시키면 그 효과성을 증대시킬 수 있다.

**직접성 증대** : 상대방이 빠르게 말하고 행동하며 생각과 감정을 기꺼이 표현하는 직접성인 사람이라면, 다음의 지침을 따름으로써 당신의 직접성을 증대시킬 수 있다.

- 더 빠른 속도로 말한다.
- 대화 및 결정을 주도한다.

- 권고, 추천, 의견 등을 요구하지 않는다.
- 우회적인 질문보다는 직접적으로 묻고 답하는 방식을 택한다.
- 강하고 확신에 찬 목소리로 대화한다.
- 그의 생각에 정면으로 도전하거나, 때로는 전략적으로 동의하지 않는다.
- 갈등을 공개적으로 내보이는 일을 하지 않는다.
- 시선을 통한 접촉을 자주 한다.

**간접성 증대** : 상대방이 보다 느리게 말하고 행동하며 자신의 생각과 감정표현, 그리고 의사결정에 조심스러운 성향을 지닌 간접성인 사람이라면, 다음의 지침을 따름으로써 당신의 간접성을 증대시킬 수 있다.

- 보다 천천히 말하고 결정한다.
- 다른 사람들의 의견을 탐색하고 인정한다.
- 결정권 및 리더십을 공유한다.
- 과격한 열정을 보이기보다는 '부드럽고 따뜻한' 모습을 보인다.
- 상대방의 말을 중단시키거나 가로막지 않는다.
- 상대방에게 발언할 시간을 충분히 제공한다.
- 비판, 도전, 저돌적 행동을 삼가한다.
- 의견이 일치하지 않을 경우, 신중하게 단어를 선택하여 대화한다.

**개방성 증대** : 상대방이 대인관계와 감정에 의해서 강한 동기를 부여받는 개방성인 사람이라면, 다음의 지침을 통하여 당신의 개방

성을 증대시킬 수 있다.


- 당신의 감정을 상대방이 공유할 수 있도록 나타낸다.
- 상대방의 감정표현에 적절한 반응을 보인다.
- 상대방이 가진 개인적인 면을 칭찬한다.
- 관계 발전을 위한 시간을 갖는다.
- 다정한 단어를 사용한다.
- 보다 많이 대화하고, 상대방을 편안하게 대하며, 더욱 가까이 다가선다.
- 주제에서 벗어나는 이야기가 나와도 기꺼이 응하며, 그 흐름에 자연스럽게 편승한다.

**통제성 증대** : 상대방이 업무 및 목표 성취에서 동기를 부여받는 통제성인 사람이라면, 다음의 지침을 통하여 당신의 통제성을 증대시킬 수 있다.

- 곧바로 업무와 관련된 이야기나 본론으로 들어간다.
- 보다 논리적이며 실제적인 내용으로 대화를 이끌고 유지한다.
- 절대 주제에서 벗어나지 않도록 노력한다.
- 업무와 관련된 이야기가 끝나면 즉시 그 자리를 떠난다.
- 신체적 접촉을 시도하지 않는다.
- 강한 감정표현이나 제스처를 하지 않는다.
- 사업적이거나 업무와 관련된 어휘를 주로 사용하여 대화한다.

# 역동적 커뮤니케이션과 적응력

앞에서 당신은 커뮤니케이션의 일반적 문제지역을 살펴보았다. 하지만 문제지역을 회피한다고 해서 역동적이며 효과적인 커뮤니케이션이 바로 이루어지는 것은 아니다. 전달자와 수신자 모두가 같은 파장으로 작용할 때 비로소 설득력과 영향력을 동반한 역동적 커뮤니케이션이 가능한 것이다. 따라서 역동적 커뮤니케이션을 위해서는 같은 스타일의 언어를 사용할 수 있어야 한다.

당신이 지금까지 살펴본 네 가지 행동유형과 그에 따른 커뮤니케이션 방식, 그리고 행동양식을 이해하고 있다면, 커뮤니케이션 능력을 확장시킬 수 있는 기초는 탄탄히 마련된 셈이다. 이에 더하여 자신의 언어를 상대방의 언어에 적응시키는 방법을 배우게 된다면, 생각과 느낌을 표현하고 전달하는 능력 또한 향상될 수 있다. 이러한 적응 방법을 통해 오해의 소지를 제거한 효과적 커뮤니케이션을 할 수 있게 되는 것은 보다 나은 인간관계를 확립하는 지름길이 될 것이다. 각각의 행동유형에 적합한 커뮤니케이션을 구사함으로써, 당신은 이 세상 누구보다도 효율적인 언어를 구사하는 다중언어 사용자가 될 수 있는 것이다.

다음에 살펴볼 II부에서는 적극적 경청, 질문기법, 피드백 기법, 갈등해결 방법을 통해서 더욱 효과적이며 역동적으로 말을 통한 커뮤니케이션을 하는 방법에 대해 살펴보게 될 것이다.

**PART TWO**

# 말을 통한 커뮤니케이션

― 듣고, 말하고, 표현하는 모든 것이 당신의 능력을 대변한다.

적극적 경청 | 질문 요령 | 피드백 기법 | 갈등해결

사람은 말을 통해서 상대를 판단하고 자신을 표현한다.
그것이 본의든 아니든 간에, 사람은 말로써 자신의 초상화를 그린다.
– 랄프 왈도 에머슨*Ralph Waldo Emerson*

생각, 느낌, 소망, 꿈을 말로써 명확하게 표현하는 능력은 원활한 언어적 커뮤니케이션의 기본 요소이다. 그러나 제 1장에서 논의된 바와 같이, 커뮤니케이션은 메시지를 주는 사람과 받는 사람 사이에 이루어지는 양방향 교류과정이다. 따라서 자신이 어떻게 말하는가를 체크하는 것도 중요하지만, 상대방이 나의 의사를 어떻게 받아들일 것인가를 생각하는 것도 원활한 커뮤니케이션을 위해 고려해야 할 매우 중요한 부분이다.

당신은 지금부터 생각과 느낌을 말로 표현하는 방법과 그 내용을 명확하게 전달하는 방법에 대해 배우게 될 것이다. 하지만 대부분의 교육 과정에는 다른 사람의 마음을 듣고 수용하는 능력을 위한 과정은 거의 없다. 다른 사람의 마음을 듣고 수용한다는 것은 단순히 듣는 것보다 훨씬 더 많은 노력이 필요하다.

당신은 지금 내가 한 말을 다 이해했다고 자신하고 있죠?
하지만 내 말이 내 의도와 다르다는 것은, 아마 모르고 있을 겁니다.

위와 같은 상황이 자주 발생하지는 않더라도, 누구나 한번쯤 이런 경우를 경험한 적이 있을 것이다. 상대방의 말을 받아들인다(혹은 이해한다)는 것은 듣는 사람이 말하는 내용과 그 말에 담긴 속뜻을 정확하게 전달받았을 때에만 가능한 것이다. 다시 말해 수신자가 송신자의 말과 그 속뜻을 파악하고 부족한 부분은 질문을 통하여 이해한 다음, 송신자에게 자신이 받아들인 내용에 대한 피드백을 주고, 최종적으로 그 뜻을 수신자가 정확하게 이해하는 일련의 과정인 것이다. 따라서 명확한 커뮤니케이션은 수신자가 자신이 전달받은 내용의 정확성을 스스로 확인할 수 있을 때에야 비로소 이루어질 수 있다.

앞장에서, 당신은 당신의 메시지를 네 가지 행동유형에 적응시키는 방법에 대해 배웠다. 이에 더하여 다음 장에서는, 비언어적 메시지를 효과적이고 인상 깊게 보내는 방법을 다루게 될 것이다. 여기서는 당신에게 전달된 메시지를 정확하고 효과적으로 수신하는 방법과 상대방에게 보내는 메시지를 보다 효과적으로 전달하는 방법, 그리고 메시지를 경청하는 기술과 그에 대한 질문 방법, 피드백 사용 방법 등에 대한 기술 증진 방법에 대해서도 다룰 것이다. 아울러 효과적인 갈등해결 방법도 배우게 될 것이다.

# CHAPTER FIVE

# 적극적 경청

말로써 모든 의문을 제거하려는 것보다는
차라리 침묵하면서 바보 취급을 당하는 것이 더 낫다.
— 익명

얼마 전 시카고 로욜라 *Loyola* 대학의 교수들은 능력 있는 관리자에게 가장 필요한 요소를 선정하는 연구에 참여했다. 이들은 일년 반 동안 전국에 있는 수백 개의 회사에 설문을 보내 데이터를 수집했는데, 그 결과에 따르면 관리자가 가져야 할 가장 중요한 기술은 바로 경청 *listening* 인 것으로 나타났다.

사실 비효과적인 경청은 오해, 실수, 재작업, 매출감소, 고객 상실과 같이 기업에 큰 타격을 주는 문제들을 야기한다. 상대방의 말을 불성실하게 듣는 결과는 곧바로 생산성 저하, 매출감소, 고객 불만의 증가, 수억 달러에 달하는 비용증가, 이익감소 등을 초래하는 것이다. 뿐만 아니라, 관리자들의 잘못된 경청은 직원들에게 자신들의 요구사항, 제안, 불만 등에 관심을 기울이지 않는 듯한 모습으로 비쳐져 사기저하 및 빈번한 이직을 불러 온다. 또한 가정에서도 비효과적인 경청은 이혼 또는 부모와 자식 간의 대화 단절 등을 불러일으키는 가장 큰 요인으로 작용한다.

이런 이유로 사람들은 자신의 말을 불성실하게 듣는 사람을 무례하고, 이기적이며, 냉소적이고, 다른 일에만 정신을 쏟는 사회적 부적격자로 간주하게 된다. 그러므로 앞에서 언급한 모든 부정적인 결과를 극복하기 위해서는 보다 효과적으로 경청할 줄 아는 방법을 터득해야만 한다.

다음은 효과적인 경청을 저해하는 다섯 가지 요인을 정리한 것이다.

- **경청은 어려운 일이다** : 경청은 단순히 침묵하고 있는 것이 아니다. 상대방의 말을 적극적으로 경청할 때는 혈압이 오르고, 맥박도 빨라지며, 땀도 더 많이 흘리게 된다. 그 이유는 자신에게보다 상대방에게 더 집중할 때 효과적인 경청을 할 수 있기 때문이다. 그래서 많은 사람들은 다른 사람의 말을 경청하는 데 많은 어려움을 느끼고, 결국 이를 포기해 버리게 된다.
- **경쟁** : 현대 사회에서는 매순간 수많은 광고, 라디오, 텔레비전, 영화, 책과 같은 대중매체들이 사람들의 주의를 끌기 위해 치열한 경쟁을 벌이고 있다. 따라서 이러한 수많은 외부자극 중 자신에게 관련 없다고 생각되는 것을 잘 걸러 낼 수 있어야 효과적인 경청을 할 수 있다. 하지만 현실적으로 이것은 매우 어려운 일이며, 외부자극을 걸러 내는 과정에서 때때로 자신에게 중요한 사항도 걸러내 버리는 경우가 생겨, 잘 들은 내용도 다른

내용으로 변해버리는 경우가 발생한다.

- **성급한 대응** : 상대방이 말하고자 하는 내용을 자신도 이미 알고 있다고 단정하고 성급하게 대응하는 경우, 경청은 어려워진다. 상대방이 말을 채 끝내기도 전에 중간에서 차단해 버리는 행위는 경청을 저해하는 가장 큰 요인이다.

- **속도 차이** : 사람들이 말하는 속도와 듣는 속도 사이에는 어느 정도 차이가 있다. 사람은 평균적으로 1분당 135~175개 정도의 단어를 말하지만, 들을 수 있는 단어는 무려 400~500여 개에 달한다. 이러한 시간차로 인해 사람들은 경청을 하는 중간에도 자신이 아는 한도 내에서 서둘러 결론을 내리거나, 딴 생각에 빠지거나, 말하는 사람과 마음속으로 논쟁을 벌이게 된다. 이것이 바로 상대방의 말을 불성실하게 듣도록 하는 청취태도이다.

- **훈련 부족** : 사람은 대개 말하기, 읽기, 쓰기보다는 듣기를 더 많이 하지만 정식으로 듣는 것에 대한 훈련을 받은 사람은 거의 없다. 이런 이유로 많은 사람들은 자신이 훌륭한 청취자라고 생각하지만, 대부분 그렇지 못한 것이 현실이다. 직장인들은 일과 시간의 3/4 정도를 커뮤니케이션을 하는 데 보내고, 그 중 절반은 상대방의 말을 듣는 데 보낸다. 그러나 놀랍게도 직장인들이 보이는 듣기의 효과성은 평균 25%에 지나지 않는 것으로 나타났다. 다시 말해, 직원들은 자신이 듣는 내용 중의 3/4 정도를 어떤 방법으로든 왜곡해서 받아들이거나 순식간에 잊어버리는 것이다.

듣기훈련을 받지 않은 사람은 대화내용 중 겨우 50% 정도를 이해하지만, 대화 후 48시간이 지나면 그나마도 25% 이하로 떨어져 버린다. 따라서 이것은 이틀 이상 지난 대화내용은 언제나 불완전하고 부정확하게 머릿속에 남을 수밖에 없다는 뜻이 된다. 사람들이 토의된 내용을 며칠 후면 거의 잊어버리는 것은 어찌 보면 당연한 일이다.

관리자에게 있어 청취 능력이 부족한 것은 많은 기회를 놓치게 하는 요인이 된다. 청취 능력이 떨어지기 때문에, 그들은 당장 벌어지고 있는 문제점뿐만 아니라 앞으로 발생하게 될 많은 문제점을 제대로 파악할 수가 없는 것이다. 결국 그들은 메시지의 중요한 부분을 놓쳐, 잘못되고 부적절한 해결책을 제시할 수밖에 없고, 때로는 전혀 관계 없는 문제들을 서로 관련지어 언급하는 엉뚱함을 보이기도 한다.

듣는 능력이 부족한 관리자는 직원들 사이의 긴장과 불신을 조장하기도 한다. 관리자가 대화 내용을 제대로 경청하지 않으면, 직원들도 그것을 경청하지 않는 악순환이 생기기 시작하고, 이것이 점차 굳어지면서 직원들 상하간의 대화 단절로 이어지게 되는 것이다. 결국 대화가 이루어지지 않는 구성원들 사이에는 긴장과 불신이 생겨날 수밖에 없다.


우주왕복선 '챌린저호' 의 비극에 대한 한 보고서에 의하면, 챌린저호를 발사하기 전, 나사 *NASA*에는 공중폭발의 주 원인인 연료누설을 일으킨 원형 누설방지 고리 *O-ring*가 파손될 가능성이 있다는 사실을 알고 있었던 사람이 무려 1,100여 명이나 있었다고 한다. 만일 당시 나사가 모든 가능성에 대해 서로 대화하고 경청하여 즉각 반응할 수 있었더라면, '공중 폭발' 이라는 끔찍한 결과는 미연에 방지할 수 있었을 것이다.

아래는 적극적 경청 행위가 주는 몇 가지 기본적 이득을 나열한 것이다.

- **인간관계 개선** : 당신이 다른 사람의 말을 잘 경청하는 사람이라면, 그 사람은 당신에게 매우 깊은 호감을 갖게 될 것이다. 이것은 당신에 대한 신뢰와 신용을 증가시키며, 당신이 부딪히는 문제에 대해 자발적으로 협력하고자 하는 마음을 갖도록 만든다. 따라서 당신이 부하직원의 말을 잘 경청하는 관리자라면, 이직을 줄이고 직원들 각자가 조직목표에 더욱 매진하도록 만드는 효과를 얻을 수 있을 것이다.
- **이해 부족 감소** : 효과적인 경청이 이루어지게 되면 커뮤니케이션의 불일치에서 오는 실수도 감소한다. 이에 따라 비용절감, 품질과 서비스 향상, 이익 증대와 같은 이점을 얻을 수 있다.
- **이해증진** : 경청하는 수준이 높아지면, 정보의 교환이 원활하게 이루어지고 팀워크가 향상된다. 이에 따라 직원들의 사기앙양과 함께 생산성 증대라는 효과를 얻을 수 있다.

## 경청의 네 가지 단계

사람의 경청 능력은 집중력의 정도에 따라 다음의 네 가지 단계로 나눌 수 있다. 각 단계는 사람의 집중력 및 감수성 정도에 따라 무의지 청취자, 소극적 청취자, 분별력 있는 청취자, 적극적 청취자로 나넌다. 하지만 이 구분은 일반적으로 사람들이 어떤 부류에 가까운가 하는 정도를 나타내는 구분이므로 명확한 기준이라 할 수는 없다. 더구나 당장 처하고 있는 상황이나 주위 환경에 따라 이 구분은 중복되거나 뒤바뀔 수도 있다. 첫 번째 단계에서 네 번째 단계로 이동할수록 이해력, 믿음, 효과적 커뮤니케이션 능력은 증대된다.

## 무의지 청취자

이 단계의 사람은 상대방의 말을 전혀 듣지 않는다. 또한 상대방의 말을 들으려는 노력도 거의 하지 않는다. 이런 사람들의 특징은 말하는 상대방을 멍하니 쳐다보기만 하거나 신경질적으로 잘난 체하는 몸짓을 보이는 것이다. 또 속으로는 전혀 상관없는 생각을 하면서도 겉으로는 듣는 척 하기도 한다.

무의지 청취자는 다른 사람의 말은 들으려고 하지 않으면서 대화의 대부분 혹은 전부를 자신이 이끌어나가기를 바란다. 이런 이유로 다른 사람이 말하고 있을 때 중간에 끼어들거나 결론은 꼭 자신이 내려야 한다고 생각하는 경우가 많다. 이런 사람은 대부분 무례하고, 모든 것을 다 아는 체 하지만 우둔하며 무식한 것이 대부분이다. 이들은 주위 사람들로부터 미움을 받거나 아니면 '사람들에게 인내심을 보일 것을 강요하며' 살아 간다.

## 소극적 청취자

이 단계의 사람은 말하는 소리를 듣긴 하지만 그 의미나 속뜻은 잘 이해하지 못한다. 이들은 늘 겉으로만 듣기 때문에, 논쟁의 본질을 이해하고 해결하기 보다는 문제의 주변만을 맴돈다. 대화에서 이들은 대부분 자신에게 전해지는 말을 듣기보다는 자신이 다음에 어떤 말을 할 것인가를 준비하는 데만 몰두한다. 또한 자신의 생각이나 외부에서 일어나는 일에 너무 쉽게 마음을 빼앗겨 버려서 다른 사람의 말에 쉽게 집중하지 못한다. 실제로 이들은 외부에서 일어나는 일 중에서도 일부만 선택하여 듣기 때문에 대화에서 자주 이탈하는 모습을 보인다. 또한 어려운 기술에 관한 설명이나 토론은 어떻게 해서라도 피한다. 그나마 이들이 듣는 것은 주제보다는 자료나 최종 결론뿐이다.

앞에서도 말했지만 소극적인 청취자는 전달되는 말을 그저 피상적으로만 듣는다. 이것은 오해를 불러일으킬 여지가 너무나 많으므로 매우 위태로운 듣기 자세라 할 수 있다. 무의지 청취자의 경우에는 자신의 말을 제대로 듣고 있지 않다는 것을 말하는 사람이 쉽게 알 수 있지만, 소극적 청취자는 말하는 사람으로 하여금 자신이 지금 매우 주의 깊게 경청하고 있으며 이해하고 있다는 착각을 갖도록 만들기 때문이다. 오랫동안 말을 하고 난 후 듣는 사람이 자신의 말을 하나도 귀담아 듣지 않았다는 사실을 알게 되면, 말하는 사람에게 있어 그만큼 허탈한 일은 없다. 만약 소극적 청취자가 관리자라면 부하직원에게 사기저하, 오해, 실수, 문제발생 등의 빌미를 제공하게 되므로 주의해야 한다.

## 분별력 있는 청취자

이 단계에 속하기 위해서는 위의 두 단계보다는 더욱 세심한 주의력과 집중력이 요구된다. 분별력 있는 청취자는 비교적 적극적으로 듣기는 하지만, 말하는 사람의 감정까지 이해하려는 노력을 기울이지는 않는다. 대개 이들은 말의 의미를 논리적으로 이해하려고 하지만, 그 느낌까지는 파악하지 못한다. 즉 말하는 사람과 정서적으로 공감대를 형성하는 것까지는 이루지 못한다는 말이다. 다시 말하면, 이들은 말하는 사람의 어조, 제스처, 얼굴표정 등에 담겨진 메시지는 무시하고 말의 내용만을 이해하려 한다. 분별력 있는 청취자는 언어적 요소, 단어, 사실, 통계자료 등을 해석하는 데는 뛰어나지만, 감수성이 부족하고 다른 사람의 기분을 알아주지는 못한다. 따라서 이 단계에 속해 있는 사람들은 말하는 사람의 음성과 제스처 및 눈짓이 갖는 의미까지 파악함으로써 상대방을 진정으로 이해하는 능력을 기르도록 노력해야 한다.

분별력 있는 청취자는 말하는 사람을 제대로 이해하고 있다고 믿지만, 정작 말하는 상대방은 그런 느낌을 잘 받지 못한다. 이런 현상은 듣는 속도와 말하는 속도 사이에서 오는 시간적 차이에 일어나는 현상과 비슷하다. 앞에서 언급한 대로, 사람들은 1분당 평균 120에서 160개 단어를 말하지만 듣는 속도는 그 네 배까지 가능하다. 분별력 있는 청취자들은 이 여분의 시간 동안 말이 끝난 후 어떤 대답을 할 것인가를 생각하거나, 말하는 사람의 넥타이에 묻은 수프자국의 개수를 세기도 한다. 때로는 말하는 사람이 이야기 도중 "있잖아요"라는 말을 몇 번 하는지를 세고 있기도 한다. 물론 일상의 대화에서

혼히 범하는 이런 행동은 듣기와 말하기의 속도에서 발생하는 너무나 자연스러운 현상이다. 그래서 고치기가 더 어려운 습관이다.

## 적극적 청취자

이 단계의 사람은 두말할 필요 없이 최고 수준의 경청 능력을 가지고 있는 사람으로, 이해력이 가장 높다. 이들은 다른 사람의 말을 듣는 데에 대단한 노력과 수고를 기울인다. 이 단계 사람은 말을 이해하는 데 있어 강한 집중력과 주의력을 쏟아 부으며, 대화 내용을 가능한 한 이성적이며 감성적으로 이해하려고 노력한다.

이들은 상대방이 전달하는 메시지 내용에 대한 성급한 판단을 자제하고, 상대방의 관점을 이해하는데 초점을 맞춘다. 한편으로는 메시지의 내용에 대해 귀를 기울이면서 다른 편으로는 상대방의 생각과 감정에까지 모든 주의를 집중시킴으로써 내용을 명확하게 이해하고자 하는 것이다. 이렇게 모든 주의를 집중시켜 다른 사람의 말을 경청하기 위해서는 상대방의 생각과 감정에까지 신경을 써야 하기 때문에, 이들은 내용과 관련해 떠오르는 자신의 생각이나 감정은 우선 제쳐 둔다. 즉 말하는 상대방의 입장이 되어 이야기를 듣는 것이다. 따라서 적극적 청취자는 자신이 말하는 사람의 마음을 충분히 인지하고 있음을 상대방에게 말이나 몸짓으로 알려서 대화가 더욱 원활하게 이루어질 수 있도록 하는 것이 좋다.

# 카레스(C·A·R·E·S·S) 모델

경청하는 능력을 최고 수준으로 올리기 위해서는 다음의 여섯 가지 독립된 기법을 인지하고 있어야 한다. 이 기법을 잘 기억하도록 각 기법의 첫 글자를 따서 '카레스*CARESS*'라고 명명하겠다. 당신이 이 기법을 제대로 익힌다면 기조연설을 듣거나 상사, 회의진행 담당자, 직장동료, 친구, 가족 등과 대화할 때 적극적 청취자가 될 수 있을 것이다.

- C – **집중**_Concentrate_ : 말하는 사람에게만 주의를 집중하라. 그렇게 하면 주위의 모든 소음은 들리지 않고 메시지만 분명하게 들을 수 있게 될 것이다.

- A – **인정**_Acknowledge_ : 일단 말하는 사람의 의사를 파악했다면, 당신이 그의 의사에 흥미와 관심을 가지고 있다는 것을 상대방이 알 수 있도록 표시하라. 당신의 관심표명은 말하는 사람을 고무시켜서 그로 하여금 보다 상세한 의사표현을 하도록 만든다.

- R – **조사**_Research_ : 말하는 사람의 관심분야 혹은 인생목표와 같은 개인정보를 미리 수집하라. 이렇게 하면 그가 말하고자 하는 의도가 무엇인가를 보다 잘 파악할 수 있다. 또한 자료를 바탕으로 보다 심층적인 질문을 하도록 하라. 그리고 그의 대답에 적절한 반응을 보임으로써 커뮤니케이션의 질을 높여 가라..

- E – **감정조절 연습**_Exercise emotional control_ : 의미심장한 말이나 당신의 신경을 거슬리게 하는 말이 들릴 때에도 그 말의 뜻을 깊게 생각하면서 끝까지 경청하라. 대응은 말을 다 듣고 난 후

에 하도록 하라. 아무리 화가 난다고 해도 우선 경청하고 이해할 줄 아는 자세를 가져야 한다.

- S − **비언어적 메시지 감각** *Sense the nonverbal message* : 말하는 사람이 보이는 신체 언어가 무엇을 의미하는지를 파악하라. 언어적 단어 이해에서 그치지 말고 음성과 표정이 의미하는 바를 파악하라.
- S − **구조화** *Structure* : 전달된 메시지를 마음속으로 다시 구성해 보라. 말하는 속도와 듣는 속도와의 차이에서 발생하는 여분의 시간 동안 이 작업을 실시하라. 말하는 사람의 메시지를 재구성해 봄으로써 이해력과 함께 기억력도 증진시킬 수 있다.

# 집중 *Concentrate*

적극적으로 경청하기 위한 첫 번째 과정은 말하는 사람에게 완전히 집중하는 것이다. 듣는 사람은 주위의 잡음을 무시해야하고 주의를 산만하게 하는 것들을 제거해야 한다. 주의를 산만하게 하는 것이나 기타 경청에 장애를 불러일으키는 것에는 크게 세 가지 요인이 있다. 이 세 가지는 각각 경청과 커뮤니케이션에 부정적인 영향을 미친다. 그것은 다음과 같다.

- **주변 환경의 장애** : 어쩔 수 없이 발생하는 실내소음, 소곤거리며 말하는 다른 사람들의 대화소리, 저질의 음향장치, 악취, 실내 온도, 습도, 불편한 의자, 시선의 집중을 방해하는 통행자나 차

량, 조명, 전화소리, 기웃거리는 사람들, 라디오나 텔레비전에
서 들리는 소리 등이 주변 환경의 장애물이다.

- **말하는 사람의 외부적 장애** : 말하는 사람이 보이는 적절하지 못
한 복장, 옷매무새, 코를 씰룩거리거나 다리를 흔드는 습관, 어
색한 얼굴표정, 몸동작, 이상한 억양, 적절하지 않은 어투 등도
경청을 저해하는 중요 원인이 된다.

- **듣는 사람의 내부적 장애** : 이 장애에는 두 가지 형태가 있다. 그
중 한 가지 형태는 육체적인 장애이다. 점심시간 혹은 퇴근시간
이 다가올 때면, 듣는 사람은 대개 그것에 마음을 뺏겨 청취 능
력이 떨어지게 된다. 또한 두통, 피로, 시간적 압박, 질병, 불안
등으로 정상적인 컨디션을 유지하지 못하는 사람은 다른 사람
의 말을 집중해서 듣기 어렵다. 나머지 한 가지 형태는 내면적
으로 나타나는 정신적 장애이다. 처음 듣는 생각이나 사물에 대
한 거부감, 지루함, 백일몽, 과거경험, 미래에 대한 기대, 개인적
인 가치관과 신념 등으로 머릿속이 복잡한 사람은 상대방의 이
야기를 듣는 도중에 딴 생각을 하기 마련이다. 게다가 말하는
사람이 당신과 아주 가까운 관계 또는 아주 먼 관계라면 이것
역시 당신을 불편하게 만들어 당신의 집중력을 방해할 수 있다.

위에 열거한 세 가지 요인은 말하는 사람의 메시지가 듣는 사람에
게 전달되는 과정에서 엄청난 장애를 유발시킨다. 따라서 이러한 장
애를 최소한으로 줄일 수 있어야 명확한 경청이 이루어질 수 있다.
장애를 줄이기 위한 한 가지 방법은 우선 그 장애가 제어 가능한 것
인지 아니면 제어하기 어려운 것인지를 결정하고 그에 따라 다른 접

근방식을 취하는 것이다. 위의 세 가지 요인 중에서 가장 제어하기 쉬운 요인은 '주변 환경의 장애'이다. 환경적 장애는 사람이 마음먹기에 따라, 그리고 얼마나 치밀하게 준비하느냐에 따라 얼마든지 최소한으로 줄일 수 있는 것이기 때문이다. 하지만 말하는 사람의 외부적 장애는 거의 극복하기 힘들다. 반면 듣는 사람의 내면적, 정신적 장애나 육체적 장애는 그 중간 수준에 해당된다.

외부 환경에서 오는 장애를 줄이거나 제거하는 방법은 다음과 같다.

첫째, 경청에 적합한 주위환경, 즉 청각적·시각적 혼란을 최소화할 수 있는 환경을 조성하는 것이다.

둘째, 조용하고 편안한 좌석과 함께, 실내온도를 적정하게 유지할 수 있는 비공개적인 장소를 마련하는 것이다. 사무실에서 사람을 만날 때 전화벨 소리나 주변 사람의 간섭으로 대화에 집중을 할 수가 없다면, 좀더 조용한 곳으로 대화 장소를 옮기도록 하라. 그것이 불가능하다면 사람이 많지 않은 조용한 식당이나 찻집을 찾아 이야기를 나누는 것도 한 방법이 될 수 있다.

셋째, 상대방의 개인적인 성향을 침해하지 말라. 스킨십을 좋아하는 사람도 있지만 거부하는 사람도 상당히 많다. 어떤 사람은 아주 개방적이어서 다른 사람과 대화할 때 가까이 다가앉는 것을 좋아하는 사람도 있지만 그 반대의 사람도 상당히 많다. 따라서 대화하기 전에 상대방이 어떤 성향을 가지고 있는지를 먼저 파악하라. 대화하고 있는 사람이 당신과 계속 거리를 유지하면서 악수와 같은 최소한의 접촉도 피하고자 한다면, 그는 서로 터놓고 대화하기 어려운 사람이다.

앞에서 언급한 '경청의 네 가지 단계(무의지 청취자, 소극적 청취자, 분별력 있는 청취자, 적극적 청취자)'에 대한 설명을 참고하여, 상대방의 행동유형을 먼저 파악하고 그 사람의 요구에 대한 대처 방법을 연구하라. 외부 환경에서 오는 산만함을 도저히 피할 수 없다면, 말하는 사람에게 온전히 집중하고 주목함으로써 그 산만함이 끼치는 영향을 최소화하도록 하라. 경청에 있어서, 당신의 주의를 보다 집중할 수 있도록 돕는 네 가지 테크닉은 다음과 같다.

- **심호흡** : 어떤 이유에서건 상대방의 말을 중간에서 끊고 싶은 충동을 느낀다면 천천히, 길게, 그리고 깊게 숨을 들이쉬어 보라. 직접 해 보면 숨을 들이쉬면서 말하기가 정말 어렵다는 것을 느끼게 될 것이다. 또한 심호흡을 하는 것은 비이성적으로 행동하기 전에 한 박자 쉴 수 있는 시간을 벌어주므로, 당신의 생각을 보다 이성적으로 만드는 데 매우 큰 도움을 준다.

- **경청하라** : 상대방의 말에 의식적으로 귀 기울여라. 일찍이 랄프 왈도 에머슨 *Ralpe Waldo Emerson*은 '사람들은 모두 어떤 한 분야에서는 뛰어난 두각을 나타내기 마련이므로, 대화를 통해 서로 배울 점이 있다'라고 말했다. 대화에 집중함으로써 상대방으로부터 재미있거나 유용한 정보를 찾아낼 수 있음을 기억하라.

- **바꾸어 말해 보라** : 상대방의 말을 마음속으로 바꾸어 말해 보라. 이렇게 하면 주제와 관련 없는 공연한 생각에 빠져서 헤매는 시간이 줄어든다. 상대방의 말을 똑같이 따라해 보거나 다른 말로 되뇌어 보라. 그것이 평가이든 논평이든 모두 좋다. 앞으로 무슨 말이 나올지도 미리 짐작해 보라. 이렇게 하면, 이야기

를 듣는 동안 자신의 생각보다는 말하는 상대방에게 모든 주의를 집중시킬 수 있다.

- **시선을 맞추어라** : 말하는 사람에게 시선을 고정시키고, 절대 떼지 말라. 그러면 그 사람의 이야기에 주의를 기울이는 것이 훨씬 쉬워지고 경청 능력도 높아진다. 이것을 '히치하이킹*hitchhiking* 원리' 라고 부르는데, 다시 말하면 눈이 머무는 곳에 귀가 따라간다는 뜻이 된다. 사람은 대개 자신이 바라보는 것에 귀를 기울이는 경향이 있다는 데에서 유래한 원리이다.

위의 네 가지 테크닉을 잘 이용한다면, 당신은 주위의 혼란스러움을 없애고 상대방의 이야기에 대한 경청 능력을 최대한으로 높일 수 있다.

# 인정 *Acknowledge*

카레스의 두 번째 철자 A, 즉 인정은 자신이 상대방의 이야기를 경청하고 있다는 사실을 말하는 사람에게 알려주는 것이다. 이 방법을 효과적으로 사용하고 싶다면, 당신이 말하고 있을 때 상대방이 어떤 태도를 보여 주길 바라는가를 먼저 떠올려 보고, 그에 적합하게 행동할 수 있어야 한다. 상대방이 당신의 말을 경청할 때, 그들로부터 당신이 바라는 가장 중요한 모습은 무엇인가?

- 처음부터 끝까지 시선을 떼지 않고 맞추는 것.

- 질문을 하거나, '음', '예', '정말', '그래서' 등의 간단한 대답들을 하는 것.
- 밝은 미소, 고개 끄떡임, 몸을 앞으로 기울이며 관심 표시, 말하는 사람에게로 향하는 적극적인 자세, 적절한 얼굴표정과 몸짓 등으로 자신이 주의를 기울여 경청하고 있다는 사실을 강하게 알리는 것. 말하는 사람은 듣는 사람들이 이러한 반응을 보이길 원한다.
- 의문점에 대해 질문하거나 다시 말함으로써, 정확한 의미를 찾아내고자 하는 적극적인 태도.

상대방의 이야기를 충분히 알아들었다는 것을 표현할 때는, 말하는 상대방이 이 사실을 분명히 알 수 있도록 확실하게 표현해야 한다.

## 조사 *Research*

카레스*CARESS*의 세 번째 철자 R, 즉 조사는 여러 목적을 지닌다. 대부분의 경우, 조사라는 말은 책이나 기타 자료를 통해 정보를 모으는 것이다. 그러나 경청기술 분야에서의 '조사'는 전달된 내용의 명료화, 주제의 확충, 특정분야의 세분화 등의 의미를 갖는다. 듣는 사람은 조사를 통해서, 말하는 상대방으로 하여금 대화의 방향 전환 및 분노, 흥분, 열정 등의 감정배출을 유도할 수 있다. 또한 경청에서의 '조사'는 커뮤니케이션이 양방향으로 진행되도록 질문하거나 내용을 명료화하는 것을 뜻하기도 한다. 이 과정에서는 질문하고, 답변을 듣고, 피드백을 주는 등의 정보수집 기술이 이용된다. 이러한 방법들을 통해 이루어지는 쌍방향 커뮤니케이션은 말하는 사람과 듣는 사람의 마음이 서로 공감대를 형성할 수 있도록 도와주는 역할을 한다.

커뮤니케이션 과정에서 듣기만 하고 질문이나 인정표현을 하지 않는 사람은 두 사람 사이의 정보 불균형을 야기하므로, 말하는 사람으로 하여금 불안감을 느끼게 만든다. 한 사람은 말로써 자신의 모든 정보를 개방했지만 상대방은 아무런 대답도 없이 그저 들으면서 정보를 받아들이기만 한다면, 두 사람 사이의 정보 불균형 상태는 갈수록 커지게 된다. 이런 식으로 시간이 경과하게 되면, 듣는 사람은 상대방에 대해 너무 많이 알게 되고, 말하는 사람은 상대방에 대해 별로 아는 것이 없게 된다. 때문에 말하는 사람은 긴장과 의구심을 동반한 염려가 머릿속에 가득 찰 수밖에 없게 된다.

적합한 시점에 알맞은 질문을 던지고, 말하는 상대방에게 적절한 반응을 보여주는 능력은 적극적 경청의 기본을 이루는 가장 본질적이며 중요한 요소 중 하나이다. 따라서 당신이 대화에 앞서 적절한 조사를 하게 된다면 말하는 사람이 바라는 반응을 보일 수 있게 되고, 결국 이를 통해 마음을 열게 만들 수 있다. 이것은 말하는 사람 스스로 자신의 감정, 동기, 요구사항, 목적, 욕구 등을 내보이도록 만들어 원활한 의사소통이 이루어지도록 돕는다. 그리고 결과적으로는 경청하는 것을 더욱 쉽게 만들어 준다.

'조사'를 위해 사용할 수 있는 또 한 가지 방법은 감정을 이입하여 표현하는 것이다. '감정이입 표현법'은 다음의 세 가지로 구성된다.

- 유보적인 표현
- 상대방의 기분 인정
- 상대방의 상황 인식

'감정이입 표현법' 의 한 가지 예를 들어보겠다.

"제가 보기에, 원하시는 대로 일이 제대로 되지 않아서 대단히 실망하셨겠습니다." 이 보기에서 "제가 보기에는,"이라는 말은 첫 번째로 나온 유보적인 표현이다. 그 다음, "대단히 실망하셨겠습니다" 라는 표현은 상대방의 기분을 인정하고 있다는 표현이다. 그리고 "원하시는 대로 일이 제대로 되지 않아서"는 상대방이 대단히 실망하는 상황을 야기한 원인을 인식하고 있음을 나타내는 표현이다.

'감정이입 표현법' 은 말하는 사람의 마음을 열게 만들어서 듣는 사람이 그의 기분과 생각을 함께 나누는 훌륭한 기법이다. 이 방법에 따라 상대방의 말을 되풀이하게 되면, 상대방에게 '지금 내가 당신에게 관심을 가지고 있으며, 이 관심을 통해 당신을 격려하고자 한다' 는 의사를 전달할 수 있다. 따라서 상대방에게 보다 마음을 터놓고 이야기할 수 있는 기회를 제공하기 때문에 커뮤니케이션에 있어서 매우 효과적인 방법이라 하겠다. 또한 '감정이입 표현법' 은 말하는 사람으로 하여금 자신의 말을 보다 세련되게 가다듬고, 내용을 보다 상세하게 보충 또는 수정할 수 있는 기회를 제공해 준다. 아울러 말하는 사람의 기분에 동조함으로써, 말하는 사람과 듣는 사람 사이에 정서적 연대감이 구축되도록 돕는다.

# 감정조절 연습 *Exercise emotional control*

사람들이 대화 도중에 자신의 감정을 지나치게 표출하는 것은 무엇 때문인가? 이것은 일반적으로, 말하는 사람 자신이나 듣는 사람 모두 대화내용이나 그 밖의 어떤 요인과 관련하여 자신의 생각과 일치하지 않는 무언가를 발견했을 때 일어나는 현상이다. 각 개인이 가지고 있는 가치관이나 믿음, 태도, 교육, 이해속도, 심상 등등 여타의 요인들에 있어서, 말하는 사람과 듣는 사람 사이에 문제가 발생했을 때 커뮤니케이션의 방해가 일어나게 되는 것이다. 그렇다면 구체적으로 어떤 것들이 커뮤니케이션의 문제를 발생시키는가?

우선 말하는 사람의 의상, 말 습관, 특이한 성격 등이 듣는 사람의 마음에 전혀 들지 않을 때, 그것은 듣는 사람을 대화 내용에서 완전히 이탈하게 만들거나, 말하는 사람의 메시지를 부정적으로 받아들이게 할 수 있다. 예를 들면, 융자신청을 위해 은행에 갔을 때 지나치게 허름한 평상복차림으로 간다면 그 은행의 지점장에게 좋지 못한 인상을 심어 주어 융자를 받지 못하는 사태가 발생할 수 있다. 반대로 산골 오지의 가난한 사람과 만날 때 월스트리트에서나 볼 수 있는 고급 정장차림으로 간다면, 믿지 못할 사기꾼으로 인식되어 경계의 대상이 될 수도 있다. 두 번째로 지나치게 강한 사투리는 듣는 사람에게 거부감을 줄 수 있다. 그 예로, 많은 사람들이 지방 사투리를 강하게 쓰는 사람과 표준어를 쓰는 사람의 지적수준을 비교·평가할 때, 표준어를 사용하는 사람들에게 후한 점수를 준다는 것을 생각해 보면 그 이유를 잘 알 수 있을 것이다. 세 번째로 교활하게 들리는 말

역시 듣는 사람에게 심각한 거부 반응을 일으킨다. 이교도적인 표현, 인종차별적인 사고, 지나치게 종교적인 언어, 정치적인 언사나 정도가 지나친 농담 등도 많은 사람들에게 거부감을 줄 수 있다.

듣는 입장에서 말하는 사람의 외모, 복장, 사투리, 목소리, 어휘 등이 거슬리기 시작하면 곧 거기에만 온 신경이 모아져 정작 전해져야 할 중요한 내용들은 묻혀 버리는 경우가 발생하기 쉽다. 따라서 감정조절, 즉 부정적 감정충동을 인정하고 이것을 조절함으로써, 말하는 사람의 의사를 가로막는 오류를 피할 수 있다.

## 인정하고 조절하기

다른 사람의 이야기를 듣다가 감정의 충돌이 발생하면 상대방의 말을 차단하고, 참견하며, 논쟁하고 싶은 충동에 걷잡을 수 없이 빠져들 수 있다. 이렇게 되면, 듣는 사람의 머릿속에서 일어나는 생각은 연속성을 잃고 제대로 의사소통을 할 수 없는 상태가 된다. 따라서 이런 상황에서 듣는 사람은 자신의 내면에서 일어나는 반응에 대한 적절한 조절을 할 수 있어야 하는데, 이러한 반응조절의 첫 번째 과정은 사실을 있는 그대로 인정하는 것이다. 그리고 그 다음 과정은 아래의 네 가지 기술을 습득하는 것이다.

- **일시 중단** : 대응을 일시 중단하거나 지연시키도록 하라. 마음속으로 열까지 숫자를 세거나, 길고 여유 있는 심호흡을 함으로써 마음을 최대한 진정시켜라.

- **공통점 찾기** : 당신과 상대방 사이에서 생기는 차이점에 초점을 맞추기보다는, 당신과 상대방이 갖고 있는 공통점이 무엇인가를 찾도록 하라.

- **조용한 시각화** : 긴장을 풀고 평온한 상황을 상상하라. 과거의 의기양양하고 기분 좋았던 시절을 떠올려 보라. 그때의 기억을 가능한 한 자세하게 머릿속에 그려 보도록 하라.


# 비언어적 메시지 감각
## *Sense the nonverbal message*

감각은 적극적인 경청에 있어서 다섯 번째로 중요한 요소이며, 이것은 커뮤니케이션의 음성적 및 시각적 부분에 초점이 맞춰진다.《무언의 메시지*Silent Messages*》의 저자 알버트 머라비언*Albert Mehrabian* 박사는 사회생활에서 이루어지는 대면 대화 중 약 90% 정도가 음성과 시각을 통해 전달되고 단지 7~10% 정도만이 실제적인 말을 통해 전달된다고 말한 바 있다. 말을 통한 커뮤니케이션과 동시에 이루어지는 메시지의 시각적 표현과 음성적 표현에 대해 아는 것은 적극적 경청을 하는 데 있어 매우 중요한 요소이다. 이에 관해서는 다음 6장에서 좀더 상세하게 다루도록 하겠다.

# 구조화 *Structure*

구조화는 카레스의 마지막 부분에 해당된다. 이것은 표현의 언어적 메시지를 이해하는 것을 뜻한다. 앞에서 말했듯이, 듣는 속도와 말하는 속도 사이에는 어느 정도의 시간 차이가 존재한다. 따라서 그 차이 시간 동안 자신이 수신한 내용을 재구조화해 볼 수 있다. 이를 통해 앞뒤 내용을 정확하게 파악하고 좀더 적극적인 경청 태도를 보일 수 있다.

구조화는 목록작성, 순서결정, 비교 등의 세 가지 활동을 순환함으로써 이루어진다.

## 목록작성

목록작성은 지금 이루어지는 대화의 주제, 앞으로 논의될 주요항목, 요인, 하위개념, 보조개념 등을 머릿속으로 혹은 글로써 정리하는 것이다. 목록을 만들기 위해서는 과도적인 단어 및 어구 *transitional word or phrase*에 귀를 기울일 수 있어야 한다. 과도적인 단어 및 어구의 예는 다음과 같이 들 수 있다.

"오늘 여러분에게 말하고자 하는 것은…"의 다음에는 대체로 주제, 제목, 안건 등이 자리한다. 그리고 "첫째, 둘째, 셋째, 그리고 계속되는 서수"는 논의되어야 할 주요항목들을 가리킨다. 또한 "예를 들면…" 또는 "상세히 설명하자면…" 같은 말은 듣는 사람에게 이론적 근거, 하위개념 또는 보조개념 등에 관해 말하겠다는 것이다.

## 순서결정

순서결정은 말 그대로 주의 깊게 경청해야 할 내용이 무엇인가에 대해 나름대로 순서나 우선순위를 정하는 것을 가리킨다. 상대방이 말해 주는 사안의 중요도에 따라 주의를 기울여 경청해야 할 내용의 순서를 결정할 수 있다. 때로는 상대방으로부터 순서결정에 대해 도움을 받을 수도 있다.순서결정에서도 목록결정과 마찬가지로 '첫째, 둘째, 셋째' 등의 말이 나온다면 이에 따라 경청해야 할 내용의 우선순위를 결정할 수 있을 것이다.

의문사항이 생기거나 내용이 혼란스러울 때는, "우선적으로 처리해야 할 내용이 무엇인가를 먼저 확인해 봅시다." 또는 "제시하신 순서가 적합한지 다시 한번 확인할 수 있을까요?"라는 말로 상대방에게 도움을 청할 수 있다. 질문을 통해 좀더 쉬운 설명을 듣게 된다면 내용을 이해하는 데 매우 큰 도움이 된다.

## 비교

비교는 내용에 있어서 사실과 가정, 일의 전후, 유리함과 불리함, 혹은 긍정성과 부정성이 얼마나 포함되었고 그것이 어떻게 표현되고 있는가를 분별해서 들을 수 있도록 하는 데 의의가 있다. 상대방이 현재 하는 말과 이전에 했던 말 사이에 차이점이 있는가를 먼저 비교해 보라. 사람들은 경우에 따라 서로 어긋나는 말을 할 수도 있기 때문이다.

# 적극적 경청자세

경청 능력을 향상시키는 데 필요한 기술은 비교적 배우기도 쉽고 실행하기도 쉽다. 하지만 적극적인 경청을 위한 '자세를 갖추는 일'은 매우 어렵다. 따라서 적극적 경청을 위한 적절한 자세를 갖추기 위해서는, 첫 번째로 '듣는 것이 말하는 것만큼 영향력이 크다'는 사실을 이해할 필요가 있다. 당신이 상대방에게 적극적으로 경청하고 있다는 자세를 보이게 되면 그만큼 상대방도 열과 성의를 다해 말할 것이다. 결국 당신이 어떤 자세로 대화에 임하느냐에 따라 당신이 얻을 수 있는 정보의 깊이와 넓이가 달라지게 되는 것이다. 그러므로 적극적 경청을 위해서는 대화에 임하는 당신의 자세도 적극적으로 만들어져야 한다.

두 번째는 '경청하는 것이 바로 시간 절약'이라는 사실을 깨닫는 것이다. 적극적으로 경청하는 사람은 실수를 최소화할 수 있고, 대인 간에 오해를 일으킬 소지를 줄이며, 직원의 이직, 고객이탈, 불신을 피할 수 있다. 또한 상대방의 말을 적극적으로 경청함으로써, 오래도록 지속되는 인간관계를 구축할 수 있다.

세 번째는 '경청은 누구에게나 중요하며 가치가 있다'라는 사실을 인식하는 것이다. 자신이 만나는 사람들 모두에게서 무언가 배울 점이 있다는 사실을 깨달을 때, 새로운 열정으로 경청자세를 가다듬을 수 있다. 적극적 경청이 이루어지면 조직에서는 커뮤니케이션의 단절을 방지할 수 있고, 인간관계를 돈독히 하며, 생산성과 구성원의 사기를 증대시킬 수 있다.

　　'경청' 이라는 아주 단순한 커뮤니케이션 기술 향상을 통해 획득할 수 있는 보상은 과히 엄청나다. 하지만 경청 기술을 실행에 옮기는 것은 말처럼 그렇게 쉽지만은 않다. 그 이유는 태어나면서부터 지금까지 평생 동안 몸에 배어 온 비효과적인 경청 습관을 하루아침에 제거하기란 매우 어렵기 때문이다. 하지만 당신이 잘못된 경청 습관을 없애겠다는 강한 의지를 가지고 앞에서 설명한 카레스 기법을 완전히 익히게 된다면, 비효과적 경청이라는 장벽을 돌파하는 일은 그렇게 어렵지 만은 않을 것이다.

# CHAPTER SIX

# 질문 요령

몇 시입니까?

이 프로젝트를 어떻게 생각하십니까?

이번 결정을 지원해 주실 수 있겠습니까?

어떻게 도와드리면 되겠습니까?

이 문제에 대해 어떻게 생각하십니까?

그 과정에 모두 동의하시는 거죠?

당신의 생각은 어떻습니까?

이 일에 관해 어떻게 느끼십니까?

강아지를 키우십니까?

우리는 온통 질문으로 가득 찬 세상에 살고 있다. 좋은 질문, 어리석은 질문, 중요한 질문, 공격적인 질문 등 수많은 질문들의 홍수 속에서 살아가고 있는 것이다. 질문을 통해서 우리는 개인적 신뢰 및 신뢰관계를 형성할 수 있다. 반면 증오와 의심도 조성할 수 있다. 질문은 대화를 원활하게 전개하도록 돕기도 하지만, 때로는 대화를 단절시키는 역할을 하기도 한다. 또한 질문은 정보를 생성하기도 하며, 대화의 주제를 이것에서 저것으로 갑자기 전환시켜 버릴 수도 있다.

커뮤니케이션에 있어서 질문은 심장과 같은 역할을 한다. 효과적인 질문은 커뮤니케이션에 신선한 생명력을 불어넣어 주기 때문이다. 특히 공동의 목표를 이루기 위해 일하는 조직에서 발생하는 진취적인 질문은 조직의 발전과 유연성을 강화시켜 준다. 질문을 통해 조직 구성원 모두는 서로를 명확하게 이해할 수 있고, 이를 통해 공동의 목표를 더 효과적으로 이룰 수 있기 때문이다. 또한 업무방법, 업무목적, 업무책임자, 마감기한 등에 관한 질문을 통해 효과적인 조직 운용의 기초를 다져나갈 수도 있다. 신제품 발주, 예산 편성, 작업 공정 개선, 새로운 정책 실행, 직원 수행평가 등이 아무런 질문 없이 이루어진다고 상상해 보라. 아마 그 어느 것도 제대로 이루어지지 못할 것이다. 이런 이유로 조직을 운영함에 있어서 질문은 매우 중요한 역할을 담당하고, 조직에서도 다양한 교육 시스템을 통해 효율적인 질문 기법을 가르치는 일에 열의를 보이는 것이다.

이번 장에서는 커뮤니케이션 능력 향상을 위한 질문 기법에 대해 다룰 것이다. 그리고 질문의 형태, 질문시기, 효과적 질문전략 및 테크닉 등도 다루게 될 것이다. 적절한 시기에 던지는 적합한 질문은 원활한 커뮤니케이션을 이끄는 매우 중요한 부분이다.

# 왜 질문하는가?

이 질문을 하는 가장 적절한 이유는 '무언가에 대해 알고 싶기 때문' 일 것이다. 하지만 질문하는 목적에는 단지 간단한 정보획득보다는 정보를 통한 대가 지불 혹은 청산 *pay-off* 이라는 더 깊은 의미가 숨겨져 있다.

'자니 카슨 쇼' 에 출연하기로 되어 있던 어떤 판매원의 이야기를 살펴보도록 하자. 이것은 꽤 오래된 이야기이긴 하지만 질문이 갖는 힘에 대해서 상당한 시사점을 던져주는 이야기이다. 한 판매원은 자니 카슨 쇼에 출연해 달라는 요청을 받았지만, 실질적으로 그 프로에 출연하기 위해서는 프로듀서와 개인적인 면담을 거쳐야만 했다. 대기실에 앉아 면담을 기다리던 판매원은 면담을 담당한 프로듀서가 자신의 출연 자격에 대해 상당히 회의적이라는 사실을 알게 되었다. 그리고 그 사실을 입증이라도 하듯이 프로듀서는 들어오자마자 그의 판매직 입문 경위에 대해 꼬치꼬치 캐묻기 시작했다. 판매원은 질문에 대해 성실히 대답했지만 프로듀서는 끝내 그를 탐탁지 않게 여겼다. 판매원에 대해 고집스러울 정도로 회의적이었던 프로듀서는 마침내 다음과 같은 사항을 요구했다.

"그렇다면 내게 무언가를 판매해 보시오!" 판매원은 방 안을 둘러보다가 테이블 위에 놓여져 있는 커다란 재떨이를 발견했다. 그리고는 그 재떨이에 대해 다음과 같은 질문을 던졌다.

판매원 : 이 재떨이가 마음에 드시나요?
프로듀서 : 네, 그럼요.

판매원 : 구체적으로 어떤 면이 마음에 드시나요?

프로듀서 : 글쎄요, 일단 크기가 아주 마음에 드네요. 이렇게 큰 사이즈 라면 여기를 거쳐 가는 모든 사람들이 담뱃재를 버려도 되겠네요.

판매원 : 그것 이외에 맘에 드는 건 무엇인가요?

프로듀서 : 글쎄, 색깔도 좋고 디자인도 여기 분위기하고 잘 어울려요.

판매원 : 이런 재떨이 값은 얼마면 되겠다고 생각하시나요?

프로듀서 : 잘 모르겠지만, 25,000원 정도?

판매원 : 좋아요. 그렇다면 당신에게 팔죠.


물건 판매에 있어서는 탁월한 능력을 보여 왔던 판매원은 위와 같은 단 몇 마디의 질문만으로 프로듀서가 그 재떨이를 사려는 이유와 지불가능 금액을 쉽게 알아냈다. 마침내 프로듀서는 그의 능력을 인정하고, 예정대로 그를 쇼에 출연시켰다.


물론 물건을 판매하는 일이 이처럼 쉽게 이루어지지만은 않지만, 위의 사례는 정보수집 도구로서 질문이 얼마나 강력한 힘을 발휘하는가를 잘 보여준다. 사실, 질문은 정보수집 과정의 가장 중요한 부분이다. 하지만, 질문은 다른 많은 이유로도 사용될 수 있다. 다음의 내용은 사람들이 질문을 하는 몇 가지 이유에 관한 것이다.

- **정보획득을 위하여** : 그 사람으로부터 얼마나 많은 정보를 얻어 낼 수 있을 것인가는 얼마나 적절한 질문의 형태를 선택하느냐에 따라 달라진다. '누구, 무엇, 어디, 언제, 혹은 얼마나' 와 같은 의문사는 정보수집에 있어서 중요한 연결고리 역할을 한다.

- **대화촉진을 위하여** : 그 누구도 질문을 던질 수 없는 어떤 모임에 참석했다고 상상해 보라! "안녕하십니까?", "~ 소식 들으셨어요?", "~ 보셨어요?", "~ 믿을 수 있어요?", "~ 어떻게 생각하세요?"와 같은 질문을 할 수 없다면, 그 모임은 너무나 이상하게 변할 것이다.

- **타인의 관점을 파악하기 위하여** : 다른 사람들이 그것에 대해 어떤 생각을 가지고 있는가를 알고 싶을 때 질문한다. "~ 을 어떻게 생각하십니까?", "~ 에 대해 느끼시는 점을 말씀해 주시겠습니까?"와 같은 말은 상대방의 관점을 파악하고자 할 때 주로 쓰는 질문의 형태이다.

- **합의 점검을 위하여** : 논의의 결과에 대한 상대방의 의견이 무엇인가, 그리고 상대가 그 결과에 진정 만족하고 있는가를 확인할 때 질문이 사용된다. "우리가 제대로 가고 있는 겁니까?", "이 결정을 밀어줄 수 있겠습니까?", "정말로 합의하신 건가요?", "이견 있습니까?", "당신 생각은 어떻습니까?" 등은 상대방의 합의가 믿을 만한 것인지를 알 수 있는 질문의 형태이다.

- **신뢰와 신뢰관계 형성을 위하여** : 신뢰와 신뢰관계는 상대방의 목표와 목적을 지지함으로써 형성된다. 따라서 "어떻게 도와드리면 될까요?", "목적달성을 위한 당신의 노력에 제가 어떻게 보탬이 되면 좋을까요?", "성취하고자 하시는 일이 뭔지 말씀해 주시겠어요? 목표나 목적 또는 바라시는 것 말입니다"와 같은 질문들은 신뢰와 신뢰관계 형성에 긍정적인 영향을 미친다.

- **정보의 검증을 위하여** : 당신이 들은 내용과 말하는 사람이 전달하고자 했던 바 사이에 차이가 생겼을 때, 질문을 통해 그 차이

를 없앨 수 있다. 지금 자신이 이해하고 있는 내용이 말하는 사람이 진정 전달하고자 한 내용과 같은가를 알고 싶다면 "제가 의미를 제대로 파악했습니까?", "그러니까 그 말씀은 ~ 라는 거죠?"라는 질문을 통해 정확한 답을 얻을 수 있다. 서로가 이해한 내용에 대해 피드백을 주고받는 것은 적극적인 커뮤니케이션을 하기 위해 매우 중요한 요소이다.

## 질문의 두 가지 기본 형태

질문에는 두 가지 기본 형태가 있는데, 폐쇄형 질문과 개방형 질문이 바로 그것이다. 이 두 가지 질문이 갖는 각각의 형태는 커뮤니케이션 과정에 아주 중요한 영향을 미친다. 폐쇄형 질문은 일반적으로 매우 간단한 형태를 띠며, 정보수집을 위한 가장 기본적인 질문형태를 지닌다. 폐쇄형 질문에 대한 응답은 주로 "예", "아니오" 또는 아주 간략한 대답이다.

다음은 전형적인 폐쇄형 질문의 예이다.

몇 시입니까?
그 프로젝트 끝마쳤습니까?
그 모임에 갈거니?
오늘밤 야근할 수 있어요?
그 문제점을 언제 처음 발견했나요?

폐쇄형 질문은 다음과 같은 역할을 한다.


- 구체적 사실들을 모아 준다.

  "무슨 색깔을 더 좋아하세요?"

- 대답하기 쉽고 위협적이지 않다.

  "오후 5시까지 끝낼까요?"

- 정확성 점검과 커뮤니케이션의 완성도를 높이는 피드백 과정에 유용
  하다.

  "제가 이 내용을 제대로 파악하고 있는 겁니까?"

- 어느 위치까지의 권한위임을 받기 위해 사용된다.

  "지금까지는 맞는 것 같죠?"

- 긍정적 진술 강화를 위해 사용된다.

  "이 계획 괜찮은 것 같죠, 그렇죠?"

- 바람직한 주제나 관심분야로 대화를 이끌기 위해 사용된다.

  "예산에 관해 대화할 시간 있습니까?"


이에 반해, 개방형 질문은 보다 자극적이며 보다 길고 보다 복잡한 대답을 요하는 경우가 많다. 개방형 질문은 폭넓은 주제에 관한 폭넓은 응답을 끌어내기 위해 주로 사용된다. 아울러 선택이나 아이디어, 느낌 등에 대한 생각을 얻고자 하는 데 주로 사용된다.

다음은 전형적인 개방형 질문의 예이다.

그 모임에 대한 느낌은 어때?

이 프로젝트를 보다 잘 하려면 어떻게 해야 할까?

우리 목표를 이루기 위해 어떻게 해야 하지?

새로운 마케팅 계획에 관한 당신의 의견은 무엇입니까?

그것이 네게 얼마나 중요한 건데?


개방형 질문은 다음과 같은 특징을 갖는다.


- 단순한 "네" 또는 "아니오"로 대답할 수 없다.

  "어떻게 해야 이 과정이 보다 잘 진행될 수 있다고 생각하십니까?"

  폐쇄형 질문 : "우리가 이 과정을 더 잘 할 수 있지요?"

- 주로 "무엇"이나 "어떻게"로 시작된다.

  "새로운 프로젝트에 관해 어떻게 생각해요?"

- 대답을 유도하지 않는다.

  "새로운 마케팅계획의 어떤 부분을 개선할 수 있을까요?"

  폐쇄형 질문 : "새로운 마케팅계획이 마음에 드십니까?"

- 아이디어와 느낌을 끌어낸다.

  "그 부서의 구조조정에 관해 어떻게 생각하십니까?"

- 목표, 욕구, 필요, 문제점 등에 관한 깊은 사고를 독려한다.

  "새로운 직원평가 시스템을 어떻게 생각하십니까?"

- 자아발견을 증진시킨다.

  "새로운 과정이 집단에 미치는 영향이 무엇이라고 하십니까?"

- 아이디어 창출을 유도한다.

  "이 아이디어에서 문제점이 뭐하고 생각하십니까?"

- 응답 및 형식에 있어서 그 범위가 넓다.

  "이 약관을 어떻게 바꾸시겠습니까?"

목표성취를 위해서 개방형 질문 또는 폐쇄형 질문 중 어떤 종류의 질문을 사용하는 것이 적합한가를 아는 것은 매우 중요하다. 상황에 따라서 두 형태의 질문 모두 매우 유용하게 쓰일 수 있기 때문이다. 개방형과 폐쇄형 질문은 각각 다음과 같은 몇 가지 서로 다른 목적을 성취하는 데 사용된다.

- **사실발견** : 구체적 정보와 자료를 찾고 있다면, 그 세부사항을 요구하는 데 적합한 폐쇄형 질문을 사용하라. "많은 것을 성취했습니까?"라는 폐쇄형 질문은 "그 프로젝트에서 어떤 것을 성취했습니까?"라는 개방형 질문보다 단시간에 더 많은 정보를 얻는 데 도움이 된다.

- **느낌발견** : 어떤 주제에 관한 느낌을 이해하기 위해서는 개방형 질문을 사용하는 것이 좋다. "그 프로젝트에 만족하십니까?" 혹은 "그 프로젝트에 관해 어떻게 느끼십니까?"라는 질문은 그 사람의 느낌을 파악하는 데 효과적이다. 느낌을 파악하기 위한 개방형 질문을 적절하게 사용하면, 태도나 확신, 동기부여와 같은 많은 정보를 알아낼 수 있다. 따라서 이러한 질문은 대단히 강력한 힘을 지니고 있다. 하지만 이런 질문의 대답은 신중을 기해 들어야만 오해가 생기지 않는다. 이것을 명심하라.

- **명확하게 함** : 폐쇄형 질문은 의사확인을 위해 주로 사용된다. "제가 이해하고 있는 것이 맞습니까?", "~ 라는 말씀이지요?", "~ 라는 뜻인가요?" 같은 질문은 주어진 정보에 대한 이해를 확인하기 위해서 던지는 질문 예시이다.

- **확장하기** : 개방형 질문은 주제에 관한 더 상세한 정보 도출을

위해 사용된다. "예를 좀 들어주시겠습니까?", "그 점에 관해 좀 더 말씀해 주시겠습니까?", "그밖에 문제는 무엇입니까?"와 같은 질문은 주제에 관한 정보를 계속해서 생성해 낼 수 있다.

- **지시하기** : 지시를 위한 질문은 일반적으로 폐쇄형 질문의 형태를 보인다. 그리고 대화의 내용이 어떤 특정한 목표를 향해 나아가도록 지시하는 역할을 한다. "종전에 원한다고 하셨던 다른 점이 뭐죠?", "제시하신 첫 아이템으로 돌아가서, 애기해 볼까요?", "그 결정을 일주일만 연기할 수 없을까요?"와 같은 질문을 통하여, 대화의 방향을 다른 주제로 돌리고 어떤 특별한 목표를 결정하도록 이끌어갈 수 있다.

# 질문 전략

모든 형태의 커뮤니케이션은 그것의 초점을 계획하고 이해함으로써 질적 향상을 얻을 수 있다. 이는 질문하는 행위에도 적용되는 말인데, 어떤 사람에게 무언가를 질문하고자 할 때는 그 질문을 통해 성취하고자 하는 바가 무엇인가를 먼저 파악하고 있어야, 적절한 질문 형태를 고르고 이를 통해 기대한 만큼의 효과를 거둘 수 있다. 예를 들어, 눈앞에 다가온 변화에 대해 상대방이 어떻게 느끼는지를 알고자 할 때 그 사람 등을 치면서 "야! 멋있지 않니?"라고 말한다면, 아마도 당신이 원하는 대답은 얻을 수 없을 것이다.

질문에 서투른 사람들은 자신이 원하는 대답은 이것인데, 정작 그 대답을 얻어낼 수 있는 적절한 질문을 하지 못하는 경우가 상당히 많다. 예를 들어 어떤 사람에게 예산의 집행 내역에 대해 동의하는가를 묻고 싶은데, 정작 질문으로는 "예산에 관해 어떤 생각을 가지고 있습니까?"라고 묻는다면 그 사람은 절대 자신이 기대하는 답을 얻을 수 없을 것이다. 따라서 이럴 때에는 직접적으로 묻는 것이 더 효과적이다. 다음처럼 말이다. "이 예산에 동의할 수 없는 이유라도 있습니까?"

## 깔때기 질문 기법 *funnel technique*

깔때기 기법은 효율적인 질문기법의 하나로서 포괄적인 개방형 질문을 시작으로 조금씩 질문의 범위를 구체적으로 좁히면서 질문을 던져, 상대방의 반응을 이끌어내는 기법이다. 이것은 마치 그림 그리는 것과 같아서, 빈 도화지에 굵은 붓으로 밑그림을 그린 후 차츰 가는 붓으로 세세한 부분까지 다 채워 가는 것과 비슷한 과정으로 이루어진다.

깔때기 상단에서는 상당히 폭넓은 질문부터 던지기 시작한다. 그런 다음 깔때기 아래로 이동하면서 조금씩 더욱 세세한 부분으로 질문의 범위를 좁혀 간다. 깔때기 기법은 질문기술과 듣기기술을 병행하여 상대방의 요구, 기대, 문제, 기회 등을 알아내는 것이다. 예를 들자면 다음과 같은 질문으로 시작할 수 있겠다. "하시는 일에 관해서 말씀해 주시겠어요?", "현 시점에서 당신의 장기적 목표는 무엇입니까?", "당신에게 중요한 것은 무엇입니까?"

깔때기 질문 기법을 아는 것은 여러 모로 커다란 도움이 된다. 일반적인 컴퓨터 판매원은 고객의 컴퓨터 기종이나 그 컴퓨터를 사용할 때 필요한 것에 대해서만 질문할 것이다. 하지만 깔때기 기법을 알고 있는 유능한 판매원은 컴퓨터와 관련한 유망한 사업이나 운영에 관한 질문으로 판매 대화를 시작해서 더 많은 구매욕을 불러일으키도록 한다. 또한 업무에서 자주 문제가 발생하는 원인을 규명 하고자 하는 일반적인 관리자는 다음과 같이 물을 것이다. "이 스위치는 왜 그렇게 자주 불량품이 발생하죠?" 그러나 깔때기 질문 기법을 알고 있는 현명한 관리자는 보다 폭넓은 수준에서 이렇게 질문할 것이다. "그 스위치 제작공정에 관해 말해 주시겠어요?"

깔대기 질문 기법에 있어서 개방형 질문은 상황에 대한 많은 정보를 얻도록 돕는다. 또한 다음에 이어질 보다 구체적인 질문을 어느 시점에서 던질 것인지를 결정하는 중요한 단서도 포착할 수 있다. 아울러 폭넓고 개방된 질문을 통해 상대방의 상황에 대한 자신의 관심을 적극적으로 나타낼 수도 있다. "~말씀해주시겠어요?", "어떻게~?", "누구~?", "무엇~?" 또는 "왜~?" 등으로 시작되는 개방형 질문은 "네", "아니오" 또는 간단한 대답을 요구하는 폐쇄형 질문보다 정보의 깊이나 넓이에서 훨씬 더 강력한 힘을 발휘하는 것이다.

폭넓은 질문으로 대화의 문을 열고 신뢰관계를 형성한 후, 개방형과 폐쇄형 질문기법을 적절하게 사용하면, 상대방의 반응이 갖는 핵심요소를 파악할 수 있다.

단, 여기서 주의해야 할 사항은 깔때기 상단에서 사용되는 개방형 질문은 상대방이 대답하기 쉬운 정도의 질문이어야 한다는 것이다. 다시 말해 보다 쉽게 대화의 물꼬를 트기 위해서는 처음 던지는 개방형 질문은 상대방이 원하는 것이면 무엇이든 자유롭게 말할 수 있도록 유도할 수 있는 것이어야 한다. 그리고 차츰 구체적인 질문으로 들어가면서, 질문의 목적지를 조금씩 본래 가지고 있던 의도에 접근시킨다. 이렇게 해서 당신과 상대방은 서로에 대해 더 많은 정보를 공유하게 되고, 신뢰도도 높아지게 된다. 대화 상대에 대해 갖는 신뢰와 정보공유에 대한 의지 정도는 공유하는 정보의 양과 질에 직접적인 영향을 미친다. 그 예로서, 다음과 같은 상황을 가정해 볼 수 있다. 두 사람이 비행기에서 만나서 다음과 같이 대화를 시작한다.

“안녕하세요. 제 이름은 엘렌이에요. 무슨 일을 하시는 분인가요?”
“저는 작가입니다.”
“아, 작가시군요. 어떤 장르의 글을 쓰십니까?”
“주로 유머죠. 진지하고 철학적인 작품도 가끔 쓰는데 사람들은 그것을 보고도 웃더군요.”
“제 생각에 유머는 정말 쓰기 어려운 글인 것 같은데, 그렇지 않나요? 그래서 재미있는 글을 쓰는 사람들을 보면 항상 대단하다는 생각이 들었어요. 유머러스한 글을 어떻게 쓰시는 지 말씀 좀 해주시겠어요?”
“글쎄요, 유머에는 풍자도 담겨져 있지만, 사실 음담패설이 섞여 있을 때 더 효과가 있지요. 물론 어느 정도의 창의성도 필요하고요. 반면에 부담도 매우 크답니다. 사람들이 제 글을 보고 저질이라고 할까봐 언제나 가슴을 조이고 있을 정도니까요.”

위의 대화에서 엘렌은 깔때기 질문 기법을 효과적 활용함으로써, “저는 작가입니다”라는 간단한 말에서부터 그 사람이 가지고 있는 세세한 개인적 표현까지 이끌어낼 수 있었다.

여기, 목적을 성취하기 위한 하나의 방법으로서, 상대에게 보다 명확한 질문을 던질 수 있는 몇 가지 전략을 제시한다.


- **계획을 세워라** : 질문을 통해 얻고자 하는 목적이 무엇이며, 그에 따라 사용해야 할 질문 형태가 무엇인지를 먼저 파악하도록 하라. 질문 형태는 미리 써 놓을 필요가 없지만, 목적에 관해서는 명확해야 한다.

- **질문은 간단하게 하라** : 한 번에 한 가지씩 질문하는 것이 가장 좋다. 여러 내용이 뒤섞여 있는 질문은 당신이 원하는 대답을 얻는 데 방해가 된다. 예를 들어, "그 마케팅 계획을 어떻게 생각하시며, 새로운 광고 캠페인으로 인해 고객들이 혼란을 겪을 것인지, 또 그 혼란으로 인해 이번 제품의 장기적 성장에 문제가 발생할 수 있으리라고 생각하십니까?"와 같은 질문은 듣는 사람을 혼란스럽게 만든다. 다시 말해 한 번에 두 가지 이상의 내용과 관련된 질문을 하는 것은 응답자로 하여금 그 질문의 핵심을 파악하기 어렵게 만들어, 마지막 질문에 대해서만 대답하거나 자신이 관심 있는 분야 또는 대답하기 쉬운 분야에 대해서만 대답하도록 만들게 된다. 그러므로 확실한 대답을 얻고 싶다면 한 번에 한 가지 질문만을 하는 것이 가장 효과적이다.

- **초점을 놓치지 마라** : 논의되었던 내용의 궤도를 벗어나지 않는 한도 내에서 질문하도록 하라. 대화 도중 "그런데, ~"라고 시작되는 질문은 주제와 거의 관련되지 않은 질문인 경우가 많다. 따라서 내용상 동떨어진 질문은 되도록 피하도록 하고, 질문을

할 때에는 지금의 논의 주제와 어울리는 내용으로 질문하도록 하라.

- **위협적이지 않도록 하라** : 신뢰는 효과적인 커뮤니케이션의 핵심 요건이다. 따라서 잘못된 질문은 커뮤니케이션에 있어서 신뢰와 인간관계를 무너뜨릴 수 있다. 다음과 같은 질문은 일반적으로 사람을 방어적으로 만들 수 있으므로 조심해야 한다. "왜 너는 ~ 않았니?", "어떻게 ~ 할 수 있었지?", "너 ~ 아니야?" 대화에 있어서 일단 누군가 방어적이 되면, 두 사람간의 정보교환과 인간관계 확립은 끝나버린다고 보아야 한다.

- **허락을 받아라** : 질문을 던진 부분이 다소 민감한 사안인 경우에는, 질문을 던지기 전에 먼저 그 질문의 필요성을 설명하고 상대방의 허락을 받도록 하는 것이 좋다. "이 서류에는 당신의 재정 상태에 관한 세부사항이 첨부되어 있어야 합니다. 헌데 아무리 봐도 그런 재정 상태에 관한 서류는 없군요. 괜찮다면, 그 이유에 대해 답해주시겠습니까?"

- **모호함을 피하라** : 모호한 질문은 모호한 대답만을 부른다. 따라서 효과적인 커뮤니케이션을 위해서는 모호한 질문은 절대 지양해야 한다. "이 예산안을 지지할 수 있습니까?" 라는 질문은 상대방에게 그 예산안을 지지해 달라는 부탁의 말인지, 아니면 지지해서는 안 된다는 말인지 매우 모호하다.

- **조작하지 말라** : 모든 질문과 대화는 정상적인 인간관계에 초점을 맞춰 이루어져야 한다. 만약 당신이 원하는 대답을 듣고자 상대방에게 계략을 쓴다면, 두 사람의 신뢰와 신뢰관계는 무너지고 말 것이다. "오늘 야근하는 것이 좋겠어, 아니면 내일 밤에

야근하는 게 더 좋겠어?"와 같은 질문은 응답자가 야근을 전혀 원하지 않는다고 말할 기회를 박탈하는 것이다. 따라서 이런 경우에 야근의 필요성을 설명하고 상대방이 근무가 가능한가를 묻는다면, 응답자가 받아들이는 부담의 정도는 훨씬 줄어들 것이다.

위의 질문 기법을 완전히 습득하게 되면 필요한 정보의 수집과 신뢰형성, 상대방의 관점 및 동기에 대한 파악, 정보검증 등에 큰 도움을 받을 수 있다. 이제 다음 장에서는, 경청기술과 그에 관한 효과적인 피드백 과정에 대해 살펴볼 것이다.

# CHAPTER SEVEN

# 피드백 기법

잠시 후 거기로 갈게요.

별로 멀지 않아요.

빠른 시일 안에 그게 필요해요.

비용부담하지 않고 소량 제공해드리겠습니다.

그건 돈이 많이 들 겁니다.


위의 문장을 보면 어떤 느낌이 드는가? 아마도 위 문장이 명확하지 못한 표현으로 가득 차 있다는 느낌이 들 것이다. 이런 문장이 정상적 대화에서 사용될 경우, 그 뜻이 명백하게 규명되지 않기 때문에 잘못 해석될 가능성이 높다. 예를 들어, 어떤 사람이 다음과 같이 말했다고 생각해 보자. "나중에 전화하세요. 그때 의논해 봅시다." 여기서 '나중' 이란 표현은 언제를 일컫는 것일까? 지금부터 5분, 혹은 한 시간 후, 내일, 아니면 다음 주를 말하는 것일까?

이런 표현들 이외에도, 우리가 일상생활에서 사용하는 다른 수많은 표현들이 애매한 상황을 상정하고 있다. 그리고 이러한 표현들이 커뮤니케이션 상의 오해를 불러일으키는 경우가 종종 발생한다. 하지만, 대부분의 사람들은 일상 대화에서 이런 표현을 매우 자주 사용하고, 그 뜻을 상대가 정확하게 이해하기를 바란다. 애매한 표현으로 인해 대화에 있어서 문제가 발생할 수 있다는 것을 생각하지 않은 채 말이다. 애매한 표현이 대화하는 두 사람 사이에서 확실하게 명료화되지 않으면, 당신이 전달한 메시지는 본래의 의도와는 전혀 다른 의미로 받아들여질 가능성이 아주 높다. 그리고 이로 인해, 착오와 오해 및 얼룩진 관계가 발생할 수 있다.

이럴 때 간단한 피드백 기술의 사용으로, 아주 모호한 표현을 구체적이고 효과적인 커뮤니케이션으로 변환할 수 있다. 피드백이 부족하면 직장에서는 오류, 서툰 계획, 갈등, 생산성 저하, 이윤 감소 및 결국 직업 상실 사태까지 발생할 수 있다. 더 나아가 이것이 극단적으로 나아간다면 우리가 매일매일 보는 비즈니스 상의 오류들, 즉 선적착오, 연기, 잘못된 서류 전달, 예산의 불필요한 낭비, 목표점을 상실한 마케팅 계획, 신상품의 실패작, 능력을 발휘할 수 없는 직원을 채용하는 것 등등의 문제를 야기할 수 있다.

몇몇 연구에 따르면, 명료한 커뮤니케이션의 결핍이 모든 조직에서 문제를 일으키는 가장 주요한 요인이라고 한다. 따라서 커뮤니케이션에서 피드백의 사용은 당연히 필요한 과정이라고 할 수 있다. 대화가 어느 정도 지속되어야 하고 양쪽 다 그 내용과 관련되어 있다면, 피드백은 사람 사이의 커뮤니케이션에서 꼭 이루어져야 할 가장 중요한 부분이다. 피드백이 없다면, 어떻게 상대방이 말하는 것을 '진정으로' 알 수 있겠는가? 피드백 기술의 효과적 사용은 메시지의 정확한 전달을 보장하는 데 매우 큰 도움을 주는 것임을 명심하라.

상대방이 말하고 행동하는 것에 대해 언어적, 음성적, 시각적으로 반응하거나 자신이 말하고 행동하는 것에 대한 상대방의 반응을 찾고자 할 때 피드백을 사용하는 것이 좋다. 효과적인 양방향 커뮤니케이션은 바로 피드백에 달려 있다고 해도 과언이 아니기 때문이다. 이 장에서는 동료, 감독관, 직원, 계약자, 고객 등과 효과적이고 명확한 커뮤니케이션을 하기 위한 피드백 기술을 학습하도록 하겠다.

# 피드백 형태

피드백은 매우 다양한 형태로 나타낸다. 피드백에는 말을 통한 피드백, 행동을 통한 피드백, 사실 피드백, 느낌 피드백 등과 같은 다양한 형태의 피드백이 있다. 각각의 피드백 형태는 커뮤니케이션 과정에서 특정한 목표를 위해 사용될 수 있다.

## 말을 통한 피드백

'말을 통한 피드백'은 우리가 가장 빈번히 인식하고 가장 많이 사용하는 형태이다. '말을 통한 피드백'을 통해 당신은 원하는 많은 목표를 성취할 수 있다. 그렇다면 '말을 통한 피드백'은 언제 사용하는 것일까? 첫째, 메시지의 명료화 요구를 위해 '말을 통한 피드백'을 사용할 수 있다. 둘째, 상대방에게 긍정적 혹은 부정적 스트로크[*]를 주기 위해 '말을 통한 피드백' 을 사용할 수 있다. 셋째, 상대방과의 대화에서 의미 있고 효과적으로 표현을 구조화하기 위해 '말을 통한 피드백' 을 사용할 수 있다.

대화하는 동안 메시지의 정확성과 투명성을 개선하기 위해, 다음 같은 '말을 통한 피드백' 을 사용해 보도록 하라.

- 방금 하신 말씀을 제가 제대로 이해하고 있는지 확인해보겠습니다.
- 우리가 논의한 주제의 핵심을 제가 다시 한번 검토해 보도록 하겠습니다.
- 그러니까 하신 말씀이 ….
- 그러니까 당신의 주요 관심사는 … 라는 거죠.

---

*) 스트로크 *stroke* ; 스트로크란 사람의 존재를 인정하고 있다는 것을 알리기 위한 상호 간의 반응이라고 볼 수 있다. 이런 이유로 스트로크는 '마음의 영양' 이나 '승인욕구' 등으로 표현되기도 한다. 그 단적인 예는 아침에 일어나서 가족에게 '안녕' 이라는 한 마디를 던졌을 때 다시 '안녕' 이라는 한마디가 되돌아오는 상황을 들 수 있다. 가족 은 서로서로 인사를 주고받음으로써 상대방의 존재를 인정하고 있음을 나타낸다. 이 것이 바로 '스트로크의 교환' 이다. 결국 스트로크란 사람과 사람 사이에서 이루어지 는 하나의 '인정의 표현' 이라고 볼 수 있는 것이다.
스트로크에는 상대를 기분 좋게 만드는 '긍정적 스트로크' 와 상대를 불쾌하게 만드 는 '부정적 스트로크' 가 있다. 이중 긍정적 스트로크는 사람을 긍정적으로 육성하고 성장시키는 데 매우 큰 작용을 한다. 또한 '무조건적 스트로크' 와 '조건적 스트로크' 라는 것도 있는데, 무조건적 스트로크란 상대의 존재에 대해 주어지는 것으로 "당신 이 있다는 것만으로도 행복하다"라든가 "당신은 나에게 있어 아주 소중한 사람입니 다"와 같은 표현들이 그 적절한 예라고 할 수 있다. 한편 '조건적 스트로크' 는 상대의 행동에 대해 주어지는 것이다. 이에는 "수학을 100점 받으면 장난감을 사줄게"나 "핸 드백을 사준다면 그 일을 열심히 해 보죠"와 같은 표현이 적용되는데, 언제나 조건이 앞서기 때문에 협상 등에 자주 사용되는 스트로크이다. 스트로크 이론에서는 사람은 '누구나 무조건적 긍정적 스트로크' 를 찾아 평생 행동한다고 주장한다.

• 제가 이해한 바로는, 당신의 주목적이 … 인 것 같습니다.

'말을 통한 피드백' 표현은 주로 다음과 같이 끝난다.


• 제가 제대로 이해했습니까?
• 제가 정확하게 들었습니까?
• 말씀하신 의미를 제가 제대로 파악하고 있는 겁니까?
• 이런 것들이 당신이 의도하신 내용입니까?
• 제가 요약한 것 이외에 더 첨부하실 말씀이 있습니까?


'말을 통한 피드백' 사용은 직장이라는 공간에서 특히 중요하다. 피드백은 수신한 메시지가 보낸 메시지의 내용과 같은지를 파악할 수 있도록 돕는 유일한 방법이기 때문이다. '말을 통한 피드백' 을 통해 상대방이 보낸 메시지를 보다 명료화하고, 자신의 말로 다시 표현해 말함으로써 스스로 이해한 바를 검증 받는 것은 효과적인 커뮤니케이션을 위해 매우 중요하다. 그러나 여기서 놓치지 말아야 할 사항은 하루 동안 받아들인 메시지 모두를 명료화하거나 검증할 필요는 없다는 것이다. 만약 동료가 커피 한 잔 마시러 갈 것이라고 말한 것에 대해 당신이 명료화를 요구한다면, 그것은 당신에게나 명료화를 요구 받은 상대방 모두를 피곤하게 할 뿐이다. 따라서 언제 피드백을 사용해야 하는가를 아는 것 또한 매우 중요한 커뮤니케이션 능력이라 할 수 있다. 반드시 피드백을 사용하여야 할 경우는 다음과 같다.

- 메시지의 의미와 진행방법에 의문이 있을 때
- 메시지가 아주 복잡할 때
- 중요한 과정이나 프로젝트를 다루고 있을 때
- 당신에게 생소한 정보를 다루는 메시지일 때

'말을 통한 피드백'은 다른 사람들에게 긍정적 혹은 부정적 스트로크를 줄 때 사용될 수 있다. 어떤 사람이 긍정적인 일을 할 때 그 행동은 긍정적으로 강화될 수 있어야 하는데, 이때 '말을 통한 피드백'이 그에 걸맞은 긍정적 강화를 도울 수 있다. 긍정적 행동에 대한 긍정적 강화를 이끌어내기 위한 표현에는 다음과 같은 것들이 있다.

"그 프로젝트에 관해서 제출한 보고서는 아주 분명하고 간결하군요. 정말 잘 했습니다."
"위원회가 그 문제를 아주 쉽게 이해할 수 있도록 도우셨네요. 훌륭합니다."
"당신의 특별한 노력에 매우 감사드립니다."
"예산에 맞춰서 일처리를 아주 탁월하게 잘 하고 있습니다."

위의 표현처럼 자신이 긍정적으로 인식하고 감사하는 부분에 대해 구체적으로 언급하도록 하라. 이런 형태의 피드백을 시기적절하게 지속적으로 사용하게 되면, 상대방이 무엇을 어떻게 해야 하는가를 깨닫도록 도울 수 있다. 또한 상대방이 자신이 받은 긍정적 강화를 비슷한 상황에서도 적용할 수 있는 자신감을 심어 줄 수 있다.

반면에 어떤 행위가 부정적 피드백을 요할 때는, 사적이고 건설적인 분위기에서 피드백을 주도록 해야 한다. 침묵이 암묵적 승인으로 해석되듯이, 부적절한 행위를 아무런 피드백 없이 그대로 간과하는 것은 잘못을 지속적으로 저지르도록 돕는 역할 밖에는 할 수 없다. 하지만 세상에 비판 받기를 좋아하는 사람은 아무도 없다. 따라서 부정적 피드백은 사람이 아니라 그 사람의 행동에만 초점을 맞추어 이루어져야 한다. 만일 부정적 피드백을 주어야 할 경우가 생긴다면 가능한 한 긍정적 피드백의 중간에 넣어서 주도록 하는 것이 바람직 하다. 예를 들면, 다음과 같은 표현을 사용할 수 있다.

"이 보고서에는 당신이 노력한 흔적이 역력하군요. 하지만 이 주제는 워낙 복잡하니, 대략 한 페이지 정도로 요점을 정리해서 보고서를 다시 작성한다면 훨씬 도움이 될 것 같습니다."

"평소 일을 하실 때 시간을 엄격하게 지키는 것을 최우선으로 생각하고, 최대한 시간 약속에 맞추고자 노력하시는 스타일이라고 알고 있습니다. 하지만 만약 이번 일이 늦어진다면 우리의 모든 계획에 큰 차질이 빚어질 수 있다는 것을 다시 한번 말씀드리고 싶군요."

"안내지를 정리하는 일을 도와주셔서 대단히 감사합니다. 하지만 고객에게 보내야 하는 것이니 정갈하고 흠집 없게 정리가 되어야 합니다. 미안하지만 이거 다시 좀 해주시겠습니까?"

부정적 피드백을 줄 때에는, 되도록 그 사람의 행동이 앞으로는 올바른 방향으로 나아갈 수 있도록 충분하고 구체적인 정보를 제공하도록 하라.

　대화를 이끌어 가는 사람은 자신이 전달하고자 하는 내용이 받는 사람에게 과연 적절하게 받아들여지고 있는가를 궁금해 할 것이다. 그렇다면, 다음과 같은 간단한 질문을 통해 자신의 메시지가 확실하게 전달되고 있는가를 파악할 수 있다. 즉, 간단한 질문을 통해 지금의 방향으로 계속 나아가야 하는지 아니면 내용을 약간 수정해서 접근해야 하는지를 결정할 수 있다는 말이다. 예를 들어, 발표를 너무 빨리 진행해서 상대방이 당신의 메시지를 제대로 파악할 수 없을 거라는 생각이 든다면, 다음과 같이 간단히 질문하라. "저는 가끔 열정이 넘쳐서 지나치게 빨리 핵심 주제로 들어가곤 합니다. 제가 이 이슈를 좀 천천히 짚어 드리면 어떻겠습니까?" 또한, 자신의 발표 속도를 약간 올려야겠다는 느낌이 들 때에도 다음과 같은 질문을 함으로써 속도 조절을 효과적으로 할 수 있다. "그 이슈에 대해 좀 더 탐구해볼까요?" 아울러 어떤 질문은 그 대화에 대한 상대방의 관심과 이해도가 얼마나 되는가를 가늠할 수 있도록 돕는다. 그리고 그 질문에 대한 대답은 주요 내용을 지나치게 짧게 자르거나, 지나치게 길게 오래 끄는 일을 당신 스스로 방지할 수 있도록 도와준다. 이런 형태의 질문에는 다음과 같은 표현이 있다. "이 프로젝트의 세부사항으로 들어가길 원하십니까, 아니면 저에게 먼저 질문하고 싶은 내용이 있으십니까?"

　이 같은 질문은 대화를 듣고 있는 상대방의 현재 마음상태와 내용의 수용정도를 당신 스스로 결정할 수 있도록 돕는다. 또한 당신이 먼저 질문을 던져 상대방이 의견을 말할 수 있는 기회를 만들어 줌으로써, 상대방은 자신이 알고자 하는 많은 내용을 마음속에 지닌 채 프로젝트의 세부사항으로 들어가야 하는 부담을 줄일 수 있다. 만약 당신이 주제를 이야기함에 있어서 상대방이 질문을 던질 수 있는 기회를 주지 않는다면, 상대방은 의문스러운 점에 마음을 뺏겨서 당신의 설명에 제대로 집중할 수 없게 된다.

위에서 예시한 것과 같은 간단한 질문을 통해, 당신은 의사를 전달하는 형태와 발표 스타일을 각 개인의 요구에 맞춰 변형시키는 기술을 터득할 수 있다. 물론 처음에는 이러한 질문들이 아까운 대화 시간을 낭비하게 만든다는 생각을 가질 수도 있으나, 장기적으로는 상대방의 이해도를 높여 결국 많은 시간을 절약할 수 있게 된다는 사실을 깨달을 수 있을 것이다.

## 행동을 통한 피드백

사람들은 누구나 몸짓과 눈빛, 얼굴표정, 자세, 감각 등을 사용하여 다양한 긍정적 또는 부정적 태도와 느낌 및 견해를 전달할 수 있다. 따라서 당신도 다른 사람들이 당신에게 하는 것과 같이, 상대방에게 의식적으로나 무의식적으로 '행동을 통한 피드백'을 주고 있다는 사실에 주목할 필요가 있다.

민감하고 지각 있는 대화자는 메시지의 방향과 내용을 구조화하기 위해서 상대방의 '행동을 통한 피드백'에 촉각을 기울인다. 그리고 그를 통해 인간관계에 있어서 지속적이고 긍정적 상호작용과 한층 깊어진 신뢰와 신용을 얻고자 한다. '행동을 통한 피드백'의 해석과 그것에 대한 반응은 말하는 사람과 듣는 사람 간에 주고받는 '행동을 통한 피드백'의 양보다 훨씬 더 중요하다. '행동을 통한 피드백'을 포착하는 것은 서로가 상대방의 관심을 놓친 시기를 명확하게 인식할 수 있도록 해 주기 때문이다. 또한 상대방의 '행동을 통한 피드백'에 관한 자신의 감수성과 지각력을 높임으로써 상대방의 관심, 주목, 신뢰 등을 다시금 자신에게 돌릴 수 있도록 대화의 전체적인 속도, 주제, 스타일을 변화시킬 수 있는 단서도 제공해 주기 때문에 매우 중요하다 하지 않을 수 없다.

관리자와 직원의 관계에서 '행동을 통한 피드백'은 특히나 매우 중요한 영향을 미친다. 관리자와 직원 사이에 비효과적인 커뮤니케이션이 나타나는 많은 부분이 서로 상대방이 보내는 비언어적 신호에 대해 정확한 이해를 하지 못하는 데서 생기는 '혼합 메시지'와 관련이 있기 때문이다. 이런 문제는 어떤 메시지를 말로 표현했을 때, 그 메시지를 음성으로 옮기는 과정에서 결합되어 나타나는 음성의 고저와 신체 언어를 통해 완전히 다른 내용으로 인식될 수 있다는 가능성에서 시작된다. 수신자는 혼합 메시지가 주어졌을 때, 말을 통한 메시지와 신체 언어가 의도하는 것 사이에서 어떤 쪽에 무게를 두어 받아들여야 하는지를 선택해야 한다. 이런 이유로 누군가 당신으로부터 혼합 메시지를 받게 되면, 그의 마음속에는 긴장과 불신이 생겨날 수밖에 없다. 당신의 '행동을 통한 피드백'과 '말을 통한 피드백' 사이에 차이가 발생하면 상대방은 당신이 일부러 무언가를 숨기고 있거나, 당신이 솔직하게 말하고 있지 않다고 느낄 수 있기 때문이다.

그러나 안타깝게도, 수많은 관리자와 직원들은 서로가 서로에게 혼합 메시지를 보내고 있다는 사실을 잘 인식하지 못한다. 따라서 혼합 메시지로 인해 생기는 잘못된 커뮤니케이션의 결과는 각 개인에게 직장에서의 인간관계에서 엄청난 대가를 치르도록 만든다. 이런 이유로 '행동을 통한 피드백'과 '말을 통한 피드백'을 서로 동일하게 유지하는 일은 매우 중요하다고 하겠다.

사람들은 반응이 없거나, 어떤 감정도 내보이지 않는 사람에게는 결코 말하고 싶어하지 않는 공통된 특성이 있다. 즉 모든 사람은 자신의 표현에 대해 긍정적이든 부정적이든, 말을 통해서든 행동을 통해서든 피드백을 얻을 수 있기를 바라는 것이다. 그러므로 지금부터 다른 사람에게 효과적인 피드백을 주기 위해 자신을 훈련시키도록 하라. 특히 행동을 통해 주어지는 피드백은 말을 통한 피드백보다 그 효과가 더 클 수 있다는 사실에 주목하라.

## 사실 피드백

질문요령에 관해 살펴본 앞 장에서, 당신은 사실을 발견하는 질문에 관해 학습한 바 있다. 이러한 형태의 질문은 구체적 자료와 정보를 끌어내기 위한 것으로 이루어져 있다. 따라서 요구 가치가 있는 사실이라면, 그것은 또한 분명히 정확하게 경청할 가치가 있는 내용이라고 할 수 있다. 바로 이때 '사실 피드백'이 필요하다. 가능한 한 정확하게 들어야 할 구체적 정보가 있을 때 '사실 피드백'이 필요한 것이다.

'사실 피드백'은 대부분 폐쇄형의 형태를 띤 구체적 질문을 요구한다. '사실 피드백' 자체가 사실을 알고 있는 대로 구체적으로 진술하게 하고, 검증을 받기 위한 것이기 때문이다. 당신이 다른 사람들의 사실에 의존하고 그들도 당신이 전하는 사실에 의존할 때, 정보를 정확하게 수집하고 명확하게 제공하는 일은 너무나 중요하다. 따라서 명료화, 합의, 내용의 수정을 원할 때는 '사실 피드백' 을 사용하도록 하는 것이 좋다. '사실 피드백' 은 소소하게 주어지는 내용을 이루는 메시지, 단어, 구(句)를 해석할 때도 사용된다. 다음에 예시되는 문장에는 불분명한 단어와 구를 포함하고 있는데, 바로 이때가 '사실 피드백' 이 꼭 필요한 경우이다.

- 최근의 해고 건 때문에라도 전체 종업원들은 보다 열심히 일해야 할 것이다.
- 잠깐 기다려야 자리가 날 것 같습니다.
- 그 일에 너무 많은 시간을 투자하지 마라.
- 이 회사는 매우 자유롭고 민주적이다.
- 주요 신용카드는 다 받습니다.
- 우리는 앞으로 필라델피아와 뉴욕을 방문하게 될 겁니다. 그곳에 우리의 첫 번째 지점을 개점해야 하니까요.

'사실 피드백' 을 요하는 질문은 다음과 같다.

- '보다 열심히 일해야 한다' 는 말은 정확하게 무슨 뜻입니까? 연장근무를 준비해야 한다는 말인가요?
- 얼마를 더 기다릴까요? 15분 이상 기다려야 한다는 말인가요?
- 그 일에 제가 시간을 얼마나 쓰면 되겠습니까? 기한이 있습니까?
- '자유롭고 민주적이다' 라는 말이 무슨 뜻입니까?
- '주요 신용카드' 라는 게 어떤 건가요? 비자카드는 받습니까?

- 어느 도시에 첫 번째 지점을 개점할 예정입니까?

어떤 메시지가 잘못 인식되었다면, 그 메시지에는 그럴 만한 이유가 담겨져 있을 것이다. 따라서 자신의 메시지를 명확하게 전달하고, 또 다른 사람의 메시지를 정확하게 받기 위해서는 '사실 피드백' 이 꼭 필요하다. 이를 통해 본래 메시지가 지니고 있던 의도 그대로를 명확하게 수신하도록 하라.

## 느낌 피드백

단어, 구, 메시지 등의 사실을 확실하게 명료화하고 이해하는 것은 분명히 중요하다. 그러나 커뮤니케이션에서 정확성을 확충하는 것은 어떤 면에서 토론의 표면에 머무를 수밖에 없는 측면이 있다. 어떤 경우에는 말하는 내용의 사실 파악보다, 그 사람이 그런 말을 하는 이유를 아는 것이 더 중요할 수 있기 때문이다.

메시지와 사실 뒤에 숨겨진 말하는 사람의 중요 원인과 동기는 무엇인가? 그 메시지 속에 말하는 사람은 자신의 개인적인 느낌을 얼마나 싣고 있는가? 이 말에 대해 듣는 사람은 진정으로 어떻게 느끼고 있는가? 말하는 사람의 메시지가 듣는 사람에게 명확하게 전달되고 있는지, 혹은 말하는 사람의 느낌까지가 듣는 사람에게 전달되고 있는지를 어떻게 알 수 있는가? 말하는 사람의 말에 듣는 사람이 진정으로 관심이 있다는 것을 말하는 사람 스스로 인식하고 있는가?

이 모든 질문들은 양방향 커뮤니케이션에서 '느낌 피드백' 이 얼마나 중요한 부분을 차지하는가를 잘 말해 준다. '느낌 피드백' 은 조직에서 사용되었을 때 특히 그 효과가 높은데, 그 이유는 대부분의 조직에서는 '느낌 피드백' 을 무시하는 경우가 많기 때문이다. 과거에 비즈니스와 관련된 에티켓을 가르치는 곳에서는 '직장이란 곳에는 절대로 느낌을 표출할 수 있는 자리는 없다. 따라서 자신의 느낌을 드러내는 것은 좋지 않다' 고 가르쳤다. 즉 개인의 생활, 느낌, 감정적인 연관성 따위는 직장에서는 절대 표출되지 말아야 할 대상이 된다는 것이다. 그러나 '출근과 동시에 사람으로서의 감정을 작은 상자 속에 넣어 두고 퇴근할 때 다시 꺼내오는' 일이 절대 불가능하다는 것을 당신도 잘 알고 있을 것이다.

한 조사에 따르면 조직의 변화를 효과적으로 이끌어내는 가장 탁월한 방법 중 하나는 조직 구성원들이 현재 자신들이 겪고 있는 변화에 대한 느낌을 '마음대로 이야기하게' 하는 것이다. 그들의 느낌에 관해 솔직하게 이야기하는 과정이 있어야만 변화에 대해 좀더 쉽게 적응할 수 있는 것이다.


조직은 공동의 목표달성을 위해 일하는 사람들의 복합적 그물망과 같은 곳이다. 조직생활이 더욱 복잡해지고 요구사항이 더 많아질수록, 조직의 목표달성을 위한 각 구성원의 완벽한 임무수행은 더욱 절실히 요구된다. 하지만 완벽한 임무수행을 위해서는 각자의 생각과 느낌을 개방적으로 표현하는 신뢰적인 분위기가 필수적으로 요구된다. 서로 간에 높은 수준의 '느낌 피드백' 을 요구하고 제공하는 조직이 있다면, 그 조직은 각 개인의 느낌이 커뮤니케이션 과정에서 매우 중요한 부분이라는 사실을 잘 이해하고 있는 것이라 하겠다.

앞에서도 언급했지만 메시지에서 오는 느낌의 이해는 그 메시지가
담고 있는 사실의 이해만큼 중요한 것이다. 이를 기억하도록 하라.

'느낌 피드백'은 양방향으로 이루어져야 한다. 다시 말해, 당신에
게 전달된 메시지의 저변에 깔려있는 느낌과 감정 및 태도 등을 이해
하기 위해서 스스로 능동적인 노력을 기울일 수 있어야 한다는 말이
다. 또한 상대방의 메시지가 느낌까지 전달될 만큼 높은 수준의 전
달력을 가졌다는 것을 알려주기 위해서, 당신도 자신의 느낌에 대한
피드백을 분명하게 제공해야 한다. 다음에 예시된 문장은 '느낌 피
드백' 질문을 필요로 하는 표현들이다.


- 난 요사이 모든 정치문제들이 지겨워.
- 내가 마지막으로 한 말은 농담이었어.
- '품질'이란 관리의 또 다른 말일 뿐이야.
- 아무도 내 문제에 관심이 없어.
- 다음 구조조정은 아마 또 다른 해고 사태를 불러올 거야.


위의 표현의 '느낌 피드백'을 요하는 예시들은 다음과 같을 것이다.


- 여기 '정치문제'가 당신에게 어떤 영향을 줍니까?
- 표현하신 마지막 말씀 중에 대해 무엇이 신경 쓰입니까?
- 왜 관리가 품질 프로그램에 맞지 않다고 느낍니까?
- 왜 조직이 자신의 문제에 관심 없다고 느낍니까?
- 구조조정에 관해 어떻게 느끼십니까?

앞에서 살펴본 '사실 피드백' 은 단순히 머리와 머리의 만남인 반면, '느낌 피드백' 은 가슴과 가슴의 만남이다. 다시 말해 '느낌 피드백' 은 공감의 효과적인 사용으로서, 상대방의 느낌에 자신을 맞춰서 상대방의 입장에서 사물을 볼 수 있게 되는 것이다. 상대방의 진정한 느낌을 경험하고 그것을 이해하며 동시에 그에 대한 감정적인 인식을 표출할 때, 상대방과의 신뢰관계는 강화되며 긴장은 완화되고 신뢰는 급속도로 증가하게 된다. 질문을 통한 능동적 탐색, 내용을 이해했음을 나타내는 우호적인 표현, 인식, 적절한 비언어적인 신호 표출 등은 '느낌 피드백' 의 송·수신에서 사용되는 주요한 도구이다.

각 대화자들이 서로를 진실하게 느끼는 방법을 이해할 때까지, '사실' 이라는 것은 그다지 중요하지 않음을 잊지 말라. 진실하게 느끼는 것만큼 확실한 메시지 전달은 없다. 그러므로 앞으로는 '사실 피드백' 을 통해 커뮤니케이션의 정확성을 향상시키고, '느낌 피드백' 을 통해 감정의 이해를 실천하도록 하라. 그렇게 할 수 있을 때 두 사람의 신뢰관계는 더 없이 깊어질 것이다.


## 효과적인 피드백 기술


서로 다른 두 사람이 효과적으로 커뮤니케이션을 하는 것은 생각만큼 그리 쉽지 않다. 커뮤니케이션은 단지 서로 말을 하는 것이 아니라, 자신의 생각과 태도, 입장, 느낌과 같은 세세한 부분을 상대와 효과적으로 교류하도록 돕는 것이기 때문이다. 따라서 효과적으로 커뮤니케이션을 하고 싶다면 많은 연습을 해야 한다. 질문을 던지는 기술을 익혀 효과적으로 사용할 수 있어야 하고, 비언어적인 메시지를 명확하게 받아들일 수 있는 감수성도 가지고 있어야 한다.

그러나 이 모든 것이 있다고 해도 피드백이 없다면, 그 밖의 기술이 아무리 훌륭해도 별 소용이 없게 된다. 정확한 피드백만이 서로가 서로의 메시지를 어떻게 받아들이고 있는가를 알 수 있는 유일한 방법이기 때문이다. 따라서 피드백 기술의 효과적 사용은 효과적인 커뮤니케이션 분위기를 조성할 수 있다.

다음의 일반적인 지침을 따름으로써, 당신은 피드백 기술을 보다 효과적으로 사용할 수 있다.

- **정의(定意)를 주고받아라** : 단어나 구에 대한 해석은 사람에 따라, 집단에 따라, 지역에 따라, 그리고 사회에 따라 매우 다양하다. 어떤 단어가 한 사람 또는 단 하나의 의미로만 사용된다고 믿거나 추측하는 사람이라면, 그는 다른 사람을 이해하고 있다고 생각할지 몰라도 실제로는 그렇지 못할 것이다. 일상적인 대화에서 자주 사용되는 단어는 대개 복수(複數)의 의미를 지니고 있다. 특히 우리말에서는 그런 경우가 더욱 흔하다. 예를 들어, '배'라는 명사는 바다의 운송수단인 '배'와 과일 '배', 그리고 신체의 한 부분인 '배' 등의 뜻을 갖는다. 또한 '재다'라는 동사는 측정하다라는 의미의 '재다', 거들먹거리고 폼 잡는다라는 의미의 '재다', 고기나 음식물을 양념에 재우다라는 의미의 '재다', 빠르다는 의미의 '재다' 등 여러 가지 뜻이 있다.

  이렇듯 당신의 삶에서 일상적으로 사용되는 단순한 단어들에도 그 의미가 매우 다양하기 때문에, 어떤 메시지를 검증이나 명료화 절차 없이 받아들이고 그 의도를 이해하려고 추측하는 것은 매우 위험한 행위이다. 이런 추측은 오해, 커뮤니케이션 과정의 차단, 신뢰 감소 등의 결과를 초래한다. 그러므로 질문 및 경청 과정에 피드백을 사용하도록 하라. 그리고 서로가 사용하고 있는 단어가 무엇을 의미하고 있는지 그 정의를 주고받도록 하라.

- **추측하지 말라** : 섣부른 추측은 문제를 발생시키는 단초가 된다. 따라서 커뮤니케이션을 함에 있어서 상대방의 의도를 제대로 파악하지 않은 채, 그가 당신과 같은 생각이나 느낌을 가지고 있으리라고 추측하는 것은 매우 위험하다. 왜냐하면 상대방은 겉으로는 당신과 비슷한 생각을 가지고 있는 것처럼 보여도, 속으로는 당신의 것과는 전혀 다른 자료 보관함을 가지고 있을 것이기 때문이다. 사람은 누구나 각기 다른 지각체계를 통해 바깥 세계를 지각하기 때문에, 각자 자신이 진실이라고 알고 믿는 것에 따라 반응하고 생각한다. 이런 까닭에 당신의 생각과 다른 사람의 생각은 당연히 다를 수밖에 없다.

그러므로 커뮤니케이션을 할 때 상대방의 생각이나 의도에 대해 절대 그 어떤 추측도 하지 말아야 한다. 무언가를 추측하기 시작하면, 정확하지도 않은 것을 정확한 것인 양 믿고 선택하는 실수를 저지를 수 있다. 또한 상대방과 똑같은 것에 대해 얘기하고 있다고 추측하지 말라. 두 사람이 사용하고 있는 단어와 어구가 상대에게 자동적으로 이해될 것이라는 추측도 하지 말라. 추측하는 사람들이 흔히 사용하는 말은 바로 이것이다.
상대방의 말이 지니는 의미를 정확하게 파악하기 위한 시도도

하지 않은 채, "나는 네 말이 무슨 뜻인지 정확히 알고 있어"라고 말한다면 이것은 잘못된 커뮤니케이션으로 빠져드는 지름길이라는 사실을 상기하라. 대화에서 가능한 한 보다 더 많은 피드백을 사용하라! 아울러 섣부른 추측은 절대로 하지 말라. 그러면 보다 더 즐겁고 명확한 대화를 할 수 있다.

• **질문하라** : 커뮤니케이션에 있어서 질문은 그 활용도가 매우 높다. 앞장에서 논의한 바와 같이, 여러 가지 질문을 함으로써 명확한 메시지 인식을 위한 피드백을 제공하는 것은 커뮤니케이션의 명확성을 한층 높여 준다. 피드백을 하기 위한 질문기법을 머릿속에 기억하고 대화를 시작하도록 하라. 질문기법을 사용할 때 가장 효과적인 규칙 중 하나는 '의심이 날 때마다 확인' 하는 것이다. 그리고 가장 효과적으로 확인하는 방법은 바로 질문기법을 적절하게 사용하는 것이다. 명료화 질문, 확장 질문, 방향성 질문, 사실발견 질문, 느낌발견 질문, 그리고 개방형 질문 등은 대화 도중 당사자 간에 피드백을 주고받는 데 매우 중요한 작용을 한다는 사실을 기억하라.

• **같은 언어를 사용하라** : 잘못 해석되거나, 쉽게 오해될 수 있는 단어는 되도록 사용을 삼가도록 하라. 특히 기술용어 또는 회사 내에서만 사용되는 언어 등은 특히 삼가도록 해야 한다. 이런 언어들은 당신에게는 매우 친숙할지 모르나 당신과 대화하는 그 사람에게는 매우 생소한 것일 수 있다. 따라서 상대방이 그 용어의 의미를 알고 있을 때라 할지라도, 명확한 커뮤니케이션

을 하고 싶다면 되도록 당신 자신과 관련된 단어나 기술용어는
단순화하여 사용하도록 하라.

- **조화롭게 사용하라** : 커뮤니케이션을 할 때, 당신이 말하는 내용
에 대해 듣는 사람이 불편하게 느끼거나 별 흥미를 갖고 있지
않다는 신호를 보이고 있는가를 지속적으로 찾고, 인식하도록
노력하라. 만약 이런 상황이 발생한다면, 그 상황에 맞춰서 당
신의 접근방법과 메시지를 바꾸도록 하라. 상대방을 주의 깊게
관찰하라. 당신과의 상호작용을 통해 상대가 어떤 것을 느끼고
경험하는가에 대해 민감하게 살필 수 있어야 효과적인 커뮤니
케이션이 가능하다.

- **사람이 아닌 행동에 관해 피드백을 주도록 하라** : 이것은 긍정적
내지 부정적 피드백의 적절한 사용과 관련된다. 어떤 사람이 무
언가를 특별히 잘했을 때에는 아낌없이 긍정적 피드백을 주도
록 하라. 그리고 그 피드백이 그 사람의 발전적인 행동에 도움
이 될 수 있도록 주의를 기울여라. 반면 어떤 사람이 무언가를
특별히 잘못했을 때에는, 그의 행동이 당신이 원하는 방향으로
나아가도록 지시하는 부정적인 피드백을 주도록 하라.
그 어떤 상황에서도 부적절한 행동에 관해 그 사람의 인격을 비
난하지 말라. 그렇게 하는 것은 그 사람의 개인적인 자존심을
다치게 하고 반발심만 일으키게 할 뿐, 절대 생산적인 결과를
가져올 수 없다. 그러나 대부분의 직장에서 관리자들은 부하직
원이 무언가를 잘못했을 때 그를 개인적으로 비판하는 잘못을

범한다. 예를 들면, "이 사람 정말 바보로군!", "정말 어리석은 짓을 했어!", "이봐! 일 좀 똑바로 할 수 없어?"와 같은 표현을 사용하는 것이다. 대개 이런 관리자들은 자신의 부하직원을 제대로 통솔하지 못해 업무에 있어서 효율적이지 못한 경우가 많다. 따라서 현명한 관리자라면, 그 사람의 행동 중 어떤 부분이 잘못되었는가를 소상히 꼬집어 줌으로써, 효과적인 피드백을 줄 수 있어야 한다. 다시 한번 말하지만 개선해야 할 사항에 대한 구체적 조언을 등한시한 채, 개인적인 인격만을 비난하는 것은 업무의 비효율을 초래한다. 그러므로 긍정적 혹은 부정적 피드백을 줄 때에는 직원 개인을 향해서가 아니라 그들의 행동이나 활동에 초점을 맞추도록 하라.

- **피드백을 조절하라** : 위에서 우리가 살펴본 내용은 대부분 피드백을 주는 것에 관한 내용이었지만, 어떤 경우에는 피드백을 주지 않는 것이 최선일 때가 있다. 이런 상황에서는 혀를 깨물어서라도 신체언어 및 얼굴표정도 억제하도록 해야 한다.

몇 달 전, 필자는 개인적으로 친하게 지내는 어떤 여성의 집을 방문했다. 그날 그녀의 남편은 저녁모임에 참석하기 위해 상당히 분주하게 준비하고 있었다. 그녀의 남편이 외출복을 갈아입는 동안 필자는 식당에서 그녀와 간단한 이야기를 나누고 있었다. 그런데 갑자기 남편이 성난 모습으로 식당으로 들어와서는 크고 거친 음성으로 그녀에게 물었다. "이 셔츠 도대체 어디서 세탁했어?" 이 호된 '질문'을 하는 동안, 그는 셔츠 칼라를 흔들면서 아내를 계속 쏘아보고 있었다.

이 상황에 대한 첫 번째 해석은 '그녀의 남편이 셔츠가 깨끗하지 못한 것에 대해 다소 화가 났다'는 것이었다. 이럴 때 대부분의 배우자는 다소 방어적으로 행동하는 것이 보통이다. 혹은 남편의 신경질에 대한 공격을 하기도 한다. 하지만 필자가 알고 있는 그녀는 자신이 가지고 있는 부정적인 피드백을 억제하면서, 동시에 남편에게 피드백을 요구하는 데 거의 전문가 수준의 능력을 갖춘 사람이었다. 그녀는 어떤 불만스러운 표정이나 몸짓도 없이 부드러운 목소리로 남편에게 말했다. "동네 세탁소에서 했어요. 왜 그러시는데요? 뭐 잘못된 것이 있나요?"

그때 남편의 대답에 필자는 거의 기절할 뻔했다. 그의 대답인즉 "여태까지 셔츠가 이렇게 제대로 세탁된 적이 없었던 것 같아. 앞으로도 계속 그 세탁소에 맡기지 그래"라는 말이었다. 만약 이 상황에서 그녀가 남편의 태도만을 보고 부정적 피드백을 보였다면 상황은 매우 우습게 변해 있었을 것이다. 하지만 그녀 스스로 현명하게 대처했기 때문에 서로 얼굴을 붉히는 상황은 일어나지 않았다. 이처럼 상대방의 메시지가 갖는 의도를 명확히 하기 위해 피드백을 사용하기 전까지는 부적절한 피드백을 억제하는 것이 최선의 선택일 때가 분명히 있다.

피드백을 적절히 사용하면 관리자와 종업원, 고객과 공급자, 직장 동료와 자신 사이의 모든 대인간의 긴장을 줄일 수 있으며, 아울러 수많은 관계 속에서 신뢰와 신용을 증대시킬 수 있다.

피드백은 직장 커뮤니케이션에서 매우 중요한 부분을 차지한다.

따라서 당신이 위에서 언급한 피드백 기술을 잘 습득하게 되면, 이것이 당신의 직업생활 전반에 걸쳐 아주 유용하다는 것을 알게 될 것이다. 상사 및 직원과의 관계, 그리고 고객과의 협상부분에서도 적절한 피드백은 매우 효과적으로 작용할 수 있다. 또한 직원의 이직문제, 면접, 문제해결을 위한 회의, 결정사항의 효율적 실행보장을 위한 공감대 형성 등에서도 피드백 기술은 아주 중요하게 작용한다.

피드백을 통해서 어느 분야에 더 많은 시간을 소요하고, 또 어느 분야에 시간을 덜 소요할지도 결정할 수 있다. 피드백을 통하여 모든 불확실한 언어적, 음성적, 그리고 시각적 단서를 확인할 수 있기 때문이다. 따라서 적절하고 효과적인 피드백 기술의 사용은 당신의 커뮤니케이션 능력을 십분 향상시킬 수 있다. 이렇게 증대된 상호 이해력을 통해 긴장 완화, 신뢰와 신용의 증가, 생산성 제고 등의 결과를 얻을 수 있다. 명확하고 개방된 커뮤니케이션을 통해 당신은 기분 좋은 승리를 거둘 수 있는 것이다.

# 갈등해결

나에게 중요한 것은 세상의 방식이 아니라
세상에 대한 사람들의 사고방식이다.
— 에픽테투스 *Epictetus*

대부분의 사람들은 사회적으로 혹은 개인적으로 맺는 인간관계에
서 갈등이 없기를 소망한다. 그러나 사람의 마음에는 갈등을 없애고
자 하는 이성과 갈등의 원인인 감정이 첨예하게 대립되어 있다. 이
런 이유로 사람이 살아있는 동안 갈등으로부터 완전히 벗어나기가
어려운 것일지도 모른다. 또한 삶에 있어서 갈등을 완전히 제거하려
는 시도는 착각일 수도 있다. 서로 다른 환경과 생각을 가지고 삶을
살아가는 사람들이 무엇을, 언제, 어떻게 해야 하는지에 대해 이견을
갖는 것은 아주 자연스런 일이기 때문이다.

갈등이 언제나 사람들에게 부정적인 결과만을 가져다 주는 것은
아니다. 서로의 생각이나 견해차에서 오는 상호작용이 새로운 아이

디어를 생성하며, 보다 나은 해결책과 활동계획을 창출할 수도 있기 때문이다. 그러나 이런 경우에도 한 개인이 다른 사람이 보이는 견해차에 대해 지나치게 감정적인 반응을 보이게 되면, 그에서 생겨나는 갈등으로 인해 심각한 피해를 야기할 수도 있다.

그렇다면 갈등은 언제 발생하는 것일까? 대부분 갈등은 감정적으로 어느 한쪽에만 치우쳐 그것만이 욕구와 목표를 성취시킬 수 있는 것이라고 믿을 때 발생하게 된다. 상대방의 의견에 동조하여 내 의견을 접을 것인가, 아니면 그의 의견에 반하여 나의 의견을 밀어붙일 것인가에서 '싸움이냐, 탈출이냐' 라는 갈등의 늪으로 빠져 들게 되는 것이다.

이번 장에서는 갈등이 발생하는 원인을 정확히 파악하고, 이를 통해 부정적 갈등 상황으로 빠지지 않고 서로의 견해 차이를 생산적인 방향으로 이끌어 가는 방법에 대해 알아볼 것이다.

## 갈등의 원인

갈등은 결과에 관한 서로의 목표나 가치 및 인식의 상충으로부터 발생한다. 사람은 누구나 자신의 방식대로 사물을 보고 판단하기 때문에 누구나 상대방과의 관계에서 어느 정도의 긴장을 느끼게 된다. 이런 상황에서 어떤 사람이 갈등을 지속하는 것과 중요한 목표를 포기하는 것 둘 중에 하나만을 선택해야 한다고 생각한다면, 갈등은 그 사람의 인간관계를 완전히 붕괴시키는 원인이 될 수도 있다.

하지만 갈등을 적절하게 관리하고 해결할 수 있다면, 이것은 당신을 매우 생산적인 사람으로 만들 발판이 되어 줄 것이다. 갈등을 통해 얻게 되는 인식과 노력의 과정은 개방적인 커뮤니케이션을 가능하게 만들기 때문이다.

옛 속담에 '호미로 막을 일을 가래로도 못 막는다' 는 말이 있다. 저자는 개인적으로 이것이 갈등을 표현하는 가장 적절한 표현이 아닐까 생각한다. 조그마한 갈등이 일어났을 때 그 원인을 확실하게 제거하지 않으면, 갈등의 골이 점점 더 깊어져 치명적인 상황을 야기할 수도 있기 때문이다. 따라서 갈등이 생겼다는 것을 인식했을 때는 재빨리 그것의 원인을 파악하고, 갈등의 내용을 다른 사람에게 개방해야 치명적인 상황에 이르는 것을 막을 수 있다. 이를 위해서는 개방적 커뮤니케이션을 통해 서로에 대한 이해의 폭을 증대시키고, 신뢰를 높이는 것이 매우 중요하다.

커뮤니케이션은 갈등의 원인을 파악하고 치료하는 데 있어 가장 깊은 영향을 미치는 요소이다. 더 나아가 개방적인 커뮤니케이션은 견해 차이에서 야기되는 불일치를 예방하고 관리하며 해결할 수 있는 효과적인 수단이다. 갈등을 묻어두고 오해와 적개심의 나락으로 한없이 빠져드는 상황이 발생하는 것은 개방적인 커뮤니케이션의 결핍으로 인해 생기는 것이다.

조직이란 공동의 목표성취를 위해서 함께 일하는 사람들의 집단이다. 이런 이유로 조직은 가장 첨예하게 대립하는 갈등의 본산지일 수도 있다. 조직에는 항상 공동의 목표에 대한 불일치, 목표를 성취하는 방법에 대한 불일치, 혹은 조직 내에서의 개인적 목표달성 방법의 불일치와 같은 문제가 도사리고 있기 때문이다. 또한 조직 내·외부에 존재하는 제한된 자원이 경쟁이나 갈등을 조장할 수 있다. 따라서 자원이 제한된 환경 속에서 서로의 목표와 방법을 관리하는 일은 갈등을 최소화한다는 점에서 매우 중요하다. 신속히 갈등을 해결하고 관리하지 않으면, 사람들은 조직의 목표보다는 갈등에 대해 더 마음을 쏟게 되고, 이것이 결국 조직 내 갈등을 빠른 속도로 키우고 조직의 발전을 저해하는 요인이 되기 때문이다.

갈등에 대한 정의(定意)에서는 '두 사람 또는 그 이상의 사람들이 목표, 인식, 가치 등의 상충으로 인해 강한 불일치를 느꼈을 때 갈등이 발생한다' 고 말한다. 이를 좀더 세분화해서 살펴보면 다음의 세 가지 기본 구성요소로 나눌 수 있다.

1. 두 사람 혹은 그 이상의 사람들이 연루된다.
2. 생각, 행동, 믿음, 목표 등에서 서로 양립할 수 없음을 인식한다.
3. 상반된 시각으로 각자 자신의 방식이 목표성취의 유일한 방법이라 믿는다.

조직 내에서 갈등이 발생하는 보편적인 원인은 다음과 같다.

- **책임수준** : 조직 구성원이 책임져야 할 수준이 불분명하면, 문제가 발생한 곳에서 취해진 행동이나 결정에 대해 갈등이 발생하게 된다. 예를 들어, 판매부에서 제품 설명안내서를 디자인하고 만든다고 생각해 보자. 그런데 그 내용과 디자인에서 적절하지

못한 부분이 발견되었다면 홍보를 담당하는 마케팅부에서는 소관부서인 판매부에 어떻게든 그 책임을 물을 것이다. 반면 판매부에서는 안내서를 제작하는 데 있어 마케팅부의 의견을 충실히 반영했고 마지막 검토도 마케팅부에서 했다고 주장한다면 이 두 부서 사이에는 팽팽한 긴장감과 함께 갈등이 생길 수밖에 없다. 이런 갈등이 생기는 주 원인은 명백한 업무분류 체계가 정립되지 못하고, 조직항해도와 같은 지침이 만들어지지 않은 것에 있다. 이와 같이 많은 조직에서는 책임소재 문제가 빈번한 갈등요인으로 나타나고 있다.

- **제한된 자원** : 거의 모든 조직은 조직 내에 각 개인의 모든 목표 달성을 위해 필요한 자원이 부족하다. 제조부서에서는 낡아서 쓸모없는 장비를 새로운 것으로 대체해야 하는 반면, 경리부서에서는 회계시스템 개선을 위한 새로운 컴퓨터가 필요하며, 마케팅부서는 좀더 많은 광고비용이 필요한 경우가 있다. 이럴 때 모든 부서가 원하는 대로 자원을 공급해 줄 수 있다면 상관없지만, 대부분 예산은 한정되어 있다. 따라서 이런 경우에 부서 간의 경쟁과 갈등은 피할 수 없게 된다. 이처럼 각 부서가 각자의 성과를 최대화하려는 생각만을 가지게 된다면, 조직 전체적으로는 엄청난 비효율이 발생하게 된다.

- **이해(利害)의 갈등** : 조직의 목표와 개인의 개별적 목표가 한꺼번에 성취되는 것은 거의 불가능하기 때문에, 둘 중 어느 하나는 평가를 통해 제거되어야만 한다. 개인은 자신의 개인 목표를 이

루기 위해 노력하므로 조직 목표를 놓칠 수 있다. 하지만 조직에서 볼 때 이것은 매우 비효율적인 일이므로, 조직과 개인 간에 갈등이 생길 수 있다. 예를 들어 판매 실적에 따라 보수를 받는 판매사원은 더 쉽고 간편한 판매를 위해 신용판매를 원하는 반면, 재무부서에서는 불량 신용판매를 줄이기 위하여 신용판매를 중지할 수도 있다. 따라서 조직에 속해 있는 개인이라면 조직 목표 내에서 자신의 목표와 노력을 잘 조화시키는 방법을 찾아내야만 한다.

- **커뮤니케이션의 장벽** : 개인이든 조직이든 커뮤니케이션의 장벽은 존재하기 마련이다. 이러한 커뮤니케이션의 장벽은 인식차이, 언어차이, 비효과적 청취, 스타일의 차이, 권력, 지위 등의 장벽으로 나타난다.

  커뮤니케이션의 장벽을 극복하기 위해서는 상호작용 및 커뮤니케이션 훈련의 조직적인 실행 기회가 많아야 한다. 판매사원과 한번도 대화할 기회가 없었던 컴퓨터시스템 기사는 판매부서의 목표, 요구, 실패 등을 결코 이해할 수 없을 것이다. 따라서 조직 차원의 효과적인 커뮤니케이션 기술 훈련을 통하여 커뮤니케이션 장벽을 무너뜨릴 기회를 많이 가져야 조직의 발전을 이룰 수 있다.

- **상호 의존성** : 개인과 조직의 목표성취는 상호간에 이루어지는 협조 및 타인에 대한 지원 등과 관련되어 있다. 하지만 목표성취를 위한 상호 의존성이 조금씩 증가하게 되면 이로 인해 갈등

이 생길 수 있다. 회계부서는 재정 보고서를 완성하기 위하여 판매부서의 정보가 필요하다. 판매부서는 효과적인 판매를 위한 제조부서의 생산정보가 필요하다. 제조 부서는 구매부서에서 올바른 부품을 구매하여 지원해 주기를 바란다. 또한 마케팅부서는 새로운 광고 캠페인을 위해 고객서비스부서의 정보가 필요하다. 이처럼 조직은 부서, 팀, 개인 등이 유기적으로 연결되어 있는 그물망이라고 할 수 있다. 따라서 조직에서는 누구도 다른 사람과 관련되지 않고서는 자기 일을 할 수 없다. 이런 이유로 프로젝트를 함께 진행하는 동료나 상사, 관련 부서가 늑장을 피우거나, 우선권에 관한 견해를 달리하거나, 지시를 잘못 이해하거나 혹은 사리(私利)를 꾀할 때 갈등의 골은 깊어질 수밖에 없다.

- **상호작용의 증가** : 상호작용을 많이 하면 할수록 갈등이 일어날 가능성은 매우 높아진다. 프로젝트에 참여하는 인원수가 늘고 팀워크가 증가하는 요즘의 추세는 갈등의 수위 또한 높아질 가능성이 있다는 것을 의미한다. 따라서 갈등을 효과적으로 해결해야 할 필요성도 더욱 커진다. 이럴 때 다른 사람의 요구와 우선권을 보다 잘 이해한다면, 상호작용을 통한 갈등은 제거될 수 있다. 반면 서로의 관점이나 생각, 업무 프로세스에서 차이가 발생하게 되면 상호작용은 말 그대로 갈등의 원인이 된다. 과거 조직에서는 조립담당 직원이 고립되어 있어서 다른 부서원들과 갈등을 겪을 기회가 상대적으로 적었다. 하지만 현대와 같은 다원적인 조직에서는 조립담당 직원이 특별 프로젝트팀에 소속되

어 함께 일해야 하는 경우가 생길 수 있다. 그러면 그 조립담당 직원은 자신이 지금까지 가지고 있었던 관점에 대해 새로운 부서의 사람들로부터 도전을 받을 수 있으며, 이를 통해 갈등을 겪게 된다. 따라서 상호작용이 증가하면 할수록 갈등을 해결하기 위한 커뮤니케이션상의 특별훈련이 필요하다.

- **경쟁** : 승진, 인정, 보상 등에 관해 개인들 간에 경쟁이 생기게 되면, 갈등은 자연스럽게 일어나게 된다. 몇몇 사람이 승진을 원했지만 단 한 사람만이 그 부서 감독관이 될 수 있다면, 갈등상황은 불가피하게 생겨난다. 또한 상부에서 조직의 목표를 위해 부서 간 장벽을 없애는 사람에게 특별한 보상을 하게 된다면, 개인들 간의 갈등은 더욱 심화될 것이다. 이때 조직의 목표를 축소하지 않는다면 개인적 목표 및 보상은 강조할 수 없게 된다. 반면, 조직의 목표를 성취하기 위해서는 사람들이 자신의 목표를 줄이고 함께 일하려는 생각을 가지고 있어야 한다. 이런 두 가지 상황이 첨예하게 대립한다면 조직과 개인, 개인과 개인 간의 갈등은 매우 심각해질 수밖에 없다.

또한 조직이 조직의 목표성취를 위해 개인적 성취 욕구를 부추겨 경쟁을 유도한다면 그 조직은 자멸할 수 있다. 예를 들어, 만약 어떤 조직이 조립물량의 공격적 목표를 설정해 놓고 가장 빨리 목표물량에 도달하는 사람에게 특별 보너스를 지불한다면, 제품의 질을 확인하거나 공정방법을 개선하고자 노력하는 사람은 아무도 없을 것이다. 이것 외에도 판매량만을 고려하여 가장 많은 실적을 올린 직원에게 포상금이 주어진다면, 회사에 직접적인 이득을 가져다주는 판매이윤에 관해 생각하는 판매직원은 없을 것이다.

급변하는 오늘날의 환경에서 갈등을 피할 수 있는 방법은 없다. 하지만 갈등을 효과적으로 관리할 수는 있다. 따라서 당신이 커뮤니케이션 기술과 갈등해결 기술을 지속적으로 학습한다면, 갈등을 인식하는 순간 학습한 기술들을 이용해 갈등을 해결하는 데 큰 도움을 받을 수 있을 것이다.

## 갈등의 4단계

조직에서 나타나는 갈등은 개인과 개인, 집단과 집단, 조직과 조직 등 여러 각도에서 발생할 수 있다. 여기서는 개인과 개인 간의 갈등에 초점을 맞추겠지만, 그 원리와 아이디어는 집단과 집단의 갈등 및 조직과 조직의 갈등에 그대로 적용될 수 있다. 이 점을 잘 기억하기 바란다.

갈등은 대개 네 가지 단계를 거쳐 진행된다. 이 네 가지 단계가 확실하게 갈등의 과정을 결정짓는 것은 아니지만 대부분 이와 같은 단계를 거쳐 발생된다는 사실을 기억하면 되겠다. 루이스 폰디*Louis Pondy*에 의해 정리된 갈등의 네 가지 단계는 다음과 같다.

*1단계 : 잠재latent 단계*

두 사람 또는 그 이상의 사람이 자신들의 목표를 효율적으로 성취하기 위해서 또 다른 사람과 협조해야 할 때, 잠재적 갈등이 생기게 된다. 또한 관계 속에서 변화가 발생할 때마다 잠재적 갈등은 생성된다. 예산삭감, 조직방향 전환, 개인적 목표나 가치의 변화, 과중한 업무 외에 부과되는 새로운 프로젝트 및 봉급인상 등과 같은, 앞으로 일어날 것으로 생각되지만 아직 발생하지 않은 변화의 상황 속에는 항상 갈등이 내재되어 있다.

### 2단계 : 인식*perceived* 단계

이 단계는 갈등이 일어나고 있다는 것을 스스로 깨닫게 되는 시점이다. 하지만 문제가 어디에서부터 발생한 것인지를 확신할 수 있는 단계는 아니다. 그저 불일치를 인식하고 긴장이 시작되는 수준에서 갈등이 일어나고 있다는 것을 인식하게 되는 단계이다.

### 3단계 : 느낌*felt* 단계

서로의 견해와 관심에 차이가 있다는 것을 알고 이 차이에 집중하기 시작하며, 인식된 갈등을 예리하게 분석하는 단계이다. 구체적인 문제점이 무엇인가가 규명되고 내면적인 긴장과 갈등이 선명하게 나타나기 시작한다. 이때 자신의 특별한 입장에서 감정적인 개입을 시작한다.

### 4단계 : 표명*manifest* 단계

서로가 서로에게 좌절을 안겨 줄 수 있는 행동을 계획하고 그것을 시행할 때, 갈등은 본격적으로 표출되기 시작한다. 갈등은 이 지점에서 극명하게 표현된다.

갈등은 위와 같은 네 가지 단계로 진행되므로, 4단계까지 진행되었을 때는 그 갈등의 골을 메우기가 매우 힘들어진다. 단계가 올라갈수록 사람들은 각자 자기 입장에 갇혀서, 현재의 갈등 상황에서 누군가가 이기거나 누군가가 져야 한다는 생각을 가지게 되기 때문이다. 따라서 갈등해결의 이상적인 방법은 갈등 초기에 관련자 서로가 갈등을 인식하여 윈윈*win-win*한 결과를 얻을 수 있도록 노력하는 것이다.

## 갈등관리 전략

여기서는 갈등관리 전략에 대해 살펴볼 것이다. 이 전략들은 모두 각기 장·단점을 지니고 있는 것으로서, 어떤 전략이 특별한 상황에서는 다른 전략보다 더 나을 수 있다는 것을 전제로 하고 있다. 또한 전략을 선택할 때 다른 사람의 관심사보다는 자신의 관심사에 초점을 맞춰 선택할 수도 있다. 갈등관리 전략을 선택함에 있어서, 대부분의 사람들은 다른 사람의 관심을 만족시키기보다 자신의 이익을 최대화하는 방향으로 전략을 선택하는 경우가 많기 때문이다.

위에서 제시한 어떤 경우에서도 효과적으로 갈등을 관리하고 싶다면 먼저 그 상황에 맞는 전략을 선택하는 데 익숙해져야 한다. 그래야만 스스로 선택한 전략을 사용하거나, 어떤 전략으로 다른 사람을 안내할 때, 편안하게 전략을 구사할 수 있다.

### 회피*avoidance*

회피는 갈등에 대한 가장 본능적 반응이라고 할 수 있다. 문제를 회피하게 되면, 그 어느 쪽도 승자나 패자가 되지 않을 수 있기 때문이다. 그러나 회피는 갈등을 해결하는 데 있어 별 효력을 발생하지 못한다. 회피한다고 해서 갈등이 사라지는 것은 아니기 때문이다. 따라서 회피를 이용한 갈등관리는 직접적으로 문제를 해결하는 데 아무런 도움이 되지 않는다. 회피로 인해 도리어 현재의 갈등이 한 단계 더 심각한 방향으로 나아갈 수 있는 계기가 되기도 하는 것이다. 갈등에 있어서의 회피는 신체적 탈출, 수면, 정신적 위축 등의 형태를 취하며 나타난다.

어떤 사람이 갈등이 일어나고 있는 주제를 다른 것으로 바꾸거나, 갈등이 존재하지 않는 것처럼 보이기 위해 오히려 갈등에 대한 철저한 규명을 시도하려고 하는 것은 모두 회피로 볼 수 있다. 또한 갈등 상황에서 갑자기 벗어나려고 할 때도 그 사람이 갈등을 회피하고자 한다고 볼 수 있다.

회피 전략은 문제가 일관성이 없을 때, 직원들 사이의 분쟁에 연루되고 싶지 않은 관리자에게는 적절한 선택이 될 수 있다.

## 순응 *accommodation*

순응은 갈등을 겪는 사람이 그 갈등을 이겨내려 하지 않고 그에 굴복할 때 발생하게 된다. 따라서 이 방법도 회피와 마찬가지로 갈등의 직접적인 해결에는 별 효과가 없다. 예를 들어, 감독관과 직원이 업무를 처리하는 방법에 있어서 갈등을 겪을 때를 생각해 보자. 기존의 방법으로 업무를 처리하라는 감독관의 지시에 대해 직원이 "네, 그렇게 하겠습니다. 하지만, 제가 생각하는 새로운 방법도 괜찮을 것 같은데요"라고 말했다면, 그 직원은 감독관의 말에 순응하긴 했지만 갈등의 불씨는 여전히 남아 있다고 볼 수 있다.

순응은 협력적 노력을 의미하지만 희생을 요구하고, 갈등을 승－패의 상황으로 내몰게 된다. 또한 순응을 위해서는 자신의 주장을 포함시켜서는 안 되기 때문에, 패배하는 쪽은 자신의 생각이나 주장을 애써 억누르려 하는 경향을 보인다. 적어도 갈등과 관련된 양측 중 어느 한 쪽은 서로의 공통점은 강조하면서도 관점의 차이는 무시하고 있는 것이다. 순응이 효과적인 전략으로 쓰일 수 있는 경우는 순응하는 측이 현재의 문제점과 개인적인 관련성을 거의 느끼지 않을 때이다. 또한 상대방에게 굴복해도 별로 잃을 게 없다고 느낄 때도 도움이 될 수 있다.

순응은 갈등의 표출을 막아 주기 때문에 긍정적인 인간관계를 보장할 수도 있다. 하지만 위의 감독관과 직원의 경우에, 새로운 방법을 시도하려는 직원의 의욕을 감독관이 진정으로 인정해 주었다면, 직원의 무조건적인 순응이 가져오는 결과보다 훨씬 더 긍정적인 결과를 얻을 수 있었을 것이다. 감독관이 직원의 생각을 인정하고 그가 제시한 방법이 효과를 거둔다면, 직원은 감독관의 판단력을 높이 평가할 것이고, 앞으로 그가 내리는 지침에 대해서는 더욱 신뢰를 가질 것이기 때문이다.

순응은 신속한 해결을 제공하지만, 그 이면에 근본적인 문제가 여전히 남아 있기 때문에 일시적인 해결방안에 그칠 수밖에 없다. 앞의 사례에서, 감독관은 자신이 주장한 방법의 우수성을 직원에게 제대로 확인시키지 못했다. 또한 그는 직원이 왜 새로운 방법을 시도하고자 하는지 그 이유도 듣지 않았다. 이러한 경우 갈등은 잠재단계에 머물고 있다가 추가적 압력이 가해지면 격화될 가능성이 높다.

## 지배 *domination*

지배는 말 그대로 강력한 힘을 바탕으로 상대방의 갈등을 지배하는 것이라 할 수 있다. 직장에서는 상대적으로 강력한 권력을 가진 관리자가 문제의 해결 권한을 갖는다. 따라서 지배 전략의 이점은 빨리 갈등을 해결할 수 있다는 것이다. 양측이 권력관계를 잘 인식하고 있고 이를 수용할 때, 지배 전략은 매우 효과적일 수 있다. 그러나 불행하게도 이 전략이 남용되면 관련 당사자들 사이에 반감이 생성될 수 있다. 왜냐하면 상대방을 희생시키는 방법으로 목표를 달성하기 때문이다. 이런 이유로 지속적으로 패자에 머물러 있어야 하는 사람은 자신의 요구가 결코 받아들여지지 않으리라고 느끼게 되며 스스로 갈등으로부터 물러서기 시작한다. 결국 지배 전략은 갈등의 뿌리를 다루지는 못하고 일시적으로 해결하는 데 그친다.

## 협상 *negotiation*

이것은 협력과 경쟁의 중간 수준에 해당되는 전략이라 할 수 있다. 협상 전략은 양측이 자신들의 입장을 진술하고 최대한 수용할 수 있는 타협점을 얻으려고 노력하는 일련의 과정을 의미한다. 대부분의 협상은 이득을 최대화하고, 손실을 최소화하려는 방향으로 이루어진다. 또는 부분적으로는 이기고, 부분적으로는 지는 상황을 도출하기도 한다. 따라서 협상 전략을 사용할 때는 어느 누구도 완전히 만족할 만한 성과를 얻기는 힘들다. 민감한 협상에서는 당사자들이 더욱 단호한 양상으로 변해, 결국 대치국면으로 치닫기도 한다.

## 협력 *collaboration*

협력 전략을 사용할 때는 고도의 순응과 경쟁이 요구된다. 예를 들어 급여협상을 실시할 때 협력 전략을 사용한다면, 감독관과 직원은 목표와 목적에 관해 더 상세하게 논의할 수 있고, 급여협상을 조직의 목표와 요구에 맞추는 방법을 논의할 수 있다. 그 과정에서 직원은 추가급여보다는 자유시간을 더 필요로 한다든가 또는 근무시간의 단축이 필요하다는 의견을 제시할 수 있다.

협력 전략은 상당한 시간과 노력이 요구한다. 하지만 이러한 시간과 노력의 투자를 통해 현재의 상황과 갈등의 내면에 깔려 있는 문제점을 더 잘 해결할 수 있다는 장점이 있다. 이런 이유로, 가장 지속적이고 생산적인 갈등해결 전략을 꼽으라면 단연 협력이 최우선 자리를 차지하게 된다. 협력 전략은 서로 얼굴을 마주한 채 자신의 생각을 주장하고 상호간의 협력을 이끌어 내기 때문에 관련 당사자들이 좀더 협조적으로 갈등을 해결할 수 있게 되는 것이다.

협력 전략은 모든 관련 당사자들의 요구를 충족시킬 수 있는 가장 창조적인 문제해결 방법이라고 할 수 있다. 개방적 커뮤니케이션과 병행하여 협력 전략을 사용하면, 관련 당사자 모두가 각자의 목표를 확인함으로써 새로운 통로를 만들어 갈 수 있게 되며, 이를 통해 전혀 기대하지 않았던 새로운 해결책을 얻기도 한다.

진실한 인간관계를 확립하기 위해 긍정적인 갈등해결이 필요하다

면, 협력 전략은 회피나 다른 어떤 갈등해결 전략보다 훨씬 더 효과
적이다.

협력의 네 가지 기본 구성요소는 다음과 같다.

- 당사자 각자의 목적과 목표를 이해하고 존중하는 것
- 주장
- 창조적 문제 해결
- 대면

### 이해와 존중

협력 전략은 관련 당사자들의 입장이 서로 비슷하다는 것을 전제
로 한다. 관련 당사자들 중 한두 사람이 권력이나 지위에 있어서 비
록 차이가 나더라도, 갈등해결이라는 목적을 위해서 각자의 목적과
목표를 표현함에 있어서는 서로 동등해야 한다는 말이다. 각자의 목
표를 발표한 다음 합리적으로 그것들의 우선순위를 평가하고 결정
해야 한다. 이 과정이 합리적이기 위해서는 꼭 당사자 모두가 참여
하여 우선순위를 결정해야 한다. 아울러 집단의 각 구성원은 개인적
인 목표보다는 조직의 목표에 초점을 맞추려고 노력해야 한다.

### 주장

성공적인 협력을 위해서는 각자 자신의 생각과 견해를 편안한 마
음으로 표현할 수 있어야 한다. 그리고 가능한 강력하게 자신의 입
장을 표현할 필요가 있다. 하지만 많은 사람들은 주장을 펴는 것을

다른 사람을 공격하는 것으로 혼돈하기도 한다. 그러나 엄밀히 말해 공격은 상대방의 요구를 고려하지 않고 자신의 생각만을 강요하는 것이므로, 주장과 공격은 매우 다른 것이라 할 수 있다. 주장과 공격의 차이를 다음 예문에서 살펴보도록 하자.

주장 : "제 입장은 이렇습니다. 당신의 입장은 어떻습니까?"
공격 : "이것이 제 입장입니다. 받아들이든지 그만두시든지 알아서 하십시오."

### 창조적 문제해결

창조적 문제해결 전략은 관련 당사자들 모두가 승리를 거둘 수 있는 갈등해결 방안을 찾아내는 데 도움이 된다. 창조적 문제해결 전략을 효과적으로 사용하기 위해서는 구체적인 해결책의 도출보다는 문제 자체의 명확한 인식에 초점을 맞추는 것이 중요하다. 심도 있게 서로의 문제점을 평가하고, 갈등을 해결하기 위한 여러 가지 해결책을 확인해 봄으로써 보다 확실하고 효과적인 갈등해결 전략을 찾아내는 것이 바로 이 전략의 핵심 과정이라 할 수 있다. 단, 문제점이 발생하기 이전의 과정에 대해서는 절대로 신경 쓰지 말라. 그렇게 되면, 누군가에 대한 비난 여론이 발생할 수 있기 때문이다.

### 대면

대면confrontation 전략은 매우 구체적인 커뮤니케이션 전략으로서, 서로 간에 건설적 피드백을 주고받음으로써 행동을 변화시키는 방법이다. 감정적으로 갈등이 팽배해진 상황에서 커뮤니케이션상의 장벽을 허물기 위해서는 대면 전략을 사용하는 것이 매우 효과적이다.

예를 들어, 두 사람의 동료가 갈등이 빚어질 것이 뻔한 주도권 경쟁을 하고 있다고 가정해 보자. 김 대리는 필요한 정보를 항상 늦게 박 대리에게 전달한다. 박 대리는 김 대리의 그런 행동이 조직에 미치는 악영향을 알림으로써, 대면을 결심할 것이다. 대면은 갈등을 해결하는 데 있어 매우 유용한 전략이다. 하지만 대면 전략을 실행함에 있어서 고도의 기술을 발휘하지 못하면, 갈등이 더욱 증폭될 수 있다는 사실을 명심해야 한다.

다음에서는 대면을 통하여 갈등을 다루는 '대면 연속체 *confrontation continuum*' 라는 모형에 대해 알아볼 것이다.

## 대면연속체

갈등이 있는 관련 당사자들은 대면의 과정을 통해 보다 생산적인 방법으로 갈등의 근본 원인을 깨달을 수 있다. 관련 당사자들이 대면을 통해 갈등을 해결하려 할 때 그들 각각은 다음과 같이 말하려 할 것이다.

"우리 편안하고 즐거운 마음으로 서로의 생각을 들어 봅시다. 당신의 의견을 먼저 들은 후에는 그 견해에 대해 고려해 보는 시간을 갖고, 그 다음 저의 생각을 말하도록 하겠습니다. 그러니 당신도 제 말을 듣고 제 의견을 고려해 주신 후 생각을 말씀해 주시기 바랍니다. 일단 서로의 의견을 교환한 다음에 선택을 하는 것이 최상의 방법일 것 같습니다. 우리가 의견을 나누는 것은 서로 어느 쪽 의견이 더 우월한가를 가리려고 하는 시합이 아니니까요."

대면을 통해 갈등을 풀고자 노력하게 되면, 그 문제의 발단이 단순한 오해나 상대가 자신의 말을 듣고 있지 않다는 일방적인 느낌에서 연유되었다는 것을 곧 파악하게 된다. 하지만 이러한 원인을 발견했음에도 불구하고 갈등이 해결되지 못하면, 대면연속체 마지막 단계에서는 갈등이 너무나 심각한 지경에까지 이르러 조직의 목표조차도 위태로워질 수 있다. 따라서 대면연속체의 시작 단계에서는 서로 간의 이해가 필수적으로 요구된다. 아울러 마지막 단계에서는 어떤 행동의 변화가 도출되어야 한다. 따라서 이러한 결과를 얻기 위해서는 대면에 참가한 모든 사람이 대면연속체의 각 단계를 따라 움직일 때 마다 갈등해결을 위한 각각의 다른 대면 전략을 사용할 수 있어야 한다.

다음에 살펴볼 대면 전략들은 증폭되는 갈등해결을 위해 사용될 수 있는 대면연속체(〈그림 8-1〉 참조)를 이루는 구성요소이다. 그림에서 보는 것과 같이 갈등이 단순한 이해의 문제에서부터 행동변화에의 요구로 조금씩 이동함에 따라 대면 전략도 보다 공격적인 전략으로 변화해야 한다.

- **성찰reflection** : 이 단계에서는 상대방의 감정과 요구를 이해하려는 성실한 자세를 보여야 한다. 상대방에 대한 자료를 최대한 수집하고, 그 사람과 신뢰관계를 형성할 수 있도록 노력하라. 감정적인 성찰을 통해 상대방의 표현을 듣고, 상대방이 당신에

<그림 8-1> 대면연속체

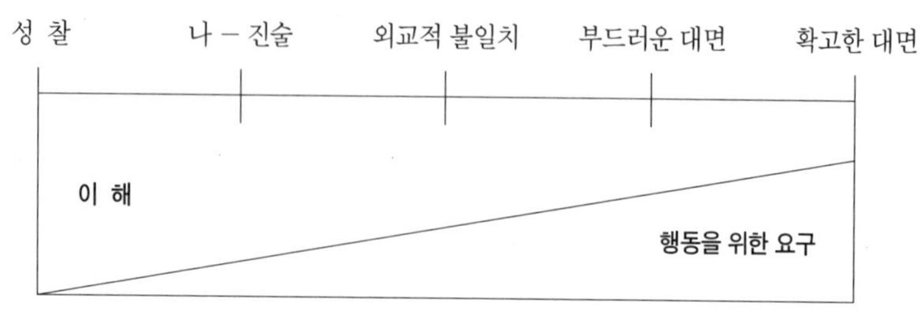



대한 인상을 바로잡을 수 있도록 기회를 제공하라. 아울러 상대방이 원하는 바를 편안하게 말할 수 있도록 기회를 제공하라. 성찰 단계에서의 표현 형태는 대개 다음과 같다.

"___________ 때문에, ___________다고 생각하는 것을 이해합니다."

예) 당신이 주간 간부회의에 초대받지 못했기 때문에, 스스로 인정받지 못하고 있다고 생각하는 것을 이해합니다.

- **'나' 중심의 진술** *I-statement* : 이 단계에서는 상대방에 대해 어떤 것도 섣부르게 판단하지 않도록 주의해야 한다. 또한 자신의 목표를 주장하는 데 있어 '나' 중심의 진술을 사용함으로써 감정을 표현하는 것이 매우 효과적이다. 이 방법을 통해 상대방은

당신의 느낌과 명분을 이해하는 데 매우 큰 도움을 받을 수 있기 때문이다. 다음의 표현은 '나' 중심의 진술이 보이는 일반적 형태이다.

"당신이 ______할 때 ________하기 때문에, 나는 _______라는 느낌이 듭니다."

예) 당신이 안전수칙을 무시할 때 당신 또는 다른 사람들이 다칠 수도 있기 때문에, 나는 매우 걱정이 됩니다.

- **외교적 불일치**_diplomatic disagreement_ : 외교적 불일치 단계에서는 부드럽고 이해심 깊은 태도를 보이는 것이 중요하다. 이를 통해 좀더 부드럽고 자연스럽게 당신의 목적을 성취할 수 있기 때문이다. 상대방이 당신의 주장을 이해해 주기 원하는 만큼 당신도 상대방의 추론을 이해하려고 노력하라. 그리고 이를 통해 당신이 인간관계에 매우 큰 가치를 둔다는 것을 상대방이 알도록 하라. 이 단계에서 주로 보이는 표현의 형태에는 성찰과 '나' 중심의 진술 형태가 혼합되어 있다.

"당신의 생각에는(혹은 느낌에는) _____________."
"당신의 입장에서는 ___________을 압니다."

예) 새로운 컴퓨터가 꼭 필요하다고 생각하시는 것 같군요. 당신의 입장에서는 새 컴퓨터의 구입이 우리의 생산성 향상에 크게 도움이 되리라는 생각을 갖는 것이 당연한 것을 압니다. 하지만 곧 새로운 모델이 출시될 예정이므로 잠시 시간을 갖고 기다리는 게 좋을 것 같습니다.

- **부드러운 대면** *gentle confrontation* : 부드러운 대면 단계에서는 행동의 변화와 동시에 인간관계를 형성할 수 있다. 전략적이고 다소 시험적인 방법으로 당신이 바라는 변화를 제시하도록 하라. 부드러운 대면 단계에서 사용되는 표현에는 성찰, 상대방에게 가치를 부여하는 지시, '나' 중심의 진술, 결과 지시 등과 관련된 표현이 함께 사용된다.

"당신은 ______생각하시죠." 혹은 "당신은 __________라 느끼시죠."

"당신 입장에서 __________한 것을 이해합니다."

"저는 ____________ 때문에 _________느낌이 듭니다."

"계속 이렇게 되면 ________이 발생할 것입니다."

예) 경리부에서는 공급자에게 즉시 대금을 지불해야 한다고 생각하고 있군요. 당신 입장에서는 더 낮은 가격으로 협상을 진행해야 된다는 것을 이해합니다. 하지만 저는 이윤관리뿐만 아니라 현금유통관리 책임도 있으므로 경리부에서 원하는 대로 일을 처리하기가 참 어렵다는 느낌이 듭니다. 대금 지불독촉을 계속하시는 것은 제 업무를 훨씬 어렵게 만들어서 지불유예 사태까지도 야기할 수 있습니다. 또한 이윤감소로 인해 이윤분배에 차질을 발생시킬 수도 있습니다.

- **확고한 대면** *firm confrontation* : 확고한 대면 단계에서는 불일치를 완전히 제거해서 명확한 행동변화를 유발할 수 있어야 한다. 다시 말해 행동변화를 이끌어내는 것이 이 단계의 핵심 목표인 것이다. 다음과 같은 표현으로 그 형태를 갖추도록 하라(이 문장은 앞의 '부드러운 대면'에서 사용했던 표현에 더하여 사용해야 한다).

"____________해 주시면, 대단히 감사하겠습니다."

예) 조기 지불신청 건으로 제게 오시기 전에, 먼저 발생할 수 있는 문제점
이 무엇인가를 생각해 주시면 대단히 감사하겠습니다.


대면의 전 과정을 통하여 그 과정이 보다 생산적이 되도록 돕는 몇
가지 기본 지침은 다음과 같다.


- **타이밍** : 상대방이 당신의 말을 제대로 들을 준비가 되어 있는가
를 확인한 후 타이밍에 맞춰 이야기할 수 있어야 한다. 직장에
자주 지각하는 어떤 사람에게 지각 습관을 고치라는 말을 하려
한다면, 출근한 직후 시간은 피해서 이야기하는 것이 좋다. 지
각한 그 사람도 자신이 늦게 출근했다는 사실을 알고 있기 때문
에, 미안함과 창피함 그리고 방어적 감정을 가지고 당신의 이야
기를 들을 것이기 때문이다. 이런 상황에서는 당신의 이야기가
아무리 좋고 도움이 되는 것이라 해도 상대방이 제대로 경청하
기가 힘들다.
따라서 업무수행에 있어서 그에게 칭찬을 할 수 있는 기회가 생
길 때까지 기다려라. 그리고 칭찬과 함께 고쳐야 할 부분에 대
해서도 말하도록 하라. 그러면 상대방의 행동이 눈에 띄게 변하
는 것을 느낄 수 있을 것이다.
- **현재의 구체적인 행동에 초점 맞추기** : 과거의 행동이 아니라 현
재의 행동에 초점을 맞추어 이야기를 이끌도록 하라.
- **감정표현** : 어떤 사람에게 자신의 느낌을 말할 때 대화의 초점을
상대방에게만 맞추는 것보다는 그 대화를 개방적으로 이끌어

가는 것이 중요하다. "자네가 이렇게 늦게 출근하면, 나머지 사
람들이 프로젝트를 시작할 수가 없다네. 자네 오기만을 기다리
는 건 시간 낭비에다가, 정말 답답한 느낌이 들어."

대면은 분명 강력한 갈등해결 전략이다. 하지만 이를 적절하게 사
용하기 위해서는 고도의 기술과 훈련이 필요하다. 이런 이유로 대부
분의 사람들은 이런 과정에 별로 익숙하지 못한 것이 사실이다.

당신이 조직에 소속된 사람이라면 대면연속체상에 포함된 개인적
인 전략을 사용해 보도록 하라. 아마 갈등을 해결하는 데 매우 큰 도
움을 받을 수 있을 것이다. 하지만 앞에서도 언급했듯이 대면 전략
을 사용하는 데에는 많은 훈련과 연습이 필요하므로, 전략에 필요한
기술획득을 위하여 역할극이나 훈련 등을 통해 꾸준히 연습하는 것
이 좋다. 이런 방법으로 조직에 속한 모든 사람들이 타이밍, 현재의
구체적인 행동에 초점 맞추기, 그리고 감정표현에 보다 더 많은 주의
를 기울일 수 있다면 갈등의 많은 부분이 보다 생산적으로 해결될 수
있을 것이다.

어떤 일에 있어서 그 일의 성취가 큰 이익을 얻는 것과 관련 있을
때, 사람은 엄청나게 변화할 수 있다. 대부분의 사람들은 자신에게
영향이 없는 일로는 잘 변화하지 않지만, 어떤 일이 자신의 개인적인
이익과 연관된다고 느낄 때는 훨씬 빠르고 강하게 변화하게 된다.
따라서 이를 이용하면 갈등의 해결이나 행동의 변화를 좀더 쉽게 얻
어낼 수 있다.

예를 들어, 직장동료의 행동에 화가 난다면 당신의 반응이 그에게

줄 영향에 초점을 맞추어 말하도록 하라. 즉 "그가 나를 무시하는 태도를 보이기 때문에 이 프로젝트에서 더 이상 함께 일할 기분이 나지 않는다"고 말하는 것이다. 상대방이 거울 속에 투영된 자신의 모습을 잘 바라볼 수 있도록 하라. 다시 말해서, 자신의 행동이 스스로에게 어떤 대가를 치르게 하는지를 잘 알 수 있게 하라는 것이다. 필수적으로 다음과 같이 말하라. "김 대리가 나를 무시하면 나는 화가 치밀어 올라요. 그래서 이 프로젝트에서 함께 일할 마음이 전혀 생기지 않아요."

위의 내용을 간단하게 요약하면 다음과 같다. 상대방의 행동에 대한 당신의 느낌을 말하되, 그에 더하여 상대방이 치러야 할 대가에 대해서도 반드시 말하도록 하라. 그러면 그 사람은 자신이 치러야 할 대가를 피하기 위해서라도 행동의 변화를 보이게 될 것이다.

사람들은 자신에게 닥칠 반응이 어떤 것인가를 확신할 수 없기 때문에 대면과 주장을 하는 것에 대해 두려움을 가지고 있다. 이런 이유로 대부분의 사람은 대면을 피하려고 한다. 대면은 상대방에 대해 분노, 방어, 거부 등을 야기할 수 있기 때문이다. 하지만 감성을 통해서 내면을 표현하는 방법을 잘 이용하면 부정적인 반응을 피할 수 있으며, 자신의 주장을 일관된 태도로 계속 이어갈 수 있다.

앞에서 논의한 갈등해결 전략을 완전히 무시하는 사람은 상대방을 비난할 때, 다음과 같은 인신공격을 할 것이다. "넌 게으르고 무식하고 야비해!" 이것은 그 사람에 대한 일종의 낙인행위로서 갈등의 해결에 전혀 도움이 되지 않을 뿐만 아니라, 갈등을 한층 더 격화시킨다. 또한 이런 말을 듣는 상대방은 매우 방어적인 자세를 취하게 되기 때문에 매우 위험한 상황이 전개될 수 있다. 대부분의 사람들은 다른 사람의 의도를 파악하고 이해하는 데 있어서 전문가적인 지식을 지니고 있지는 못하다. 하지만 자신이 잘 알고 있는 상대방의 특성을 공격하는 것은 매우 신사적이지 못한 행동이라는 것은 알고 있을 것이다. 따라서 갈등을 해결할 때 감정적으로 서로 격해지지 않으면서 문제를 풀 수 있는 방안을 찾아야 한다. 이런 의미에서 위에서 당신이 살펴본 갈등해결 전략과 대면연속체 전략은 상대방의 사기를 꺾지 않으면서 행동변화를 유발하므로, 매우 바람직한 방법이라 할 수 있다. 이 방법은 갈등의 해결뿐만 아니라 서로 상대방에 대한 이해의 폭을 넓히는 데도 매우 큰 도움이 된다.

## 피해야 할 전략

꼭 지켜야 할 것을 아는 것만으로는 충분하지 않다. 지켜야 할 것을 아는 것만큼 피해야 할 것들이 무엇인가를 아는 것도 매우 중요하다. 갈등상황에서는 관계 당사자들의 감정이 극도로 예민하고 본의 아니게 공격적으로 변할 수 있으므로, 이런 심각한 상황에서 절대로 하지 말아야 할 행동이 무엇인가를 아는 것은 매우 중요하다.

다음에 살펴볼 내용은 갈등을 해결하기보다 오히려 갈등을 더욱 가속화시킬 수 있는 행동이므로 반드시 지양해야 한다. 갈등을 가속화시키는 행동들은 비단 갈등 상황에서 뿐만 아니라 어떠한 상황의 대인관계에서건 꼭 피해야 하는 요소들이다. 다음을 살펴보자.

- **축소** : 어떤 행동이나 상황에 닥쳤을 때, 그 심각성을 인식하지 못하고 농담이나 빈정거림으로 사안을 가볍게 다루려고 하는 사람들이 있다. 이런 사람들은 상대방으로 하여금 자신이 지금 무시 혹은 모욕당하고 있다는 생각을 갖도록 만든다. 또한 이런 행위를 인신공격으로 받아들이기도 한다. 따라서 누군가 자신의 문제를 드러낼 때 가장 먼저 취해야 하는 적절한 행동은 상대방과 상대방이 겪고 있는 상황에 대해 인정하는 것이다. 다음의 반응 중에서 어느 것이 보다 효과적인지를 생각해 보라.

상황 :

엔지니어 – 기온이 떨어져서 이번 생산이 실패하면 어떻게 되죠?

관리자 1 – 그건 자네가 관여할 문제가 아냐. 자네는 다음 납기일 맞추는 일이나 염려하라고…

관리자 2 – 걱정해줘서 고맙네. 그런데, 왜 그렇게 생각하는지 이유를 말해 주겠나?

- **비난** : 비난은 대개 어떤 상황을 최종 마무리한 사람에게 많이 쏟아진다. 그러나 대부분의 문제는 너무나 복잡하기 때문에 한 사람 혹은 하나의 요인에 의해 발생되었다고 비난하는 것은 적절하지 못하다. 따라서 비난보다는 앞으로 발생할지도 모를 문제를 방지하는 데 역점을 두어야 한다.

상황 :

판매사원 – 상대회사의 상태를 고려하지 못했습니다.

관리자 1 – 도대체 자네가 한 일이 뭔가? 뭐가 문제인 거야?
관리자 2 – 개선방안이 뭔가?

- **해소** : 사람들이 오랜 기간 동안 함께 일하다 보면 제때 표현하지 못한 사소한 불만이 가슴속에 쌓일 수 있다. 이런 이유로 드러내서 표현해도 좋을 큰 문제가 발생했을 때 자신이 지금껏 쌓아 놓았던 자그마한 불만들을 한꺼번에 쏟아 내고 싶은 유혹을 받게 되는 경우가 생길 수 있다. 만약 마음속에 쌓인 불만들을 모두 쏟아 놓는다면 스트레스는 좀 풀리겠지만, 이것은 결코 생산적인 갈등해결 전략이라고 볼 수는 없다. 또한 상대방은 문제가 발생했을 때 표현했어야지 지금 와서 무슨 소리냐고 떳떳하게 불평할 것이다.

상황 : 직원이 늦게 출근한다.
관리자 1 – 또 지각했군! 지난주에 자네가 제출한 보고서는 오류도 많고 너무 엉망이었어. 지난달에 제출하라고 말한 제안서는 왜 아직도 소식이 없는 거야?
관리자 2 – 잘 돼가나? 자네 몇 분 늦었구만. 그동안 잘 해왔는데…. 요즘 뭐 걱정되는 일이라도 있나? 내가 도울 일이 있으면 언제든지 말하게.

- **마음의 상처** : 직장에서 수많은 사람들과 일하다 보면 그 사람의 개인적인 부분까지 알 수 있게 된다. 따라서 자신이 알고 있는 직원 혹은 동료의 감정적 상처를 건드리게 되면, 갈등은 걷잡을 수 없이 커지게 된다. 일단 이런 상황이 발생하게 되면 그 사람

184

과의 인간관계는 다시 회복되기 어렵다고 보아야 한다.

상황 : 어떤 직원이 회의에 불참했다.

동료 1 – 예전 직장에서 해고될 만 했구먼. 자넨 시간관리가 정말 엉망이야.

동료 2 – 오늘 아침 회의에서 난 정말로 자네 도움이 필요했어. 그런데 자네가 늦는 바람에 제대로 도움을 받을 수가 없어서 참 아쉬웠다네. 자네, 내가 다니는 시간관리 강좌를 수강할 생각 없나? 상당히 도움이 되는 것 같아. 다음 번 과정에는 자네도 나와 함께 수강하는 것이 어떤가?

- **조작** : 상대방의 요구나 목표와 관계없이 자신이 상대방에게 바라는 것이 있다면, 상대방에게 매력적인 보상을 제시하기보다는 인정(人情)에 호소하는 것이 더 효과적일 수 있다. 문제가 발생하지 않을 정도의 조작은 당신이 바라는 어떤 행동을 상대방이 하도록 하는 데 유용하게 사용될 수 있다.

상황 : 관리자는 직원의 시간외 근무를 원한다.

관리자 1 – 자네가 오늘밤에 야근을 한다면, 인사고과 점수에 반영하도록 하겠네.

관리자 2 – 퇴근 무렵에 이런 부탁해서 정말 미안한데, 알다시피 이번 프로젝트가 워낙 다급해서 말이야. 오늘밤까지 보고서 작성을 마치지 못하면 회사로서는 큰 손실을 맞게 된다네. 오늘 야근해 줄 수 있겠나?

- **강압** : "자네가 뭘 원하든 상관없어. 지금은 내 방식대로 해!" 이런 표현은 원하는 행동이 아주 급한 것일 때만 사용하도록 하라. 즉 아주 드문 경우에만 사용하라는 말이다. 이러한 강압적 어투는 어떤 일을 즉시 하도록 하는 데는 매우 효과적일 수 있다. 하지만 강압적 어투는 상대방의 가치와 생각을 인정하지 않으므로 상대방의 사기를 완전히 꺾어 놓을 수 있으므로 주의해야 한다.

상황 : 관리자는 근무시간을 변경하고자 한다.

관리자 1 – 지금부터 근무시간은 오전 10시부터 오후 7시까지이다.

관리자 2 – 연구에 따르면 고객을 위해 서비스를 제공해야 하는 시간대는 하루 중 오전 10시부터 오후 7시까지가 가장 적당하다고 한다. 그래서 회사에서는 이 시간대에 맞춰 새롭게 근무시간을 조정하기로 했다네. 고객에게 가장 좋은 서비스를 제공하는 것이 바로 기업이 살아남는 길이니까. 이에 대해 달리 제안할 사항이 있나?

# 갈등해결 행동

다음에 제시할 내용은 갈등해결에 도움이 될 다섯 가지의 기본 행동 지침에 관한 것이다. 이 기본 행동 지침은 조직 내의 대인간 불일치가 갖는 긍정성을 부각시켜서, 그 불일치를 긍정적인 방향으로 이끌어 혜택을 얻을 수 있는 방법에 대해 알려 준다.

- **공개**_openness_ : 불일치의 대상을 숨기거나 위장하려 하지 말라. 당신의 느낌과 생각을 직접적, 공개적으로 정직하게 표현하도록 하라. 아울러 상대방에 대한 부정적인 진술을 할 때 다른 사람을 끌어들임으로써 남 탓으로 돌리려는 행위를 하지 말라. '나' 가 중심이 되는 진술을 사용하여, 되도록 자신의 느낌과 바라는 바를 정확하게 표현하도록 하라. 현재의 구체적인 사항에 초점을 맞추고 명확한 문제 확인에도 역점을 두라.

- **공감**_empathy_ : 상대방의 생각이나 주장에 대해 공감하고자 하는 태도를 가지도록 하라. 상대방이 느끼는 것을 함께 느끼고 이해하도록 하며, 그의 관점에서 상황을 보도록 노력을 기울여라. 아울러 당신이 상대방을 이해하고 있다는 것을 적극적으로 보여 주며, 상대방의 느낌을 소중히 여기도록 하라. 다음과 같은 표현은 상대방으로 하여금 당신이 그의 견해를 성실하게 이해하고 있다는 것을 느끼도록 돕는다.

"당신의 ________한 느낌을 잘 알고 있습니다."
"당신의 ________하게 느끼시는 것을 이해합니다."
"________한 느낌이 들게 해서 미안합니다."

- **지지** *supportiveness* : 상대방의 행동을 마음속으로 평가하기보다는 그것을 말로 표현하도록 하라. 상대방에 대한 관심을 적극적으로 표명하고 지원하라. 서로 혜택을 받을 수 있는 해결방안을 모색하기 위해 당신이 노력하고 있다는 것을 상대방에게 알리도록 하라. 상대방과 의견이 다를 때, 상대방의 의견에 더 타당한 근거가 있을 때는 당신의 의견을 변경할 수 있는 융통성을 염두에 두면서 입장을 설명해 보도록 하라. 그리고 그 타당성이 높다면 기꺼이 상대방의 입장을 지지하도록 하라.

- **긍정성** *positiveness* : 당신과 상대방이 합의할 수 있는 영역이 있는가를 확인하고, 그런 영역이 있다는 것을 강조하라. 또한 갈등이 지금의 전체적 상황을 더 잘 이해하는 방법이며 또 새롭고 더 나은 해결책을 찾는 방법이라는 긍정적인 생각을 가지도록 하라. 상대방과의 모든 관계에 있어서 긍정적인 생각을 가지고 문제에 접근하도록 하라.

- **동등** *equality* : 상대방의 생각과 당신의 생각 및 견해를 동등하게 생각하라. 이를 위해서는 상대방이 자신의 생각을 완전히 표현할 시간과 공간을 줄 수 있어야 한다. '누구누구의 생각과 입장' 이라는 따위의 소유와는 상관없이 모든 생각과 입장을 논리

적으로 평가하도록 하라.

갈등을 생산적으로 해결할 수만 있다면, 갈등은 당신에게 미처 생각지도 못했던 수많은 혜택을 가져다 줄 것이다. 예를 들어 어떤 문제를 해결할 수 있어야만 업무가 진행되는 상황이 생긴다면, 그 문제의 해결 과정에서 다른 사람의 관점을 더 잘 이해하는 기회를 얻을 수 있다. 또한 사소한 갈등을 성공적으로 해결함으로써 보다 심각한 갈등을 해결할 수 있는 가능성도 높아지며, 보다 나은 인간관계라는 혜택도 얻을 수 있게 된다.

아울러 협력적인 문제해결 과정을 통해 보다 많은 정보, 새로운 인식, 새로운 아이디어를 획득할 수 있다. 그리고 이런 과정을 통해 현안문제가 더욱 명료하게 정의될 수 있다. 이 밖에도 갈등해결 과정을 통해서, 건전한 토론이 조직의 문화로 자리 잡게 되면 조직에서 발생하는 중요하고 심각한 현안문제를 보다 명확히 확인하고, 보다 빨리 주목하는 데에도 도움을 받을 수 있다.

# Written Communication



# PART THREE

# 글을 통한 커뮤니케이션

― 진정한 커뮤니케이션의 전문가가 되고 싶다면, 글을 통한 커뮤니케이션 기술을 익히도록 하라.

명확한 표현 기법

문체의 중요성

말이나 글을 통해 다른 사람들과 효과적으로 커뮤니케이션을 하는 능력은
기초에서부터 한 단계씩 성실히 올라갈 때 만들어 진다.
 — *피터 드러커Peter Drucker*


　한 사람의 글쓰기 능력은 마치 그 사람의 옷장에 걸린 옷과 같이
글을 통해 여실히 증명된다. 이런 이유로 글을 통해서 남긴 인상은
오래도록 지속된다. 메모, 보고서, 편지 등은 읽히고 또 다시 읽혀진
다. 당신은 총명하고, 야망차고, 열심히 일하는 사람이지만, 글쓰기
에 능숙하지 못하다는 약점을 지니고 있을 수도 있다. 글쓰는 능력
을 개발함으로써 조직에서의 업무과정과 자신의 경력향방을 설득하
고 지시하며 영향을 줄 수 있다.

　반면 서투른 글솜씨는 가장 중요한 정보를 누락시키게 만들기도
한다. 또한 독자가 메시지를 활용하기는커녕 해독하는 데 더 많은
시간을 소비하도록 하기도 한다. 글을 잘 쓰기 위해서는 연습과 노
력, 그리고 약간의 재능이 필요하지만 많은 사람들은 자신의 글이 너
무나 조직적이어서, 독자가 잘 이해할 수 있으리라는 착각을 하기도
한다. 그러나 조직적이지 못한 글은 독자로부터 "대체 이게 무슨 뜻
이야?" 라는 지적밖에 받을 수 없다. 따라서 글을 당신이 글을 통한
효과적인 커뮤니케이션을 꿈꾸고 있다면, 좀더 조직적으로 글을 쓸
수 있는 능력을 길러야 한다.

　글의 요소는 내용, 문체, 화법, 그리고 형식이다. 다음 장에서는 글
의 내용이 일관성을 갖추게 하는 방법과, 가장 일반적인 형식인 메
모, 편지, 보고서를 효과적으로 사용하는 방법을 알려줄 것이다.

# CHAPTER NINE

# 명확한 표현 기법

주제를 파악하면 내용은 저절로 파악될 것이다.
– 카토 디 엘더*Cato The Elder*

사업상 좋은 글은 문체보다는 명확한 의사전달이 더 중요하다. 글은 생각과 같은 것이다. 하고 싶은 말이 무엇인지, 그 말속에 있는 자신의 목적이 무엇인지, 사람들이 그것을 읽는 것이 왜 중요한지를 알고 있어야 한다. 글쓰는 작업을 조직화하는 것은 프레젠테이션을 구조화하는 것과 매우 흡사하다. 좋은 작가는 훌륭한 연설가와 마찬가지로 청중에 대해서 잘 인식하고 있다.

## 마인드맵의 테크닉

마인드맵*mind-mapping*은 생각과 말할 내용을 구조화하는데 도움이 되는 중요한 테크닉이다. 두뇌 전체와 시각적인 흥미유발 방식을 사용하여 구조화하는 이 테크닉은 신속한 '마인드 덤프(mind dump : 마음 옮기기)' 를 사용하여 생각과 기억, 연관성, 이들 간의 관련성을 끌어 모으도록 해준다. 또한, 정보를 마음에서 글로 자유롭게 옮겨주고 거기서 가지를 뻗게 만들어 준다.

최근의 뇌와 정신에 관한 연구에 의하면, 사람이 집중력을 발휘할 수 있는 시간은 매우 짧은 것으로 밝혀졌다. 주제에 집중하고 흥미가 유발되는 시간이 대략 5분에서 7분 정도 밖에 되지 않는것이다. 그러나 이 짧은 시간 동안 정신은 가장 활발하게 활동한다. 마인드맵 테크닉은 짧은 시간에 활발히 활동하는 마음의 경향을 잘 활용하는 것이다. 단 몇 분의 시간 만에 자신의 아이디어와 생각을 종이 위에 옮김으로써 강렬한 '마음 쏟아내기*mind bursts*' 를 할 수 있게 한다. 이것은 정보를 가지고 새로운 관련성을 만드는 기회를 제공하며, 그 정보를 주요 덩어리 또는 가지 그리고 적절한 하부주제와 세부항목으로 조직화하는 기회를 만들어 준다. 따라서 마인드맵 테크닉은 주제를 빠르게 그리고 창조적으로 탐구하게 하는 데 도움이 된다.

마인드맵 테크닉은 대단히 사용하기 편리하다. 그 기본은 다음과 같다.

- **초점** : 중심 아이디어를 동그라미나 네모 칸 안에 써서 종이 중앙에 배치하라.
- **자유연상** : 아이디어를 판단하지 말고 자유롭게 떠올려라.
- **아이디어 연결** : 주요 아이디어나 생각을 중심초점에 연결된 선상에 적어라.
- **가지** : 첫 번째 줄기는 주요 아이디어이며, 연관된 아이디어는

작은 가지로 연결하라.

- **키워드** : 키워드만 적도록 한다. 마인드맵은 두뇌 속기의 한 형식이므로 단지 몇 개의 키워드만으로 아이디어를 잡도록 하라.
- **상징/이미지** : 효과를 위해 아무 이미지나 상징을 사용하라.
- **색깔** : 생각의 과정을 자극하고 내용을 조직화하기 위해 색깔을 사용하라.


마인드맵은 자신의 마음을 경직된 형식에서보다 더 쉽게 종이에 펼쳐놓을 수 있도록 해준다. 각자의 마인드맵은 만든 사람의 독특한 창조물이며, 맞는 마인드맵 또는 틀린 마인드맵이란 존재하지 않는다. 이 강력한 방법에 대해서 좀더 알고자한다면, 조이스 위코프 *Joyce Wycoff*의 저서《마인드맵핑*Mind-mapping* ― 창조성과 문제해결을 위한 지침*Your Personal Guide to Exploring Creativity and Problem-Solving*》을 참조하기 바란다.

메모, 리포트, 편지 등의 주제를 마인드맵으로 정리한 후, 당신은 중심적인 초점에 관해서 명확하게 이해해야 할 것이다. 사업상의 보고서나 메모의 초점이 바로 당신의 목적이다. 사업상의 글에는 드러나지 않는 목적이 있다. 초점이 없다면, 목적도 없고 어떤 행동도 요구하지 않으며 바람직한 결과도 없다. 초점을 제공하지 않으면, 글쓰기 전에 이미 대답하지 못한 메시지에 대한 질문을 독자에게 강요하는 결과를 초래한다. 스스로에게 다음의 질문을 던져 보라.


- 독자는 어떤 사람인가?
- 내가 독자에게서 원하는 것은 무엇인가?

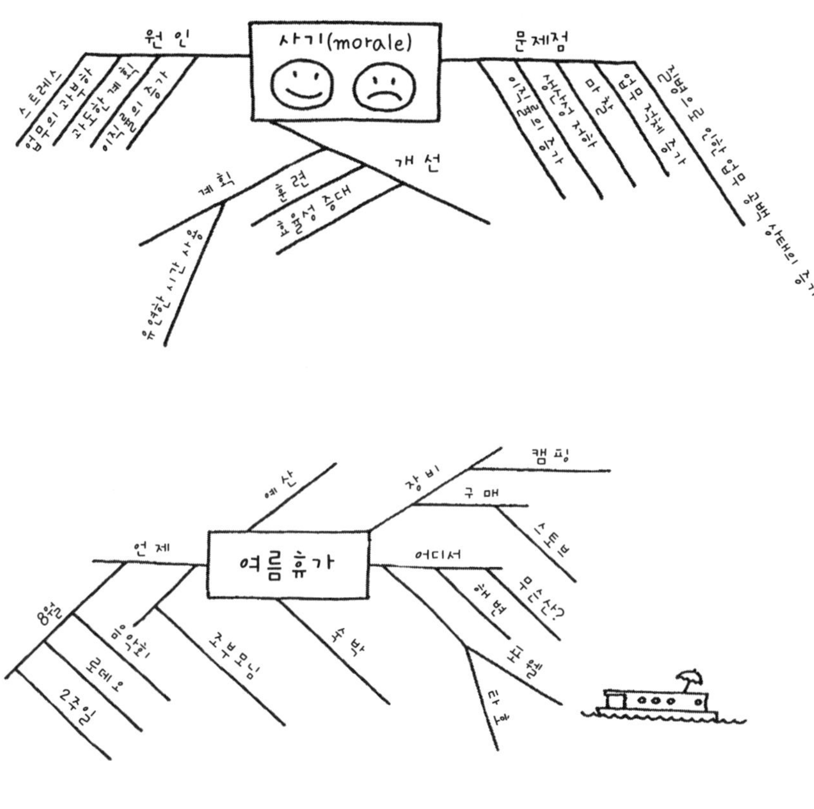

〈그림 9-1〉 마인드맵의 보기

- 내가 원하는 것을 독자가 하지 않는 이유가 무엇인가?
- 무엇 때문에 독자는 내가 제안한 것을 수용하지 않는가?
- 독자 이외에 다른 누군가가 결정하게 될 것인가?
- 관련된 정책은 무엇인가?

글을 쓰기 위해서는 다음 문장을 우선 완성해야만 한다. '나는 (누가) (무엇을) 하기를 원한다. 왜냐하면 (이유)….' 이 문장을 다 채웠다면 글쓰기 위한 준비가 된 것이다.

독자를 알고 있음으로써 독자가 자신의 글을 이해할 수 있도록 내용을 구성하게 만든다. 독자에게 가까이 다가가라. 그러면 당신의 글을 그들에게 더 잘 이해시킬 것이다. 친절하게 대하는 척하지 마라. '분명히 아시다시피' 라든지 '동의하시리라 확신합니다' 와 같은 문장은 당신의 독자를 당신에게서 등을 돌리게 만들 뿐이다.

## 메시지 전달

연구를 마치고 정보를 구조화한 후에, 당신의 메시지를 써내려 갈 차례이다. 다음의 글쓰기의 원칙을 명심하라.

- 첫째이며 가장 중요한 것 : 아무도 그것을 읽기 원하지 않는다!
- 둘째이며 중요한 것 : 누구도 전부를 다 읽지는 않는다!
- 셋째이며 중요한 것 : 거의 모든 사람은 어떤 부분을 오해할 것이다!

비꼬는 말 아니고는, "야! 내가 읽어야 할 새로운 보고서야!" 하며 좋아하는 사람은 없을 것이다. 사업에서 메시지를 읽는 것은 무엇인가 할 일이 생겼으며, 결정을 내려야 하고, 이미 꽉 찬 스케줄에 일거리 하나가 더 늘어난다는 의미이다. 대부분 첫 줄에서부터 그냥 넘겨버린다.

'요청에 따른 경영관련 보고서를 동봉하니 참조바람.....
(하품)... Zzzz..'

당신은 바쁜 사람들의 시간을 놓고 경쟁하고 있다. 당신이 대표이사나 사장이 아니라면, 짧은 시간동안 독자의 흥미를 유발시킬 수 있어야한다. 우리가 표지의 헤드라인이나 사진을 보고 잡지를 구입하듯이, 메모 또한 시선을 끄는 메모를 더 읽게 된다. 잡지나 메모가 시선을 끌지못하면, 결국 읽혀지지 못하고 영원히 그 자리만을 지키게 된다.

신문이나 광고에서 보듯이 헤드라인, 부제목, 구두점, 간결하고 명확한 언어, 시각적인 효과, 글씨체, 강하고 감동적인 주장, 설득력, 역동적인 전달 등으로 당신의 글에 에너지를 불어넣어라. 메시지를 보내라. 독자의 주의를 끌어라.

- **헤드라인은 가장 중요한 것이다** : 헤드라인은 절대 지루한 내용이어서는 안 된다. 보고서를 작성할 때, 다음의 순서를 따르는 것이 좋다. 먼저 헤드라인을 만들고 그래픽과 부주제를 계획한다. 이것을 완성시키고 나서, 본문을 붙여나간다. 이것이 초점과 글의 흐름을 유지시키는 가장 좋은 방법이다.
- **시각적인 효과로 메시지 전달하라** : 그림, 그래픽, 삽화는 주제의 특징을 강조하는데 큰 도움이 된다. 그래픽을 추가할 때는, 다음의 사항을 명심하라.
  - 그래프와 차트를 사용하여 더 강한 인상을 주라.

- 그래프, 차트, 그림은 반드시 한 가지 주제를 위한 것이 되도록 하라. 비효과적인 혼란스런 그래픽보다 한 주제를 위한 하나의 그래픽이 훨씬 낫다.
  - 가능하다면 색채를 사용하여 효과를 높여라.
  - 그래프나 그림은 될 수 있는 대로 관련된 본문과 가까이에 두라.
- **짧은 것이 가장 좋다** : 짧은 단어, 짧은 문장, 짧은 문단을 사용하라. 사용하는 단어는 명확하고, 강력하며, 화려하고, 운율 있으며, 시적이고, 회화적일수록 더욱 좋다. 이것은 당신의 글을 살아 움직이게 할 것이며, 활기를 불어 넣어줄 것이다. 짧은 문장은 역동적이며, 쉽게 이해된다.

## 글의 형식을 기능에 맞추어라

글의 형식은 기능에 맞추어야 한다. 메모를 보았을 때 그것에 대한 대답이 짧은 문장이라면, 그 메모에 당신의 대답을 적어서 다시 돌려주고 싶어할 것이다. 그렇지만 새로운 시장 분석에 대한 프레젠테이션을 하는 입장이라면, 형식을 갖춘 보고서를 준비해야 한다.

글의 기능에 형식을 맞추는 것은 쉬운 일처럼 보이지만, 요약된 메모가 세 페이지가 넘어가는 경우가 흔하게 있다. 상황에 맞는 전달을 위해, 다음에 있는 커뮤니케이션 형식의 단계를 검토하라.

- **대화** *verbal* : 아무런 문서도 필요치 않은 곳에서의 자유로운 대화.

- **수기**_handwritten_ : 최소한의 기록이 요구되는 비형식적인 의사
  전달.
- **메모**_memos_ : 형식적인 기록이 요구되는 곳에서, 3명 이상의 사
  람에게 보내는 광범위한 의사전달.
- **보고서**_report_ : 뒷받침해줄 문서가 요구되는 복잡한 현안문제와
  기록이 요구되는 결정사항을 포함한 광범위한 의사전달.
- **업무서신**_business letter_ : 조직의 외부에 전달되는 문서로서, 여러
  가지의 기능 수행.

## 메모 : 사용과 남용

메모는 대부분 지루하고, 혼란스럽고, 불필요하며, 때로는 이 모두
가 다 해당된다. 당신이 가장 먼저 생각할 점은 메모가 정말로 필요
한가? 관련된 사람들에게 전화를 걸어 그들에게 말할 수 있는가? 등
이다. 150명의 종업원과 일천사백만 달러의 판매고를 올리는 ATI 의
약회사는 메모의 사용을 금지하고, PAPCOES(enunciations of
corporate policies and procedures(앞의 약자는 단어의 순서를 거꾸로 나열
한 것으로, 회사에서는 말로만 커뮤니케이션하기)를 사용한다. 사장 폴 스
티븐슨Paul Stevenson은 "누구나 이미 서로 대화하는 법을 배웠다.
말의 커뮤니케이션은 글의 커뮤니케이션보다 장점이 훨씬 많다. 즉
각적인 피드백을 얻을 수 있으며, 사교성을 키울 수 있다. 물론 종이
도 절약할 수 있다"고 말한다.

메모를 사용하지 않는 것은 실용적일 수 있다. 많은 조직에서는
심지어 바람직하다. 그렇지만 복잡한 현안문제에 대한 언어적인 커

뮤니케이션은 방대한 설명과 진술이 요구된다.

메모 사용을 결정한다면, 그것은 조직내부의 커뮤니케이션을 촉진하고 단순화하며 가속화할 수 있어야 한다. 메모는 효과적으로 사용되기만 하면, 동일한 메시지를 여러 사람에게 전달할 수 있는 간단한 방법이다. 메모는 지면을 통한 사람들의 만남이다. 메모의 용도는 지침을 주고 정보나 행동을 요구하며 새로운 정책이나 진행사항을 알리거나 명료화하는 것이다. 개인적인 정보의 변경을 알려주며, 보고서와 같은 보다 긴 글의 표지로 사용되기도 한다.

메모는 여러 사람에게 정보를 제공해주는 적절한 방법이다. 제대로 쓰여진 메모는 지시사항, 기한날짜, 각 업무의 책임자를 알려주며 그것이 잘못 이해되지 않도록 해 준다.

메모는 짧아야 한다. 최대로 한 페이지를 넘지 않도록 하라. 신속한 의사전달을 위해 가능한 모든 방법을 동원하라. 헤드라인, 짧은 문단, 구두점 등을 사용하라. 중요하거나 변경된 부분을 굵게 표시하라. 일반적인 메모의 첫머리는 다음과 같다.

'수신인'은 메모의 의도된 수신자를 모두 포함해야 한다. 그것을 쓰는 양식은 당신이 속한 조직에 따라서 조금씩 달라질 수 있다. 단

날짜 :

수신인 :

발신인 :

제목 :

요구 활동

지 이름만을 쓰는 조직이 있고, 보다 형식을 갖추는 조직도 있다.

'발신인' 은 당신의 이름과 전화번호를 포함한다.

메모의 '제목' 은 무엇보다도 구체적이어야 한다. '누가, 언제, 어디서, 무엇을, 어떻게, 왜' 라는 관련된 정보만을 사용해서 주제를 확실하게 나타내야 한다. 이 줄을 읽는 사람은 자신이 무엇을 해야 하는지 단번에 알 수 있어야 한다. '새로운 마케팅 계획 검토회의' 라는 제목이 적힌 메모를 받는 사람은 '급여동결 정책' 이라는 제목의 메모를 받는 사람들보다 더 다양한 반응을 보이게 된다. 제목이 어떠한 것이냐에 따라서 읽는 사람의 반응은 달라질 수 있다.

'요구 활동' 부분은 메모 작성자가 독자에게 기대하는 활동을 분명하게 전달한다. 이것은 메모의 목적이 무엇인가를 다시 한번 생각하게 해 준다. 너무 많은 정보만을 나열한 메모를 작성한다면, 의사전달의 목적이 무엇인지를 다시 한번 생각해 보아야 한다. 이미 이전의 메모의 내용 부분과 중복되는 내용은 생략함으로써 독자가 불편하지 않도록 해야 한다.

메시지를 간결하고 편안하며 단순하게 만들어라. 독자의 특정한 요구와 마음상태가 담겨 있어야 한다. 목적을 분명하게 하라. 수신자가 읽은 후에 취할 요구행동을 명확하게 제시하라. 이중 의미의 단어, 안건의 모호성, 농담, 횡설수설 등을 피하라. 미사여구, 황당한 말, 쓸데없는 문장은 사무실 메모로는 부적당하다. 짧으면서 비형식적인 메모형태는 절대로 급하게 쓰여지거나 모호한 의미를 내포해서는 안 된다. 오해를 피하고, 감정을 상하지 않게 하며, 시간낭비의 실수를 범하지 않도록 하라.

## 보고서 : 긴 메모보다 더 많이

많은 사람들은 사업보고서 작성을 앞에 두고는, 먼저 걱정부터 한다. 보고서는 일반적으로 양이 많고 복잡하면서 논쟁의 여지가 있는 주제를 다룬다. 이것은 많은 양의 조사와 비판적인 사고를 요한다. 게다가 걱정을 하게 만드는 요인 중의 하나는 회사의 중요한 결정에 영향을 끼친다는 것이다. 조직에서는, 당신의 미래를 결정할 수 있는 사람이 당신의 보고서를 읽을 것이다. 잘 씌어진 보고서는 당신의 기회와 발전에 기여하겠지만, 반대로 형편없는 보고서는 극복하기 힘든 오점을 남기게 될 것이다.

사업보고서는 고도로 조직된 사실 지향적인 문서이다. 어떤 결론을 지지하기 위하여 주제, 하부 주제, 핵심 포인트, 뒷받침 해주는 세부사항 등이 동원되어야 한다. 다양한 그래프와 차트를 사용함으로써 독자가 준비된 자료를 잘 이해하도록 하라.

보고서를 작성하기 이전에, 보고서의 목적을 알아야 한다. 단지 정보제공을 위한 것인가 아니면 특정한 문제의 해결책을 제시하기 위한 것인가?

다른 형식의 글과 마찬가지로 보고서를 작성할 때, 먼저 독자를 파악해야 한다. 기존의 알고 있는 사실을 자세하게 설명함으로써 읽는 사람의 기분을 상하게 하지 않도록 주의하라. 독자에게 익숙하지 않은 사실로써 그를 혼란스럽게 만들지 않도록 하라. 다음은 보고서를 작성하기 전에 자문해봐야 할 중요한 항목들이다.

- 문제에 대해 독자가 친숙하게 느끼는 것은 무엇인가?
- 독자가 이 분야에 가지고 있는 전문지식은 무엇인가?

- 독자에게 어떤 결론이 중요한가?
- 독자가 가지고 있는 선입견은 무엇인가?
- 왜 이 보고서가 요구되는가?
- 결론을 내리기 위해서 독자는 무엇을 알아야 하는가?

제안에 대한 결과와 그것의 약점에 대해서도 철저하게 파악하고 있어야 한다. 최소한의 해결책을 제시하는 것이 좋다. 제안에 대한 한계점을 분명하게 인식하고 있어야 한다. 보고서의 목적, 제의된 해결책, 의도된 독자는 선택되는 보고서 전략에 크게 영향을 미친다. 보고서를 쓰기 이전에 우선 자신의 전략을 확실하게 이해해야 한다. 다음은 전형적인 세 가지의 전략이다.

- **가장 중요한 것에서 덜 중요한 것으로** : 이 전략은 결정이나 활동이 합리적이고, 그다지 정책적이지 않으며, 독자가 객관적일 때 효과적이다.
- **논란의 여지가 작은 것에서 큰 것으로** : 이 전략은 점차적인 지원이 필요하다. 결정에 있어서 비용이 많이 들고, 논란의 여지가 많으며, 정치적으로 민감하고, 독자가 감정적으로 다른 해결책에 마음이 쏠리는 상태에서 가장 효과적인 방법이다.
- **부정적인 것에서 긍정적인 것으로** : 이 전략은 독자가 상황과 해결책에 관한 문제를 잘 알고 있을 때 효과적이다. 이 전략은 공통적인 근거를 제시하며, 힘 대신에 긍정적인 논쟁을 유도한다.

사업보고서는 사실 지향적이어야 하며, 의견이 포함되어서는 안 된다. 개인적인 의견을 첨가하고 싶다면, 서론 부분에 포함시키는 것이 좋다. 보고서 중간에 의견을 넣는 것은 사실적이지 못하며 객관성이 떨어지는 것으로 여겨진다. 비형식적인 보고서는 다음과 같이 상당히 표준적인 구조를 형성하고 있다.

- **소개** : 이것은 프레젠테이션의 시작과 비슷하다. 읽는 사람의 시선을 사로잡는 지점이다. 주요 논점을 소개하라. 보고서를 읽는 사람에게 누가, 무엇을, 어디서, 언제, 왜, 어떻게 등의 명확한 배경을 제시하라. 이 부분에서 문제의 상황을 보여주고, 문제를 분명하게 서술하며, 그것의 결론이 보고서의 독자에게 왜 중요한지를 제시하고, 제시된 해결책의 범위 및 한계를 지정해 주어야 한다.
- **내용의 목차** : 보고서를 읽는 사람으로 하여금 핵심 정보를 찾기 쉽게 해준다. 열 장짜리 보고서는 별로 중요하지 않지만, 백 장짜리 보고서의 경우라면 어떠한 정보를 찾는데 막대한 시간이 들 것이다. 보고서는 회의 중에 검토되고, 보고서에서 핵심 요점을 찾는 일은 매우 힘든 일이 될 수도 있다.
- **본문** : 보고서 작성자가 연구를 통해 얻은 정보나 사실을 나열하고, 분석하며, 해결책을 평가하고, 제안된 해결책의 선택에 있어서 합리성을 발전시키는 부분이다. 이 부분은 흔히 다음과 같은 세 가지의 하위조직으로 구성되어 있다.

# 배경 지식과 사실

이 부분은 두 가지의 기능을 가지고 있다. 그 하나는, 보고서의 독자에게 부족한 필수적인 배경지식을 전달하는 것이다. 또 하나는, 다른 사람들의 인식과는 당연히 다른 보고서 작성자의 상황에 대한 이해를 명료화하는 것이다.

- **문제의 진술** : 이 부분은 문제에 관하여 명백하게 정의하는 부분이다.
- **분석** : 이 부분은 결론을 유추하기 위한 논리적인 사고를 포함한다. 보고서를 읽는 사람은 해결책의 장점과 보고서 작성자의 분석에 대한 자신감을 보여야 한다. 이 부분은 예상되는 대안, 해결책의 목표, 대안 검토, 대안의 거부와 수용과 같은 주제로 더욱 세분화되기도 한다.
- **해결책과 실행** : 이 마지막 부분에서, 문제에 대한 해결책을 자세하게 기술한다.
- **결론과 제언** : 보고서 전체는 이 한 부분으로 귀결된다. 더 이상 새로운 정보는 나오지 않지만, 핵심 아이디어는 제언의 정당성을 강화하기 위해 다시 한번 제시되며, 한마디로 다시 요약된다.
- **색인** : 너무 길거나 복잡한 데이터는 색인에 넣어야 한다. 문서의 본문에서 특정한 정보를 색인에 넣음으로써, 보고서를 읽는 사람이 수많은 데이터로 인해 허우적거리는 것을 방지할 수 있다. 수백 페이지의 자세한 정보를 단 몇 페이지의 색인으로 보충하는 것은 매우 보편적인 일이다.

# 업무서신 : 외부세계의 메신저

말콤 포브스 *Malcolm Forbes* 는 "대부분의 업무서신은 성공하지 못한다. 사람을 외면하게 만드는 업무서신을 보냄으로써 원하는 것을 무엇이든 가질 수 있는 기회를 날려버리는 것은 참으로 어리석은 일이다"라고 단정적인 어투로 말했다. 그는 대부분의 업무서신을 세 가지의 종류에 속한다고 말한다. 그것은 어리석거나 바보처럼 보이는 것, 대부분의 업무서신처럼 평범한 것, 그리고 거의 드문 일류의 것이다. 일류 수준에 도달하기 위한 그의 첫 번째 제안 방법은, 자신이 원하는 것을 알고 그것을 한 문장 안에 표현할 수 있어야 한다는 것이다.

업무서신은 조직 외부의 사람과 만나는 방법 중 하나이다. 편지는 전화통화와 다르게 자신의 의사를 글로써 표현하고, 오랫동안 보관되며, 필요할 때 다시 꺼내 읽을 수 있다. 편지와 다른 글의 전달방법 사이에는 문체나 어조에 있어서 차이가 있는 여러 가지 이유가 있다. 몇 가지 일반적인 이유는 다음과 같다.

- 조직 밖의 다른 사람들에게 특정한 정보나 행동을 요구한다.
- 어떠한 정보를 필요로 하는 사람에게 그것을 제공한다.
- 축하, 감사, 칭찬과 같은 의례적인 목적으로 사용된다.
- 정보교환, 언쟁 조절, 관점 제시, 어떤 활동의 이유, 요구활동의 거부사유 등을 설명한다.
- 상품이나 서비스의 판매 및 회사에 대한 정보를 제공한다.

업무서신을 쓸 때는, 당신은 조직을 대표하는 입장이 되는 것이다. 신속하게 본론으로 들어가라. 뚜렷하고 정중하면서 간결하게 표현하라.

첫 번째 문단은 읽는 사람의 주의를 끌어서 그를 자신의 목적에 결부되도록 만드는 부분이다. 주저하거나 불분명하거나 모호해서는 안 된다. 여기는 고객으로 하여금 당신의 생각을 숙지하도록 설득하는 부분이다. 당신의 제안이 고객에게 가져다줄 이익과, 그들의 정보를 당신이 원하는 이유를 분명하게 전달하라.

고객이 즐겁게 읽도록 써라. 고객의 관점에서 편지 전체를 써야 한다. 그들이 제기할 수 있는 질문이나 반대의견의 대답을 제공하라. 긍정적으로 하라! 정중하게 하라! 자연스럽게 하라!

보고서를 읽는 사람이 해결책에 따라 활동하도록 촉구함으로써 결론 내려라. 한두 장 정도의 메시지로 부족하면 부록을 첨부하라. 자신의 편지를 큰 소리로 읽어보는 것이 좋다. 이렇게 함으로써 자연스럽고 유쾌하며 자신의 목적을 명확히 나타내는지를 알아볼 수 있다.

훌륭한 비즈니스 글을 쓰는 일은 분명한 사고와 적합한 형식 및 효과적인 표현의 적절한 결합에 달려 있다. 이 장에서는, 글 쓰는 것을 통하여 주제에 대해 생각하고 그것을 효과적으로 구조화하는 테크닉인 마인드맵을 설명했다. 또 사업적인 목적으로 가장 보편적으로 사용되는 메모, 보고서, 업무서신의 세 가지의 글쓰기 형식에 관하여 설명했다. 다음 장에서는 자신의 문체를 향상시키고 글쓰기에 있어서 흔히 범하는 오류를 피할 수 있는 방법을 살펴보겠다.

# CHAPTER TEN

# 문체의 중요성

시간이 지나면, 색은 바래고 사찰은 무너지며 권위는 추락한다.
하지만 지혜로운 말은 끝까지 남는다.

— 에드워드 쏜다이크 *Edward Thorndike*

정말로 읽기 싫은 메모나 보고서는 어떤 것인가? 문장이 너무나 길어서 문맥을 놓쳐버리는 글인가? 복잡한 문장, 기술적인 용어, 약어나 사전에서나 찾을 수 있을 듯한 단어로 구성된 괴로운 글인가? 핵심이 없거나, 심지어 내용을 어디로 이끌어 가는지도 모르는 장황한 글인가?

당신도 아마 위와 같은 글을 읽은 적이 있을 것이다. 어쩌면 이보다 더 심한 글도 읽었을 것이다. 이러한 문장은 글 속의 정보가 중요하건 중요하지 않건 간에, 당신이 전달하고자 하는 메모이며 편지이고 보고서이다. 이렇게 회람되는 서류는 독자에게 차라리 밀쳐버리고 싶은 충동을 불러일으킨다.

당신이 작성한 서류를 다른 사람들이 던져버리지 않게 하기 위하여, 당신은 어떻게 하는가? 이번 마지막 장에서, 글쓰기의 정확한 형식의 사용방법뿐만 아니라 당신의 생각과 구조를 조직화시키는 요령도 제시하겠다. 또한 이 장에서는 문체의 기본적인 이해에 대한 도움과, 회람서류에 있는 당신이 작성한 메모나 보고서 및 업무서신을 독자의 손과 마음속에 간직하게 하는 방법을 제시하겠다. 문체에 따라 큰 차이가 만들어진다.

# 문체란 무엇인가?

혜밍웨이는 자기만의 문체를 가지고 있었다. 스티븐 킹은 자기만의 문체를 가지고 있다. 이 말은 문체를 가지기 위해 전문적인 작가가 되라는 것이 아니다. 소설은 작가의 문체를 글 속에서 독특한 목소리로 묘사한다. 위대한 작가가 되기 위해서는 문장 속의 글을 통하여 다른 글과 구별될 수 있는 아름답고 풍부한 글로 표현해야 한다. 그러나 업무서신에서는 훨씬 더 기본에 충실해야 한다. 업무서신은 문체에서 표현의 풍부함보다는 명료함, 간결함, 그리고 읽기 쉬움에 역점을 두어야 한다.

## 가장 중요한 세 가지 : 명료함, 간결함, 읽기 쉬움

글의 명료함은 생각의 명료함으로부터 기인한다. 글의 명료함은 자신이 사용하는 단어, 선택하는 목소리, 그리고 형식성의 정도에 의해 영향을 받는다. 명료한 글을 쓰기 위해서는 고도의 준비가 필요하다. 글을 쓸 때에 자신감이 부족하다면, 무기력한 목소리, 알아들을 수 없는 말, 간접적인 표현, 그리고 길고 초점 없는 글로 표현하게 된다. 업무서신은 숲 속을 살금살금 조심스럽게 걸어가듯, 말하는 것보다는 자신이 원하는 바를 더 직접적으로 표현하는 것이 필요하다.

## 물을 흐리지 마라

이제, 당신이 하고자 하는 말에 확신이 있고 그 말을 잘 조직화하고 구조화한다면, 글의 명료함을 증대시키는 세 가지 방법을 알아보자. 세 가지 방법에는 능동태 문장의 사용, 전문용어 회피, 간접적인 말의 회피 등이 있다.

### 능동태를 사용하라

능동태는 개방적이고 눈에 띈다. 업무서신은 행위에 대한 것이다. 그것은 행동을 요구하고, 행동을 제안하며, 행동하도록 격려한다. 상대방이 행동하기를 원한다면, 수동태 문장보다 능동태 문장을 사용하라.

- 수동태 : 그 회의가 가능한 빨리 소집되어져야 한다.
- 능동태 : 가능한 빨리 회의를 소집해야 한다.

우리는 주로 두 가지 방법으로 수동태에 빠지게 된다. 첫째는 주어를 숨기고, 둘째는 동사가 동작하는 표현이 아니라 동작되어지는 표현으로 사용된다. 여기 두 가지 예가 있다.

- 수동태 : 우리의 건강 계획은 수정될 필요가 있는 것 같다.
- 능동태 : 우리는 건강 계획을 수정해야 한다.

첫 번째 문장에서 주어를 찾는데 어려움이 있었는가?
모호한 표현과 능동적인 것을 느끼지 못하기 때문에, 상대방은 혼란스러울 것이다.

- 수동태 : 새로운 전화 시스템은 위원회에 의해 채택되었다.
- 능동태 : 위원회는 새로운 전화 시스템을 채택했다.

'채택하다' 라는 동일한 동사의 사용이다. 능동형에서는 동사 '채택했다 *chose*' 를 사용하고, 수동형에서는 '채택되었다 *was chosen*' 를 사용했다. 능동태 문장은 깔끔하고 명료하며 단순하다. 능동태는 우리가 말하는 방법에 보다 더 가깝다. 작가로서 당신은 글을 통해 독자와 대화한다. 만약 당신이 동료와 이야기하고 있다면, '그것은 제안되어져야 한다' 가 아니라 '나는 제안한다' 라는 말을 사용한다. 능동태는 글에 활력을 줄뿐만 아니라 보다 직접적이고 효과적이며 친밀감을 줄 것이다.

능동태는 동작 동사에 의존한다. '결정하다, 대화하다, 만나다, 판매하다, 시작하다, 구매하다, 합병하다, 채택하다, 고용하다, 해고하다, 계획하다, 협상하다, 만들다, 세우다, 요구하다' 와 같은 단어는 업무활동에서 많이 사용되는 동사이다. 주어를 감추거나 간접형의 문장으로 의미를 흐리게 하지 않는다면, 이러한 동사는 그 의미를 확실하게 전달하는 데 도움이 된다.

수동태는 뭔가를 뒤로 감추려는 방패이다. 그것은 밋밋하고 무미건조하다. 수동태 문장은 나쁜 소식을 부드럽게 전하고자 하는 경우, 어떤 일에 대해 책임을 피하고자 하는 경우, 또는 문장 속의 주인공이 누구인지 알지 못할 경우에만 사용되어야 한다.

### 전문용어를 피하라

전문직업을 가지고 있는 사람들은 대부분 전문용어, 약어, 그리고 어려운 용어를 많이 사용한다. 만약 모든 사람들이 그 용어를 이해한다면, 빠르고 효과적으로 메시지를 전달할 수 있을 것이다. 그러나 모두가 다 전문용어를 이해하지 못한다면, 잘못된 커뮤니케이션과 오해를 생성하게 된다. 전문용어와 약어를 꼭 사용해야 한다면, 당신의 조직 구성원에게 보내는 글에만 사용토록 하라. 당신의 고객이 전문용어나 약어에 대해 이해하고 있다는 확신이 없을 때는 처음부터 그 용어에 관해 설명하거나 아니면 다른 방법으로 표현하도록 하라.

### 직접적으로 표현하라

의도하는 바를 말하라. 만약에 당신이 간접적인 표현 뒤에 숨으려 한다면, 사람들은 당신이 무슨 말을 하는지 이해할 수 없다. 또한 그들은 자기 방식대로 당신을 이해하고 평가할 것이다.

간접형 : 가장 빠르고 편리한 시기에 새로운 마케팅 계획의 실현 가능성의 결정에 관한 회의소집이 제안되어야 한다.

직접형 : 새로운 마케팅 계획에 대해 논의하기 위해 가능한 빨리 회의를 소집하시오.

사람들은 일반적으로 빠져나갈 구멍을 만들 때, 간접형으로 표현한다. 일반적으로 '~인 것 같다', '~처럼 보인다', '~일지도 모른다', '~일 수도 있다' 등은 간접형 표현을 이끄는 방어적인 어구이다. 이러한 단어나 구문은 자신감이 없고 혼란스런 생각을 나타낸다. 이러한 표현은 독자의 확신과 행동을 고취시키지 못한다.

글은 커뮤니케이션의 역할을 한다. 우리는 한사람의 생각을 다른 사람에게 메시지로 전달하려고 노력한다. 글을 쓰는 사람은 읽는 사람에게 가능한 명료한 메시지를 전달해야 한다. 메시지의 내용을 능동태 문장으로 전문용어를 피해서 직접적인 글로 표현한다면, 읽는 사람은 메시지를 잘 이해하게 될 것이다.

## 짧은 것이 최선

업무서신의 두 번째 목표는 간결함이다. 위대한 소설을 쓰는 것이 아니다. 당신이 작성한 글로써 정보를 전달하며, 시간이 거의 없는 사람들에게 어떤 행동을 요구하는 글이므로 가능한 한 단락으로 명확하게 전달하는 것이 최선이다. 업무서신은 정형화된 페이지를 요구하는 대학교의 리포트가 아니다. 최대한 명료하고 짧게 업무에 관해 언급하길 요구한다. 모든 군더더기를 없애라. 메모와 보고서의 작성법을 읽고 거기에 준하여 업무서신 작성 기술도 향상시켜라.

- **짧은 단어** : 짧은 단어로 시작하라. 난해한 단어는 명료한 생각을 이끌어내지 못한다. 짧고, 힘차고, 명쾌하고, 간결하고, 정확하고, 예리하고, 압축된, 그리고 적절한 짧은 단어는 힘을 지닌다.

- **짧은 어구** : 우리는 짧은 단어로 표현할 수 있는 것을 이따금 긴 단어들로 풀어 써, 내용을 애매하게 만들기도 한다. 이러한 표현은 그 의미를 희석시키는 역할을 하므로, 피해야 한다. 가능한 짧은 단어로 된 짧은 어구의 사용으로 메시지의 의미를 명확하게 전달하라.

- **짧은 문장** : 짧은 문장은 능동태이다. 짧은 문장은 큰 효력을 가진다. 짧은 문장은 의미전달이 분명하다. 모든 문장이 다 짧을 수는 없지만, 다음의 단어를 조심하라. '그리고', '그러나', '혹은' 과 같은 단어는 문장을 길게 늘어뜨린다. 가장 흥미 있는 글은 강력한 펀치의 단문으로 다양한 길이의 문장을 사용하는 것이다. 최근에 당신이 작성한 메모나 보고서에 있는 서너 개의 문장의 단어를 세어 보라. 명료한 문장을 만드는 요령은 한 문장에 17개 이내의 단어를 사용하는 것이다. 물론 그 제한을 넘겨도 상관없는 경우도 있지만, 17개 이하의 단어로 한 문장을 구성하는 것이 가장 바람직하다.

- **짧은 단락** : 짧은 단락을 사용하는 데는 두 가지의 이유가 있다. 하나는 아이디어를 명확히 전달하기 위함이고, 나머지 하나는 여백을 통한 생각의 정리를 돕기 위해서이다.

- **하나의 아이디어** : 하나의 아이디어는 강한 힘을 가진 단락으로 전달한다. 단락 속의 각 문장은 아이디어를 발전시킨다. 하나의 아이디어가 끝나면, 다음 아이디어는 다음 단락으로 넘어간다.

- **여백** : 전문적으로 지면광고를 하는 사람으로부터 강의를 들어보면 적절한 여백이 얼마나 큰 효과가 있는지를 알 수 있다. 단락과 단락 사이의 여백은 읽는 사람에게 정보에 접근할 마음의

여유를 주며, 쉽게 다음 아이디어로 넘어가도록 돕는다. 또한 여러 개의 짧은 단락에 여백을 주는 것은 읽는 사람의 눈을 편 안하고 즐겁게 해준다.

- **짧은 글** : 한 페이지에 말하고자 하는 것을 표현할 수 있다면, 굳 이 두 페이지로 만들지 말라. 짤막한 것이 긴 것보다 훨씬 낫다. 짧은 것은 읽을 기회를 보다 많이 제공한다. 물론, 글을 짧게 작 성하는 것은 그리 쉽지 않은 일이다. 하지만 명쾌한 생각과 명 쾌한 글이 당신의 목적을 달성하는 데 더 효과적임을 잊지 말아 야 한다. 노력할 가치는 충분히 있다.

업무서신은 생산적이고 효율적이어야 한다. 필요한 말을 가능한 명쾌하고 간결하게 표현함으로써 독자의 시간을 존중하라.

## 서신 보내기

자신의 메시지가 명료하고 간결하다면, 강력한 편집배정 *layout*으 로 독자의 마음에 메시지를 전신하라. 가능한 읽기 쉽게 만들어라. 읽기 쉽게 하는 두 가지 주요한 수단은 강조와 여백이다.

### 강조

주요 아이디어를 강조하고 새로운 주제를 소개하기 위하여 고딕 체와 이탤릭체를 사용하라. 아이템 목록을 강조하기 위하여 검은 점 (불릿기호 : bullets)을 사용하라.

- 고딕체와 이탤릭체 : 주요 아이디어와 새로운 주제
- 불릿기호 : 아이템 목록을 강조한다.

주의할 점 : 이러한 도구를 남용하지 말라. 대중 앞에서 연설하거나 어떤 아이디어를 강조하고자 할 때는 목소리를 이용할 수 있다. 하지만 글에서는 강조 기법을 사용할 수밖에 없다. 이때, 청중 앞에서 모든 말을 다 강조하지는 않듯이 글 속에서도 모든 페이지를 다 강조해서는 안 된다. 너무 많은 단어를 강조하면, 보기에 혼란스럽기 때문에 독자는 읽기를 그만둘지도 모른다. 또 다른 강조 방법은 감탄사를 사용하는 것이다. 하지만 지나친 감탄사의 사용은 글의 수준을 떨어뜨리며, 읽는 사람의 마음을 어지럽힐 수 있으므로 주의해야 한다.

### 여백

적절한 여백은 글로 쓰여진 메시지를 더 쉽게 읽도록 돕는다. 페이지를 만드는데 여백을 사용하면, 페이지는 보다 깔끔하고 읽는 사람에게 매력을 준다. 넓은 여백과 단락과 단락 사이의 빈틈을 사용하라. 문장으로 계속 연결된 넓은 페이지 보다는 좁은 단락으로 된 페이지를 읽는 것이 훨씬 쉽다. 넓은 여백은 독자가 읽은 내용을 적어두기도 쉽다. 여백은 페이지를 깔끔하고 전문적으로 보이게 해준다.

## 읽기 쉽게 해주는 또 다른 방법

다음은 당신이 작성한 메모나 보고서를 보다 읽기 쉽게 해주는 손쉬운 방법이다.

- **숫자** : 숫자는 보다 읽기 쉬운 방법으로 사용되어야 한다. 4백만 달러는 4,000,000 달러보다 읽기 쉽다.
- **페이지 수** : 세 페이지 이상의 보고서는 꼭 페이지 수를 적어 넣어라. 페이지 표시가 안 된 업무서류를 가지고 토론을 하면, 회의의 장애를 초래할 수 있다.
- **하이픈** : 문서작업을 하는 동안 이따금 줄의 끝에서 단어를 나누게 된다. 하이픈을 하는 유일한 목적은 공간을 넘어가기 위한 것이다. 하이픈이 독자를 읽기 좋게 만들지는 않는다. 하이픈의 사용을 피할 수 있건 없건 간에, 말의 흐름을 끊지 않도록 주의하라.
- **오른쪽 정렬 피하기** : 오른쪽 정렬 방법은 잡지나 신문에서 사용되어서 유행하고 있다. 이것은 전문적으로 보이게 한다. 그러나 이것은 보다 많은 단어들을 좁은 공간에 넣고 종이를 아끼기 위한 것이다. 오른쪽 정렬로 인한 불규칙한 공간은 읽기 더욱 힘들게 만든다. 가능한 이것을 피하도록 하라.

당신이 읽기 쉬운 형태의 명료하고 간결한 글쓰기 지침을 사용할 수 있다면, 당신의 글은 보다 강력하고 효과적이 될 것이다. 메모나 보고서는 보다 강력해지며, 조직에서는 보다 많은 영향력을 발휘하기 시작할 것이다. 글쓰기에 다음의 몇 가지 방법을 첨가해 보라. 보다 효과적이 될 것이다.

## 성차별 회피

최근 남녀 반반으로 구성된 500명의 대학생을 대상으로 실시한 연구에서, 그들이 어떤 글을 읽을 때, ‘그’, ‘그를’, 또는 ‘그의’의 주체가 남성이거나 여성이 될 수도 있는 경우, 65%의 학생들이 그 대상을 남성으로 생각하고 있다는 결과가 있었다. 최근에는 사람들이 글 속의 성차별에 민감해졌다. 가능한 성차별을 나타내는 글을 피하라. ‘그/그녀’와 같은 어색한 구성으로 글의 흐름을 막거나 읽기 어렵게 만들지 않도록 주의하라.

여기 읽기 쉬우며 성차별을 피하는 방법이 있다.

* 논의하고 있는 사람의 이름을 명기하라
* 복수형을 사용하라. 예를 들면, ‘관리자는 직원의 말에 귀를 기울여야 한다’ 대신에 ‘관리자들은 직원들의 말에 귀를 기울여야 한다’로 사용하라.
* 성별을 번갈아 사용하라. 그/그의 그리고 그녀/그녀의 같이 번갈아 가면서 사용하라. 긴 보고서에서는 부문별로 성별을 바꿀 수 있다. 짧은 글에서는 혼동될 만한 경우를 제외하고, 주로 여성 대명사를 사용하는 것이 좋다.
* 공격적이지 않은 말을 사용하라.

## 유머

　유머는 비정형화된 글에서 효과적이다. 그러나 유머의 사용이 긍정적이지 못하다고 생각하면, 유머를 사용하지 않는 것이 보다 낫다. 당신이 사장으로서 직원들에게 글을 쓰고 있다면, 당신 자신에 관한 유머는 따뜻하고 인간적인 분위기를 만들 수 있다. 직원들의 경우, 자기 자신에 대한 유머는 자기 확신의 결여 또는 연약함으로 간주될 수도 있다. 아무리 유머에 매우 능하다고 해도, 업무서신에는 유머를 제한해야 한다. 사람들이 유머를 기대하게 되면, 당신의 진정한 커뮤니케이션이 보다 어려워진다.

## 구두점

　구두점은 말할 때의 목소리를 글로써 흉내내는 또 다른 방법이다. 구두점은 일시적인 중지를 만들고, 뜻을 이해하기 쉽게 하며, 우리의 글에 리듬을 더한다. 읽는 것은 듣는 것과 같다. 단어가 보다 유창하고 서정적일수록 독자로 하여금 더 읽고 싶어하도록 만든다. 글쓰는 사람은 구두점을 타이밍과 글의 속도조절에 사용한다.

- 마침표*period*는 문장을 끝마치는 데 사용된다. 세미콜론*semicolon*은 문장이 두 부분으로 나뉘어질 수 있는 부분에서 잠깐 쉴 수 있는 휴지*pause*를 만든다. 아울러 콤마*comma*는 내용이 계속되기 전에 잠깐 동안 내용을 정리할 수 있는 시간을 제공한다.

- 대시*dash*는 큰 아이디어의 중요한 부분을 나눈다. 그리고 주의를 끈다.
- 콜론*colon*은 세미콜론 보다 긴 휴지이다. 하지만 마침표보다 길지는 않다. 대부분의 경우, 콜론의 사용은 리스트를 소개하거나 소개문과 중요한 부분 사이를 연결한다.
- 괄호는 그 속에 있는 정보가 유용하다는 것에 대해 독자에게 알린다. 그러나 활기가 없고 단락의 중요한 부분과 직접적으로 관련되어 있지 않다.

물음표*question mark*와 인용표시*quotation mark*의 두 구두점은 문서의 어조tone에 영향을 미친다. 물음표는 겸손하고 친밀감을 주며 당신의 글에 여유를 준다. 물음표는 변화를 촉진한다. 인용표시는 직접적인 언급을 나타낼 뿐만 아니라 특정한 느낌을 가지고 사용된 구문이나 단어들의 느낌 그대로 시작하며 나타낸다.

## 편집

숫자나 날짜에 있어서의 오타나 잘못된 철자를 편집하고 나서야 비로소 당신의 보고서는 완료되는 것이다. 한 달에 하나의 메모를 쓰거나 마흔 개의 메모를 쓰거나 간에, 최소한 다음 세 가지의 참고 서적은 갖추고 있어야 한다. 최신 사전, 백과사전, 그리고 문체에 관한 안내서가 필요하다. 이 책들을 책상 위에 두고 글 쓰는 데 참고하기를 바란다. 지금부터 맞춤법을 두 번씩 확인하거나 올바른 단어를 찾는 데 시간을 투자한다면, 나중에는 글의 명료함에 있어서 큰 발전이 있을 것이다.

## 일반적인 실수

우리는 뜻이 잘못된 단어, 모호한 단어, 장황한 단어들, 구식의 단어들로써 많은 실수를 저지른다. 우선 단어의 의미를 생각하라. 의심스러우면 사전을 찾아보라. 어떤 단어는 계속 다른 것과 혼동되기도 한다. 이것은 읽는 사람들을 혼란스럽게 만든다.

# 문체 전략

문체를 철저히 이해한다면, 당신이 작성한 글을 읽는 사람과 당신이 직면한 상황에 잘 맞는 문체를 선택할 수 있다. 이러한 상황들은 일반적으로 다음의 네 가지 범주에 해당된다.

- **긍정적인 상황** : '예' 라고 말하거나 관련된 좋은 소식을 말하는 경우
  - 문체 : 개인적인, 때로는 화려한 문체
- **읽는 사람에게 무엇인가를 요구하는 상황** : 요구대로 하도록 누군가를 지시하거나 설득하는 상황
  - 문체 : 능동적인, 때때로 개인적이며 화려한 문체
- **정보전달 상황** : 사실에 입각한 자세한 정보를 전달하는 경우
  - 문체 : 비인칭적인 문체

- **부정적인 상황** : 읽는 사람이 알고자 하지 않는 정보를 전달하는 경우
  - 문체 : 수동적인, 비인칭적인 문체

여기 각 문체의 강조부분에 대한 리스트가 있다.

## 능동태 문체

- 행동요구에 있어서 권위 있고 자신감을 보이고자 할 때 사용하라. 직원들에게 정중하게 그리고 확고하게 '아니' 라고 말할 때 사용하라.
- 능동형 동사를 사용하라.
- 짧은 문장을 사용하라.
- 주어로 시작하는 직설적인 표현법이다.
- 일인칭을 사용하라. '나는 ~ 원한다', '우리는 ~ 필요하다.'

## 수동태 문체

- 부정적인 상황에 있거나 혹은 당신이 독자보다 낮은 위치에 있을 때 사용하라.
- 명령형을 피하라. 명령을 전달하지 못한다.
- 주어를 문장 끝 부분에 놓거나 완전히 숨겨버려라.
- 부정적인 표현법에 대한 책임을 무명, 익명, 비인칭의 '다른 사람들' 로 하라.

- 부정적이고 민감한 정보에 대한 독자의 주목을 늦추기 위해 긴 문장이나 촘촘한 단락을 사용하라.

## 개인적인 문체

- 좋은 소식과 연관되거나 어떤 행동을 설득할 때 사용하라.
- 직급보다는 이름으로 언급하라.
- 긍정적인 내용을 말할 때는, '당신' 이나 '나' 같은 친밀한 대명사를 사용하라.
- 짧고 형식이 없는 구어체의 문장은 통합하라. 필요한 경우, 가능한 한 축소하라.
- 독자에게 직접적인 질문을 하라.
- 개인적인 메모나 참고 내용을 포함시켜라.

## 비인칭 문체

- 부정적이거나 정보전달 상황, 특히 기술적이고 과학적인 글에 사용하라.
- 필요하다면 성(姓)에 직급 또는 직업을 붙여서 언급하라.
- 인칭대명사의 사용을 피하고, 익명의 '우리' 라는 표현을 사용하라.
- 수동형 동사를 사용하라.
- 복잡한 문장과 긴 단락을 포함한 보다 긴 문장을 사용하라.

# 화려한 문체

- 판매서신이나 좋은 소식 상황을 위한 설득력이 강한 글에 사용하라.
- 묘사적인 형용사나 부사를 보다 많이 사용하라.
- 적당한 은유법과 비유법을 사용하라.
- 일상적이지 않은 단어나 속어를 사용하라.

메모, 보고서, 업무서신은 조직의 커뮤니케이션 환경에 중요한 부분이다. 당신이 명료하고 간결한 힘있는 문체의 글쓰기 능력을 키운다면, 조직에서 개인적인 효과성과 생산성을 높일 수 있다. '문체' 라는 말은 업무서신에 응용됨으로써, 어감에서 풍기는 것처럼 모호한 것이 아니다. 자신의 목표뿐만 아니라 독자의 요구를 이해하고, 읽기 쉬운 형식으로 메시지를 명확하고 간결하게 표현하는 것은 이제 상식적인 문제 그 이상으로 중요한 것임을 상기하라.

# Nonverbal Communication



# PART FOUR

# 비언어적 커뮤니케이션

― 상대의 비언어적 커뮤니케이션을 이해할 때, 인간적 공감을 통한 합의가 이루어진다.

강력한 이미지 표출 | 비언어적 커뮤니케이션의 힘

효과적인 커뮤니케이션 기법 | 효과적인 커뮤니케이션을 위한 공간배치

효과적인 커뮤니케이션을 위한 시간관리

대화를 할 때 문장에서 한 단어 건너 그 다음 단어를 하나씩 제거한다면 그 커뮤니케이션은 얼마나 효과가 있을까? 효과가 있을까, 아니면 그다지 효과적이지 못할까?

한 연구 결과에 따르면, 사람들이 전달하고자 하는 메시지의 절반 이상이 외모, 신체언어, 음성의 높낮이, 말하는 속도 등과 같은 비언어적 요소에 의해 전달된다고 한다. 하지만 커뮤니케이션에서 말을 통해 강력하고 명확하게 의미를 전달할 수 있다면, 굳이 비언어적 요소에 주의를 기울일 필요 없이 탁월한 듣기 기술을 사용해 그 내용을 이해할 수 있을 것이다. 또한 피드백 기술을 이용하여 내용을 이해할 수도 있을 것이다. 그러나 실제적으로, 비언어적 커뮤니케이션을 이해하지 못한다면 바라는 만큼의 효과적 커뮤니케이션은 이루어지지 않는 것이 현실이다.

커뮤니케이션에 있어서나 그 밖의 어떤 상황에서도, 첫인상의 중요성은 아무리 강조해도 지나치지 않을 만큼 큰 비중을 차지한다. 특히 커뮤니케이션에 있어서 대부분의 사람들은 대화를 통해 전달되는 메시지를 처리하기 전에, 첫인상을 통해 먼저 상대방에 대한 느낌을 얻는다. 상대방이 보이는 첫인상을 통해 그의 열정과 성실성 정도를 평가하는 것이다. 또한 그 사람의 음성의 높낮이나 톤에서도 상대방에 대한 느낌을 얻는다.

따라서 그 사람에 대한 모든 비언어적 메시지는 말을 통해 전달되는 메시지를 처리하기 이전에 확립된다고 해도 과언이 아니다. 먼저 받아들여진 비언어적 메시지가 말을 통한 메시지와 연결되어 그 사람의 전체적인 느낌을 결정하는 것이다. 따라서 이 두 메시지가 서로 일치할 때, 효과적이고 강력한 메시지 전달은 이루어질 수 있다. 반대로 두 메시지가 일치하지 않을 경우에는 서로의 의도를 명확하게 전달하는 데 실패하게 된다.

앞으로 살펴볼 4부의 여러 장에서는, 말을 통한 메시지의 전달에 크게 기여하게 되는 강력한 비언어적 메시지 전달 방법에 관해 알아볼 것이다. 아울러 강력한 이미지 형성 방법, 의도하는 메시지를 효과적으로 전달하기 위한 신체언어 사용 방법, 신체언어를 해석하는 방법 등에 대해서도 살펴볼 것이다. 또한 메시지 내용과 어울리는 음성표현 방법과 메시지를 강화해 줄 공간활용 방법, 그리고 메시지 전달을 위한 적절한 시간 사용법도 배우게 될 것이다.

# CHAPTER ELEVEN

# 강력한 이미지 표출

TV나 비디오를 통해서 자신의 모습을 본 적이 있는가?
녹음기를 통해 자신의 목소리를 들어 본 적이 있는가?

이렇게 본 당신의 모습은 어떠하며, 이렇게 들었던 당신의 목소리는 어떠한가? 그리고 당신 스스로 어떤 모습으로 비쳐지길 바라며, 다른 사람에게 어떤 목소리로 말할 수 있기를 바라는가?

위의 두 질문에 대한 대답 사이에 차이가 있다면, 그것이 바로 '이미지의 차이*image gap*' 이다. 당신도 이런 이미지의 차이를 발견하게 되었다면, 이번 장에서 살펴보게 될 이미지 개발 방법에서 큰 도움을 받을 수 있을 것이다.

아마 당신에게도 다른 사람에게 긍정적으로 비쳐지길 바라는 자신의 모습이 있을 것이다. 다른 사람들에게 호감을 얻을 수 있는 이미지를 갖는 것은 커뮤니케이션을 효과적으로 이룰 수 있도록 도울 뿐만 아니라, 사람들과의 신뢰관계를 발전시키는 데에도 큰 영향을 미친다. 당신의 이미지가 적합할 때, 다른 사람들은 당신에 대해 이전보다 훨씬 더 편안한 느낌을 가질 것이고, 그만큼 편안하게 다가갈 수 있기 때문이다. 따라서 긍정적인 이미지를 갖는 것은 다른 사람들과의 커뮤니케이션을 보다 쉽고 원활하게 만들어 준다. 그러나 당신의 이미지가 상대방 또는 상황에 적합하지 못할 때에는 보이지 않는 차단벽이 형성되어 효과적인 커뮤니케이션을 저해하게 된다.

이처럼 긍정적 이미지를 형성하는 것은 여러 모로 이점이 있지만, 실제로 많은 사람들은 이미지의 중요성을 쉽게 간과한다. 성공을 꿈꾸는 사람이 이런 태도를 가지고 있다면, 그의 꿈은 이루어지기 힘들 것이다. 앞에서도 언급했지만, 이미지는 커뮤니케이션이나 기타 많은 부분에 있어 큰 영향을 미치기 때문이다.

이미지가 갖는 대단한 효과는 오래 전 닉슨과 케네디가 벌인 TV토론에서 여실히 증명된 바 있다. 이 TV토론에서 케네디는 닉슨이라는 거물을 상대로 손쉽게 승리를 거두었다. 케네디의 승리 요인은 그의 탁월한 연설 솜씨에도 있었지만, 외모에서 풍기는 온화하고 지성적이며 젊고 활기찬 이미지가 시청자들에게 긍정적인 인상을 심어 준 데 있었다. 그날의 TV토론은 대통령 선거에 있어서 판세를 뒤엎는 중요한 전환점이 되었다. 이렇듯 긍정적 이미지는 한 나라의 대통령을 선출하는 선거에서도 큰 영향력을 갖는다.

상대방을 처음 만났을 때 그의 첫인상이 별로 탐탁하지 않다면, 첫인상을 접어 두고 그의 내면에 숨겨진 진정한 재능과 진가를 파악하려고 노력하는 사람은 매우 드물다. 잘 알지 못하는 사람일수록 그들이 보이는 첫인상은 그들의 능력과 재능, 인간성까지도 추측하게 만드는 힘을 가지고 있는 것이다. 이런 까닭에 사람들은 상대가 가지고 있길 '바라는 이미지'와 상대방이 직접적으로 '보이는 이미지'가 서로 다를 때 매우 민감하게 반응한다. 자, 생각해 보라. 고위 공직자에게서 기대하는 이미지와 록 음악가에게서 기대하는 이미지는 상당히 다르다. 또한 요즘처럼 이미지가 다양한 시대에, 정장차림에 말쑥하고 단정한 머리 스타일을 가진 신인 록 가수가 스타덤에 오르기는 힘들 것이다. 마찬가지로 보수적인 은행가는 찢어진 청바지와 티셔츠 차림에 몸에 문신까지 새긴 사람을 부하직원으로 뽑지는 않을 것이다. 따라서 상대에게 긍정적인 인상을 주고 싶다면, 그가 당신에게서 어떤 이미지를 찾고 싶어할 것인가를 먼저 깊게 생각해 보아야 한다.

전달하고자 하는 메시지와 부합되지 않는 이미지는 커뮤니케이션 과정에서 의미 없는 잡음만을 만든다. 산만한 이미지를 가진 사람이라면, 그의 산만함이 상대방의 메시지 청취를 방해하기 때문이다. 반면 전달하고자 하는 메시지에 적합한 이미지를 갖게 되면 커뮤니케이션을 원활하게 만드는 윤활유 작용을 하여 서로의 메시지가 잘 전달될 수 있다. 단정하고 깔끔하며, 열성적으로 보이는 사람이 사무직에 지원하면, 면접관은 그 지원자가 적극적으로 근무할 태세가 갖추어져 있다는 긍정적인 첫인상을 받을 것이다.


다른 사람들에게 긍정, 혹은 부정적인 이미지를 갖도록 하는 이미지 구성요소는 매우 많지만, 가장 큰 영향을 미치는 것은 첫인상, 지식의 깊이와 폭, 그리고 열정 등이라고 할 수 있다. 다음에서 이 요소들을 자세히 살펴보도록 하자.

# 첫인상

'첫인상은 계속 남는다' 는 말은 사람의 첫 이미지가 관계에 있어서 얼마나 중요한 역할을 하는가를 잘 보여 주는 말이다. 아마 당신도 한번쯤은 이런 말을 들어 본 적이 있을 것이다. 그렇다면 이 말을 깊이 생각해본 적이 있는가? 타인의 머릿속에 지속적으로 남는 첫인상이란 무엇이라고 생각하는가?

첫인상은 당신이 상대방에 대해, 혹은 상대방이 당신에 대해 갖는 최초의 느낌을 의미한다. 첫인상을 형성하는 주요 요소는 의상의 조화, 목소리, 깔끔한 옷매무새, 악수, 시선 처리, 자세 등이다. 당신이 이런 요소들을 얼마나 잘 갖추고 있느냐에 따라 상대방이 갖는 당신에 대한 최초 인식은 크게 달라진다. 앞에서 언급한 것처럼 긍정적인 첫인상은 상대방과의 커뮤니케이션을 보다 쉽고 편안하게 만든다. 반대로, 부정적인 첫인상은 대화를 시작하기도 전에 두 사람의 관계를 단절시킬 수도 있다. 물론 부정적인 첫인상은 그 사람이 얼마나 노력하는가에 따라 극복될 수도 있지만, 이것은 매우 어려운 일이다. 대부분의 사람들은 상대방에 대해 얻은 처음의 부정적인 인상을 긍정적이고 좋은 느낌으로 바꿔 보려 하기 보다는 차라리 포기해 버리는 경우가 더 많기 때문이다.

당신은 상대방의 첫인상을 통해, 그 사람의 인격이나 능력을 판단해 본 적이 있는가? 지방 사투리를 심하게 사용하는 어떤 사람을 떠올릴 때, 제일 먼저 머리에 떠오르는 것은 무엇인가? 힘없는 악수를 하는 사람은 어떠한가? 싸구려 옷차림에 지저분하고 어눌한 말투, 구부정한 자세, 몸에 맞지 않는 옷 등을 입고 있는 사람에 대해서는 어떤 생각이 드는가? 혹시 당신도 다른 사람들에게 이와 같은 이미지로 비처지고 있지는 않은가? 어쩌면 당신은 이런 문제점 중 그 어떤 것도 자신에게 해당되지 않는다고 생각할지 모른다. 그러나 착각하지 말라! 다른 사람에게 비처지는 첫인상에서 개선해야 할 점이 전혀 없는 사람은 거의 없으니 말이다.

필자의 친구 중에는 대학원을 졸업하고 오랫동안 직장을 구하지 못해 애를 먹고 있는 친구가 있었다. 그는 대학교수가 되려고 많은 대학에서 면접을 보았지만, 언제나 무엇인가가 문제가 되어 탈락하곤 했다. 하지만 그의 실력에 문제가 있는 것은 아니었다. 그는 상당히 뛰어난 실력의 소유자였다. 누구도 그의 우수한 성적증명서를 의심하지는 않았다.

계속해서 면접에 떨어졌지만, 필자의 친구는 그 이유를 알 수가 없었다. 그러다 한 대학에 가서 면접을 보게 되었는데, 그 학교의 학과장은 그에게 개인적으로 호감을 보였다. 하지만 그 대학에서도 교수 자리를 얻을 수는 없었다. 그러나 학과장은 그때까지 그 누구도 알려 주지 않았던 귀중한 정보를 친구에게 알려 주었다. 그는 친구에게 "당신의 이미지가 면접에서 크게 문제가 되었습니다. 교수로 채용되고 싶다면 이미지를 바꿔 보는 게 좋을 것 같군요"라는 충고를 해 준 것이다. 학과장 외의 다른 교수들은 친구의 이미지가 대학에서 교수로 일하는 데 부적절하다고 생각했던 것이다.

아닌 게 아니라, 필자의 친구는 첫인상이 그리 좋지 못한 사람이었다. 물론 필자와 같이 그와 오랫동안 친분을 가지고 있는 사람들은 그가 매우 다정하고 따뜻하며, 늘 남에게 도움을 주고자 하는 훌륭한 인품의 소유자라는 것을 알지만, 그를 처음 보는 사람들은 그의 첫인상에서 그러한 인상을 받기가 힘들었다. 결국, 그의 정돈되지 않은 용모가 모든 관계에 있어서 장애물로 버티고 있었던 것이다.

우선 친구는 의상을 잘 선택할 줄 몰랐다. 그는 양복과는 전혀 어울리지 않는 색깔의 셔츠를 입거나, 격자무늬와 줄무늬가 섞여 있어 보기에도 어지러운 싸구려 의상을 입고 다니곤 했다. 게다가 거의 닳아 빠져 질질 끌리는 구두에, 잘 감지 않은 머리카락에는 기름기가 배어 있고, 거기다 빗질까지 제대로 하지 않아 늘 엉망이었다. 또 그의 악수는 늘 차갑고 힘없이 흐느적거렸다. 말을 할 때도 언제나 낮고 단조로운 목소리로 상대방의 눈을 거의 보지 않고 말하곤 했다. 하지만 필자는 친구의 이런 문제들을 직선적으로 말하는 것이 그에게 너무 잔인한 일이라는 생각이 들어 제대로 충고해 주지 못했다.

그 친구가 보이는 정돈되지 못한 첫인상과 신뢰성 없는 이미지는 많은 사람들로 하여금 그와 의미 있는 관계를 맺으려는 생각을 갖지 못하도록 만들었다. 다른 사람들은 결코 필자가 생각하는 것처럼 그를 보거나 평가하려 하지 않았던 것이다. 필자의 친구는 긍정적이지 못한 첫인상이 얼마나 감당하기 힘든 불운을 안겨 주는가를 여실히 보여 주고 있다.

그러나 이미지를 바꾸는 것이 결코 불가능한 일만은 아니다. 한 연구에 의하면 이미지에 큰 영향을 미치는 몇 가지 부분만 바꾸면, 자신에 대한 타인들의 반응을 변화시킬 수 있다고 한다. 예를 들어 악수하는 방법을 바꾸는 것도 당신의 이미지를 변화시키는 데 도움이 될 수 있다. 힘없고 땀이 가득 밴 손으로 악수를 하는 것은 예의에 어긋날 뿐더러, 이미지에도 악영향을 미친다. 그러므로 지금부터는 다음과 같이 악수해 보자. 악수할 때는 상대방의 손이 아프지는 않을 정도로 꼭 잡고, 단단하고 확고하게 하라. 고통이 느껴질 만큼 지나치게 손을 꽉 잡는 악수는 힘없이 흐물흐물하게 하는 악수만큼이나 그 사람에 대해 부정적인 감정을 갖도록 만든다. 또한, 상대방의 손을 지나치게 오랫동안 잡지 않도록 하라. 처음 보는 사람의 손을 오래 잡는 것은 그 사람을 불편하게 만들 것이며, 당신의 의도를 의심하게 만들 수도 있다. 악수하는 동안에는 상대방과 부드러운 시선을 나누도록 하라. 이것은 부드러운 관계형성에 도움이 된다.

서로 악수할 기회를 갖기 전에, 상대방은 당신이 어떻게 앉고, 걷고, 서는지를 주의 깊게 살펴볼 수도 있다. 또 옷은 어떻게 입고 있는지, 차림새는 어떠한지를 살필 수도 있다. 앉아 있거나 서있거나 간에 당신이 꼭 염두에 두어야할 점은 지나치게 이상한 자세를 보여서는 안 된다는 것이다. 눈에 보일 만큼 너무 뻣뻣하게 걷거나, 발을 질질 끌면서 걷거나, 통통 튀면서 걷거나, 구부정한 자세로 걷는 것은 긍정적인 이미지 보다는 부정적인 이미지로 보이기 쉽다. 마찬가지로, 볼썽사나운 모습으로 의자에 앉아 있거나, 의자 팔걸이에 다리 하나를 올려놓고 있거나, 기타 다른 단정치 못한 자세로 앉아 있을 때에도 그 사람의 이미지는 긍정적이기 보다는 부정적인 쪽으로 기울 가능성이 높다. 따라서 극단적인 자세를 될 수 있으면 피하도록 하라. 다른 사람들에게 거부감을 주지 않도록, 똑바로 편안하게 앉고 걷는 자세를 키우도록 하라.

깔끔한 이미지를 주고 싶다면 개인적 청결과 옷매무새에 관해 많은 신경을 써야 한다. 지위고하를 막론하고 손톱 밑에 때가 끼어있는 사람들을 얼마나 많이 보는가? 양복 칼라 위에 떨어져 있는 비듬은 또 어떤가? 귀와 코 속에 지나치게 삐죽삐죽 나와 있는 털을 본 적이 있는가? 헤어스프레이, 화장, 향수 등을 지나치게 많이 사용하는 여자동료는 어떠한가? 점심 식사 후 입에서 참치, 양파, 마늘, 술 냄새를 풍기는 사람과 말해 본 적이 있는가? 직장동료의 양복이나 셔츠, 블라우스, 구두 등에서 나는 냄새를 맡아본 적이 있는가? 당신은 이러한 정돈되지 못한 이미지에서 완전히 자유로운가? 위생과 단정한 옷매무새를 통해 당신의 첫인상이 결정된다는 사실을 인식하라. 그리고 이에 지속적으로 관심을 기울여라. 필요하다면, 이러한 것들은 즉시 개선할 수 있는 것이다.

아울러 옷 입는 방식 또한 당신의 이미지를 형성하는 데 큰 영향을 미친다. 옷차림으로 그 사람의 전부를 평가할 수는 없지만, 적절하고 단정한 옷차림은 그 사람의 품격을 나타내는 하나의 척도가 될 수도 있다. 옷차림 또한 당신의 이미지를 결정할 수 있는 중요 요인이 된다는 사실을 항상 기억하라.

옷차림은 이미지를 만드는 데 강력한 역할을 한다. 세련된 옷차림은 당신의 인격에 대한 평가를 긍정적으로 만들 수 있다. 또한 이것은 다른 사람과의 상호작용에서 성공적인 기회를 잡는 데 도움을 주기도 한다.

대부분의 조직에는 부서별, 혹은 지위별로 그들만의 의상문화가 있다. 대개 관리자는 큰 거부감 없이 부하직원으로 하여금 자신의 권위와 지위를 알아차리도록 할 수 있는 의상을 선택할 것이다. 외부에서 일하는 컨설턴트나 공급책임자는 보수적 정장차림으로 사람을 대할 것이고, 엔지니어는 자유롭고 캐주얼한 옷차림으로 자신의 업무분야를 나타낼 수도 있다. 여자직원은 여성으로서의 정체성을 확보하는 동시에, 올바른 이미지 형성을 위해 그에 걸맞는 옷차림을 할 것이다. 물론 상황에 맞춰 의상을 선택하는 것이 결코 쉽지만은 않지만, 관심만 있다면 누구나 훌륭하게 해 낼 수 있다.

표출하고 싶은 이미지와 조직의 문화환경을 기초로 당신의 이미지를 어떻게 형성할 것인가를 결정하라. 최고 경영자가 언제나 평상복이나 셔츠 차림으로 출근하는 조직에서 승진하고 싶다면, 값비싼 의상을 입는 것은 피하는 것이 좋다. 그렇다면 옷차림에 대한 일반적 지침은 무엇일까? 그것은 다음과 같다.

권위와 성공을 표출하고 싶다면, 보수적 옷차림을 하도록 하라. 이때 천연섬유로 만들어진 옷을 입는 것이 도움이 된다. 처음에는 다소 많은 돈이 들어 부담스러울 수도 있지만, 이런 옷은 오래 입을 수 있을 뿐만 아니라 옷 모양이 훨씬 세련되고 멋지다. 모직이나 면으로 만들어진 정장에, 면 셔츠, 실크 블라우스, 실크 넥타이, 실크 스카프 등을 사용하는 것도 세련되고 보수적 옷차림을 하는 데 도움이 된다. 여기에 가죽 구두, 가죽 벨트, 가죽 서류가방과 같은 액세서리를 덧붙인다면 훨씬 더 효과적으로 이미지를 형성할 수 있을 것이다.

이때 의상의 색상과 무늬, 스타일 등도 보수적인 것을 고르는 것이 좋다. 흰색과 청색, 그리고 부드러운 파스텔 색조의 셔츠와 블라우스는 침착하고 보수적인 이미지를 나타내는 데 도움이 된다. 격자무늬나 가는 줄무늬가 들어 가 있는 셔츠와 블라우스를 입는 것도 좋다. 단, 무늬가 있는 옷을 입을 때에는 전체적인 조화를 고려해서 입을 수 있어야 한다. 너무 다양하고 많은 무늬가 들어 간 옷은 보수적인 이미지 보다는 어지럽고 혼란스러운 느낌을 줄 수 있다. 정장에 효과적인 색상은 회색과 청색(단, 남자에게는 밝은 청색은 제외시킨다), 그리고 베이지 색 등의 차분한 색상이다.

물론, 당신이 광고회사와 같은 매우 창의적 분위기에서 근무한다면, 보수적 색상과 무늬의 옷을 입을 필요는 없다. 이런 경우에는 차라리 화려하거나 캐주얼한 의상을 입는 것이 효과적일 수 있다.


다른 사람들에게 보이고 싶은 이미지가 있다면, 그 이미지를 굳히기 위해 의상을 적절하게 조화시키는 방법을 배워라. 우선 의상의 색상이 서로 잘 어울리도록 신경을 써야 한다. 넥타이나 스카프는 정장이나 셔츠 또는 블라우스에 있는 색상과 근접한 것 중에서 골라야 하고, 양말 색상은 구두와 같은 색상이어야 한다. 성공적이고 권위적인 이미지를 강하게 어필하고 싶다면 긴소매 셔츠 및 블라우스를 입는 것이 좋다. 보석과 장신구는 화려하지 않고 비교적 간단한 것이 좋다.

키나 몸무게, 나이 때문에 이미지를 만드는 데 어려움을 겪고 있다면, 그런 문제를 완화시킬 수 있는 의상을 선택하라. 예를 들어, 키 큰 사람은 어둡거나 무거운 색, 또는 지나치게 강한 색상의 의상을 피하고 부드러운 색상 및 질감의 옷을 선택하여 키에서 오는 부담을 완화시킬 수 있다. 키 작은 사람은 그 반대의 의상을 선택함으로써 시각적으로 키가 커 보이는 효과를 얻을 수 있다. 키 작은 남성은 어두운 줄무늬 정장에 조끼, 흰색 셔츠, 검정색 구두 등으로 권위적인 이미지를 형성할 수 있다. 키가 작은 여성이라면 짙은 색 정장에 밝은 색 블라우스를 코디하여 입는 것이 좋다.

또한 체중이 많이 나가는 사람은 짙은 색 정장과 외투를 입어서 시각적으로 날씬해 보이는 효과를 얻을 수 있다. 반면에 마른 사람은 밝은 색상이나 레이스 등이 달린 의상을 입음으로써 마른 몸을 커버할 수 있다. 보다 많은 권력과 권위를 표출해야 할 필요가 있는 젊은 사람은 키 작은 사람에게 추천한 지침을 따르면 된다. 이미 권력과 권위를 소유한 나이든 사람은 키 큰 사람에게 추천한 지침을 따르면 보수적이고 성공적인 이미지를 만들 수 있다.

보수적이고 권위적이며 성공적인 이미지를 형성하는 것은 상급자로서 직원을 효과적으로 관리하는 데 도움이 되지만, 지나치게 보수적인 이미지는 자칫 거리감을 느끼게 만들 수 있다. 따라서 직원들에게 인간적인 모습을 보여야 할 필요성을 느낄 때는 당신의 이미지를 보다 자유롭고 편안한 분위기로 바꿀 수 있어야 한다. 넥타이나 스카프를 느슨하게 매거나 셔츠나 블라우스의 상단에 있는 단추를 하나 정도 풀고, 조끼나 상의는 벗어버리도록 하라. 이렇게 하면, 당신은 훨씬 더 편안한 이미지로 부하직원들에게 다가갈 수 있으며, 직원들 또한 당신과 개방적인 대화를 나누는 데 거부감이 없을 것이다. 이와 같이 상관과 부하직원들에게 서로 다른 이미지를 보여야 할 때는 그 상황에서 그들이 당신에게 바라는 이미지가 무엇인가를 생각하고, 그에 따라 이미지를 바꿀 수 있어야 한다.

당신이 표현하는 의상, 음성, 옷매무새, 악수, 자세 등에 따라 당신을 둘러싸고 있는 주변 사람들은 당신을 다르게 맞이할 것이다. 당신이 보이는 이미지가 당신을 어떤 방식으로 대해야 하는가를 결정하게 만드는 것이다. 이런 이유로 첫인상은 다름 사람들과의 관계형성에 정말로 중요한 역할을 한다. 다른 사람들에게 긍정적인 인상을 심어줄 이미지를 표현하지 못한다면, 그것은 당신의 인생에 커다란 걸림돌로 작용할 것이다. 그러므로 상대방에게 좋은 인상을 심어줌으로써 자신을 중요한 사람으로 만들기 위해, 가능한 최선을 노력을 기울이도록 하라.

# 지식의 깊이

지식의 깊이는 당신이 자신의 전문분야에 대해 얼마나 많은 지식을 가지고 있는가를 가리키는 말이다. 당신은 지금 몸담고 있는 회사에 대해 얼마만큼 잘 알고 있는가? 당신이 속한 산업분야에 대해 어느 정도의 지식을 가지고 있는가? 경쟁사와 비교해 당신의 회사가 갖는 강점과 약점은 무엇인가? 직원들이 업무적으로 궁금한 사항이 있을 때, 제일 먼저 당신을 찾는가? 직원들, 동료, 그리고 상사가 당신이 모르는 사항에 대해 물었을 때 그에 대한 답변을 줄 수 있는 사람을 바로 알려줄 만큼, 부서 내의 모든 사람들에 대해 잘 알고 있는가? 당신이 가지고 있는 지식의 깊이가 직원과 동료로부터 존경을 받을 만큼 뛰어난가? 동료들이 '당신이 하는 만큼 나도 일을 잘 할 수 있으면 좋겠다' 라는 말을 할 만큼 당신의 업무 처리 능력은 탁월한가?

당신이 가지고 있는 지식의 깊이는 이미지를 형성하는 데 매우 큰 영향을 미친다. 따라서 회사와 당신이 하고 있는 업무, 그리고 사업 전반에 대해 보다 많은 지식을 습득할 수 있도록 노력을 기울여야 한다. 아울러 회사의 규정과 절차에 철저히 익숙해지도록 하라. 당신의 회사에서 만드는 제품과, 직원들에 관해서도 최대한 잘 알 수 있도록 항상 주의를 기울여라. 회사의 현재 상황과 시장의 변화에 관해서도 끊임없이 연구하고, 경쟁사와 비교하여 당신의 회사가 어느 정도의 위치를 점하고 있는지도 파악하도록 하라. 이와 같은 방법으로 지식의 깊이를 증대시키는 것은 당신에게 지적이고 신뢰할 만한 사람이라는 이미지를 갖도록 하는 데 도움이 된다. 그만큼 직원, 동료, 그리고 상사로부터 존중받을 수 있게 된다.

# 지식의 폭

지식의 폭은 자신의 전문분야 이외의 분야에 대해 다른 사람들과 대화할 수 있는 능력을 말한다. 당신은 최근에 세계적으로 가장 이슈가 되고 있는 사건이 무엇인지 아는가? 요즘 서점가에서 베스트셀러에 오른 서적은 무엇이고, 그 책이 어떠한 내용을 담고 있는지를 잘 알고 있는가? 최고의 인기를 올리고 있는 영화는 무엇인지 아는가? 이 밖에 상대방이 관심을 가지고 있는 분야에 대해 심도 있는 대화를 할 수 있을 만큼 다양한 분야의 지식을 가지고 있는가?

지식의 폭을 넓힘으로써 당신은 다른 사람들과의 신뢰관계를 보다 더 쉽게 발전시킬 수 있다. 혼자서만 흥미롭게 생각하는 것 대신, 대화 상대자가 관심을 가지고 있는 주제에 대해 대화를 나누게 되면, 그 상대방은 당신과의 대화에서 보다 편안함을 느끼게 된다. 이것은 상대방에게 당신과의 관계를 한층 돈독하게 만들고 싶은 욕구를 갖도록 만들어, 서로 간의 관계를 부드럽고 유연한 것으로 만드는 결과를 가져온다. 대부분의 사람들은 상대방이 자신의 관심분야에 흥미를 보일 때, 보다 깊은 친밀감과 신뢰를 느낀다는 사실을 명심하라.

한 연구에 따르면, 사람은 상대방에게서 자신과의 공통점을 많이 찾을수록 그 사람에 대해 호감을 갖는다고 한다. 따라서 지식의 폭을 확대하는 것은 다양한 사람들과 신뢰관계를 맺고, 생각을 교류할 수 있는 기회를 증가시킬 수 있다.

지식의 폭을 증가시키는 것은 오로지 당신의 몫이다. 이를 위해 당신이 가장 쉽게 할 수 있는 일은 정치·경제·사회·문화 등 다양하고 폭넓은 내용을 다루고 있는 신문을 매일 주의 깊게 읽는 것이다. 스포츠, 가십, 패션 또는 관심 있는 부분만 읽지 말고 되도록이면 신문의 모든 지면을 꼼꼼하게 정독하도록 하라. 이렇게 함으로써, 당신은 국내 또는 국제적으로 이슈가 되고 있는 여러 사건의 배경을 파악하고, 교육·예술·스포츠·서적·영화 등 기타 부분에 관한 추가적 지식도 얻게 될 것이다. 이 밖에 관심분야 이외의 서적도 적어도 일년에 네 권 이상은 읽도록 하라. 이때 소설과 비소설을 골고루 읽으면 지식의 폭을 증가시키는 데 도움이 된다.

지식의 폭을 증가시키는 데 따로 시간을 내기 힘들다면 목욕, 면도, 화장, 출퇴근 등에 소요되는 자투리 시간을 이용하도록 하라. 화장하면서 TV뉴스를 시청하거나, 출퇴근 시간에 라디오뉴스를 듣고, 목욕하는 동안 카세트테이프로 책이나 교육자료를 들음으로써 그 시간을 유용하게 사용할 수 있다.

대화를 할 때에는 상대방이 말하는 분야에 대해 별로 아는 것이 없더라도, 질문을 통해서 그것에 대한 관심을 표명하도록 하라. 이렇게 하는 것이 새로운 것을 손쉽게 배울 수 있는 가장 좋은 방법이다. 지식의 폭을 넓히는 가장 좋은 방법은 읽고, 듣고, 다른 사람들과 원활하게 상호작용하는 것임을 명심하도록 하라.

# 열정

가장 좋아하는 연예인이 누구인가? 좋아하는 가수를 만나려고 오늘밤 콘서트에 간다고 생각해 보자. 그 공연의 티켓값은 1인당 7만원으로 결코 싸지 않은 편이지만, 당신과 당신의 친구는 평소 좋아했던 가수를 만날 수 있다는 생각에 아낌없이 돈을 지불하고 티켓을 산다. 두 사람은 아무 것도 보지 못한 상태에서 이미 14만원이나 되는 거금을 지불한 것이다. 공연 날짜가 다가오고 당신과 친구 두 사람은 일찍이 콘서트 장에 도착하여 가수가 나오기만을 기다리고 있다. 마침내 가수가 출연하고 관중들의 박수소리에 콘서트 장은 떠나갈 것 같다. 늘 하던 대로 가수는 노래를 시작하고, 아름답고 멋진 목소리로 관중들의 감탄을 자아낸다. 그런데 그 가수가 전혀 미소짓지도, 자신을 보러 온 팬들에게 말 한마디도 건네지 않고 그저 인형처럼 노래 부르기에만 열중한다면 당신의 기분은 어떻겠는가? 아마 상당히 불쾌하고 기만당한 느낌이 들 것이다. 가수가 무대에 오르기 전 광고계약 문제로 매니저와 다투었다는 것은 그의 형편없는 무대 매너를 설명해 줄 수 없다. 자신을 보러 온 수많은 관중들에게 무성의하고 불성실한 모습을 보이는 것은 그의 심리상태가 얼마나 복잡한가와는 관계없이, 그의 가수로서의 자질을 의심케 할 수 있는 부분이다. 그 가수가 관중들에게 조금이라도 다정하고 성의 있는 모습을 보였더라면 당신의 실망은 그렇게 크지 않았을 것이다.

당신이 개인적 문제로 업무나 회사, 동료에 대해 열성적이지 못한 모습을 보일 때, 그들이 당신의 이유에 대해 얼마나 관심을 보이고 이해할 것이라고 생각하는가? 혹시 성의 없이 노래하던 가수에게서 당신이 받았던 실망감이나 분노를 그들도 당신에게서 느끼고 있는 것은 아닐까? 반대로 열성이 없는 동료나 관리자를 보면 당신은 어떤 느낌이 드는가?

대부분의 사람들은 자기 업무에 열성적인 사람과 일하기를 좋아한다. 그것은 아마 열성적인 사람이 그렇지 않은 사람보다 더 열심히, 더 오래, 더 정확하게 일하기 때문일 것이다. 하지만 동료가 열성적으로 일하지 않는다고 해서 그저 불만만 쌓아 놓는 것은 결코 바람직한 태도가 아니다. 동료가 열성적이기 바란다면, 당신 역시 열성적인 모습으로 일할 수 있도록 노력하라. 열성은 가만히 앉아만 있다고 해서 생기는 것이 아니다. 당신의 열성적인 모습을 통해 동료 스스로 반성할 수 있는 기회를 제공하는 것이 가장 바람직한 열성의 전파 방법이다.

같은 말의 반복이겠지만, 당신이 일과 직장동료, 그리고 회사에 대한 열성을 내보일 때 그 열성적 태도는 주변의 모든 사람들에게 전이된다. 마찬가지로 당신의 열성이 부족할 때는 그 성의 없는 태도가 주변 사람 모두에게 그대로 전이된다. 그들도 조금씩 자신과 직장동료, 업무, 그리고 회사에 대해서도 성의 없는 모습을 보이게 되는 것이다. 따라서 열성으로 가득한 관계를 얻느냐, 성의 없고 불성실한 관계를 얻느냐의 선택은 바로 당신의 몫이다. 둘 중 어느 것을 선택하겠는가?

주변 사람들로부터 얻게 되는 반응은 대인관계에서 당신이 얼마나 성공적으로 자신을 표현하고 행동했는가에 달려 있다. 스스로 표출하는 이미지는 대인관계에서의 성공을 최대화하느냐 혹은 최소화하느냐에 크게 영향 미친다. 상대방은 의식적이건 무의식적이건 간에 당신이 하는 모든 말, 제스처, 표정, 첫인상 등을 주의 깊게 살펴보고, 당신을 평가하기 시작한다. 그러므로 개인적인 교류와 그 외의 모든 교류에서 당신의 이미지를 확실하게 표출하기 위해서는 상당히 많은 노력이 뒤따라야 한다. 그래야만 당신 스스로 개방적이고 정직하며 신뢰를 쌓아 가는 커뮤니케이션을 촉진하고 양성할 수 있다.

# CHAPTER TWELVE

# 비언어적 커뮤니케이션의 힘

당신이 최근에 문제를 일으키고 있는 부하직원 중 한 사람을 사무실로 불렀다고 생각해 보자. 당신은 그의 문제점에 대해 지적하고 해결점을 모색하려는 생각으로 그를 불렀지만, 이런 의도를 미리 그 직원에게 말하지는 않았다. 아무것도 모른 채 사무실에 들어선 직원의 얼굴에는 긴장하는 표정이 역력하고, 그 모습을 보는 순간 당신은 '오늘 모든 문제를 해결하고 말겠어' 라는 생각을 한다.

직원에게 편안히 앉을 것을 권한 후 당신은 그의 문제와는 직접적으로 관련이 없는 최근의 사회적 문제에 대해 이야기하면서 대화를 시작한다. 직원은 앞으로 머리를 약간 숙이고 팔과 다리를 가지런히 모은 상태에서 당신의 이야기를 경청하기 시작한다. 그렇게 시간이 조금 흐른 후, 직원은 처음보다는 약간 긴장을 푼 상태로 몸을 살짝 앞으로 내밀며 앉아 있다. 하지만 시간이 더 흐르자, 직원의 자세는 조금씩 변하기 시작하고 마침내 토론의 중반에 이르렀을 때에는 팔과 다리를 강하게 꼬고 있는 것이 보인다.

직원의 몸은 점점 굳어지고, 입술은 오므라들며, 두 주먹은 굳게

쥐어져 있다. 그는 처음과는 달리 당신과 거의 시선을 맞추지 못하며, 자신의 의견을 피력하는 동안에도 당신의 얼굴을 똑바로 바라보지 못한다. 심지어 당신과 눈이 마주치기라도 하면 얼른 고개를 숙여 그 시선을 피하고자 한다. 시간이 가면 갈수록, 그 직원은 대화 도중 곁눈질을 하거나, 코를 문지르고, 자주 손으로 입을 가리면서 안정되지 못한 모습을 보인다.

당신 또한 직원의 이야기를 들으면서 이따금 안경 너머로 그의 모습을 조심스레 살핀다. 가끔 그를 곁눈질로 쳐다보기도 하고 주기적으로 눈썹을 치켜 올리기도 한다. 대화가 거의 끝났을 때 당신은 그 상황에 대해 열린 마음으로 다시 한번 객관적인 검토를 해 보겠다고 하고 직원을 돌려보낸다. 결국 아무런 성과도 거두지 못한 채 대화는 종결된 것이다.

직원이 사무실을 나갔을 때, 당신은 깍지 낀 손으로 머리를 받치고 책상 위에 발을 올려놓은 채 의자에 기댄다. 그리고 곰곰이 생각에 잠긴다. 아무리 생각해 보아도 대화가 진행되는 동안 서로의 말 외에 또 다른 어떤 것이 함께 진행되었다는 이상한 느낌을 떨쳐 버릴 수가 없다. 그것이 무엇이었는지 꼭 집어 말할 수는 없지만 아무튼 무언가 다른 것이 대화에 끼어들었던 것이 확실하다. 대화 내용을 다시 생각해 보다가, 당신은 그 직원의 행동 방식이 마음에 들지 않아 그가 하는 말을 전혀 믿으려 하지 않았다는 사실을 깨닫는다. 하지만 그에게 의구심을 가지고 있다는 사실을 알리고 싶지 않아서, 객관적으로 다시 한번 검토해 보겠다는 말만을 한 채 의미 없이 대화를 끝내 버렸다.

위의 상황을 잘 살펴보면, 관리자와 직원이 말이 아닌 행동으로 솔직하게 커뮤니케이션하고 있었다는 사실을 알 수 있을 것이다. 얼굴 표정이나 몸짓과 같은 신체의 움직임은 어떤 말보다도 자신의 태도나 감정을 더 잘 나타낸다. 만약 위의 상황에서 관리자가 신체언어를 조금이라도 읽을 줄 알았다면 직원과의 대화는 훨씬 더 원활하게 진행되었을 것이다. 아울러 관리자가 생각한 문제점들도 그 자리에서 해결될 수 있었을 것이다.

대화 내내 보였던 직원의 꼬인 다리, 굳은 몸, 오므라든 입술, 조여진 가슴, 시선 회피, 불안한 몸짓 등의 신체언어를, 관리자는 정보왜곡 또는 정보보류를 나타내는 행위로 바라본 듯하다. 마찬가지로 직원도 관리자가 보인 안경 너머로 바라보는 행위, 옆으로 힐끗 쳐다보는 행위, 눈썹을 치켜올리는 것 등의 제스처를 '나는 당신을 신뢰할 수 없어' 라는 뜻으로 받아들인 것 같다. 이런 까닭에 직원은 대화 도중 더욱 불안한 모습을 보일 수밖에 없었고, 결국 적극적으로 대화에 참여하기보다는 한 발 뒤로 물러나 방관하는 자세를 취하게 된 것이다. 그리고 직원의 이러한 느낌은 곧바로 신체언어로 나타나 관리자로 하여금 그가 진실을 말하고 있지 않다고 생각하게 함으로써, 서로 '아무런 성과 없는 대화' 라는 악순환을 거듭하게 만든 것이다.

신체언어를 이해하는 능력은 아이큐I.Q. 시험을 치르는 능력, 학교성적 등과는 별 관계가 없다. 신체언어에 대한 이해력은 오로지 꾸준한 연습을 통해서만이 향상될 수 있기 때문이다. 이런 이유로 신체언어 이해력에 대한 테스트를 해 보면, 대부분의 사람들은 첫 번째 테스트보다 두 번째 테스트에서 더 좋은 결과를 얻는다.

비언어적 커뮤니케이션에 관해 연구하는 학자들은, 사람들이 대면을 통해 이야기를 나눌 때 그 대화의 90% 이상이 비언어적인 요인에 의해 이루어진다고 주장한다. 나머지 10%의 의미만이 말을 통하여 전달된다는 것이다. 그들이 주장하는 바가 사실이라면, 비언어적 커뮤니케이션이 얼마나 중요한가는 굳이 말로 설명하지 않아도 될 것이다.

효과적인 글쓰기나 말하기 방법을 위한 교육 과정, 혹은 세미나는 언제나 넘쳐난다. 하지만 비언어적 커뮤니케이션이나 신체언어와 관련된 강의를 하는 곳은 거의 없다. 따라서 이 단원의 내용은 당신이 비언어적 커뮤니케이션 기술을 보다 철저하게 이해하도록 하는 데 역점을 둘 것이다.


몸으로 나타나는 행동을 통해 사람들은 자신이 가지고 있는 의식적 또는 잠재의식적 감정이나 희망, 태도 등을 표현한다. 이런 이유로 내부 감정의 표출에 대한 잠재적인 욕구와 필요에 의한 자극으로 발생하는 신체언어는 언어적인 커뮤니케이션에 비해 훨씬 더 해석할 만한 가치가 있다. 신체언어를 확실히 해석함으로써 그가 전달하고 있는 언어적 표현이 사실인지, 거짓인지 혹은 사실에 기초한 것인지, 추측에 의한 것인지를 알 수 있기 때문이다. 신체언어는 의식적 또는 무의식적인 감정의 분출구이다. 따라서 말하는 사람이 보이는 신체언어는 그의 말을 해석하는 데 있어 그 진위를 감시하는 거짓말 탐지기 같은 기능을 한다.

조직에서는 아이디어에 관한 커뮤니케이션이 얼마나 원활하게 이루어지는가가 상당히 중요한 부분을 차지한다. 하지만 이런 경우에도 신체언어를 제대로 이해하지 못한다면, 커뮤니케이션 내용의 50% 정도는 놓칠 수밖에 없다. 따라서 신체적 행동에 대한 인식을 증대시킴으로서 동료직원들, 관리자, 고객 등과 같은 사람들의 감정이나 태도를 읽는 것은 당신의 목적을 달성하는 데 매우 도움이 된다. 아울러 대인간 상호작용에서 당신이 더 많은 인식과 느낌을 가질 수 있도록 돕는다. 결국 당신은 신체언어를 이해함으로써 더 많은 상호 신뢰 관계 확립과 상호이해 능력을 증대시킬 수 있으며, 타인의 당신에 대한 신뢰도를 높이고 생산성 향상의 결과도 얻을 수 있다.

아울러 신체언어에 관한 학습은 타인이 당신을 이해하는 데에도 도움을 준다. 신체언어를 통해 당신이 전달하고자 하는 내용을 타인들에게 더욱 더 효과적으로 전달할 수 있기 때문이다. 그러므로 비언어적인 메시지를 예리하게 인식할 수 있도록 학습에 신경을 쓰는 것이 바람직하다.


## 신체언어

신체언어와 비언어적인 커뮤니케이션은 눈, 얼굴, 손, 팔, 다리, 앉거나 걷는 자세 등으로 전달된다. 상대방의 신체 제스처를 지켜보는 것만으로도 대화하는 당사자는 서로에 관해 많은 것을 알 수 있다. 그러나 각각의 분리된 제스처는 문장의 단어 하나하나와 같이 독립적이다. 따라서 제스처 그 자체만을 가지고 의도를 해석하는 것은 어렵기도 하고 또 매우 위험한 일이 될 수도 있다 .각각의 단어가 갖는 의미가 다르듯이, 각 제스처에도 특별한 의미가 있다. 한 단어로 된 문장이 아니라면, 전체적인 의미전달을 위해서는 한 개 이상의 단어가 필요하듯이, 제스처 또한 여러 가지가 이어져 나타날 수 있다. 따라서 제스처 즉 신체언어를 정확하게 이해하기 위해서는, 제스처를 다른 주변 상황과 함께 고려할 수 있어야 한다. 각각의 제스처가 한덩어리로 결합되었을 때, 비로소 그것은 상대방의 느낌과 생각을 보다 완전하고 정확한 의미로 전달할 수 있기 때문이다. 이를 '제스처 조합gesture cluster' 이라고 부르는데, 이것은 눈, 얼굴, 손, 팔과 다리, 자세 등을 통해 전달되는 메시지 전체를 포함한다. 이번 장에서는 이에 대한 이야기를 중점적으로 다룰 것이다. 먼저, 각각의 비언어적 제스처가 갖는 전달내용에 대해 살펴보도록 하자.

## 눈으로 나타내는 의미

눈은 영혼의 창이라고 알려져 있으며, 사람의 감정을 아주 잘 나타내는 특성을 가지고 있다. '구슬 같은 눈망울', '교활한 눈초리', '강철같은 눈매' 등은 사람의 눈이 타인으로 하여금 그 사람을 어떤 식으로 느끼게 만드는가를 잘 보여 주는 표현들이다.

최근의 눈에 관한 한 연구에서는 매우 흥미로운 결과가 나타났다. '진실한' 사람은 '진실하지 못한' 사람에 비해서 평균 3배나 오랫동안 상대방의 눈을 똑바로 응시한다는 것이다. 이러한 결과는 상대가 당신과 얼마나 오랫동안 눈맞춤을 하느냐에 따라, 그 사람의 진실함을 알 수 있다는 점에서 매우 흥미로운 결과가 아닐 수 없다. 사실,

254

대부분의 사람들은 불편한 질문을 듣게 되면 그 질문을 한 사람과의 시선접촉을 피한다고 한다. 그러므로 당신이 중요한 관계를 맺고자 하는 사람이 있다면, 그 사람이 시선접촉을 피하게 될 만한 주제는 되도록 피하여 대화를 나누는 것이 현명하다. 눈맞춤을 피하는 것은 그 사람이 진실하지 못하다는 뜻이 될 수도 있지만, 그 주제에 대해 불편해 하고 있다는 뜻이 될 수도 있으므로 되도록 의심을 줄이고 믿음을 쌓도록 하는 것이 관계를 맺는 데 효과적이다.

　눈짓은 매우 다양한 뜻을 가지고 있다. 한쪽 눈썹을 올리는 것은 불신을 나타내고, 양쪽 눈썹을 올리는 것은 놀라움의 표시이다. 윙크 하는 것은 관심 표명이나 당신의 뜻에 동의하고 있다는 호의적인 표현으로 사용된다. 고개를 끄떡이거나 미소와 함께 윙크하는 행동은 매우 강한 동의를 하고 있다는 호의적 표현이다. 고정된 자세로 눈을 자주 깜빡이며 당신을 쳐다보는 직원이 있다면 그의 신체언어에 민감해 지도록 하라. 이는 그 순간 당신의 이야기가 그 직원에게 상당히 진지하게 받아들여지고 있다는 표시이기 때문이다. 직원은 아마 당신이 말하는 큰 주제에 대해서는 이미 호의적인 결정을 내린 상태이고, 그 다음 세부사항을 고려하고 있는 중일지도 모른다. 따라서 이럴 때에는 인내력을 발휘하여 그 직원이 다른 신체언어를 보일 때까지 기다릴 수 있어야 한다. 또한 직원의 생각이 모두 정리될 때까지 더 이상 강렬한 논의를 제시하지 않는 것이 좋다.

　이야기하는 동안 상대방의 눈이 어떤 방향으로 움직이는가도 그 사람이 어떤 유형의 사람인가를 아는 데 도움이 된다. 대개 사람들은 오른쪽이나 왼쪽 둘 중 하나의 눈을 중점적으로 사용해 상대를 바라본다. 따라서 상대가 어느 쪽 눈을 중점적으로 사용하는가를 살펴보면 그 사람이 어떤 유형인가를 알 수 있다. 왼쪽 눈을 주로 사용하는 사람은 보다 감정적이고 주관적이며 보다 암시적이다. 반면에 오른쪽 눈을 주로 사용하는 사람은 논리와 정확성에 보다 많은 영향을 받는다.

## 얼굴표정으로 나타내는 의미

얼굴은 사람의 태도, 감정, 기분 등을 가장 잘 나타내는 것 중 하나이다. 이런 이유로 사람들은 상대가 나타내는 얼굴표정으로 인해 때로 마음의 상태나 감정을 그르치기도 한다. 얼굴표정이 사람의 감정을 잘 나타내는 만큼, 당신은 상대의 얼굴표정을 분석함으로써 그 사람의 태도를 분간할 수 있으며 피드백도 제공받을 수 있다.

"펼쳐진 책을 보듯이 그의 얼굴을 읽을 수 있다"라는 표현은 얼굴표정에서 감정이 노골적으로 드러날 수 있음을 가리키는 말이다. 이런 이유로 사람들은 때때로 조급하게 감정을 드러내어 일을 그르치는 것을 막기 위해 얼굴표정을 관리하기도 한다. 그 예로 '포커페이스'라는 말은 다른 사람들이 자신의 진짜 감정을 알지 못하도록, 얼굴에 감정이 나타나는 것을 숨기는 행동을 의미한다. 보편적으로 감정을 나타내는 얼굴표정으로는 불행함이나 분노를 표시하는 눈살 찌푸리기, 행복함을 표시하는 미소, 싫어함이나 혐오를 표시하는 비웃음, 긴장이나 분노를 표시하는 조여진 턱, 불쾌함이나 슬픔을 표시하는 삐죽거리는 입술 등이 있다.

## 손동작으로 나타내는 의미

손을 꼭 조이거나 움켜쥐고 있는 것은 그 사람이 지금 굉장한 압력을 받고 있다는 것을 나타낸다. 이런 행동을 보이는 사람은 대단히 긴장하고 있으며, 상대방에게 강한 이의(異意)를 지지고 있으므로 대개 대화를 나누기가 힘들다. 이 밖에 양손을 헐겁게 잡은 채 손가락 끝을 마주치게 하는 '스티플링 *steepling*' 이라는 행동은 자부심과 함께 강한 자신감을 나타낸다. 또한 서 있는 상태에서 등 뒤에 손을 모으는 행동은 우월함과 권위를 나타내고자 하는 행동이다.

얼굴이나 머리 주변에서 손을 어떻게 움직이는가를 잘 살펴보면, 그 사람이 가지고 있는 여러 가지 태도나 감정을 읽을 수 있다. 예를 들어, 손가락으로 귀 뒤를 얌전히 문지르는 것은 그가 의심스러워 하고 있다는 것을 나타낸다. 또한 한 손가락으로 자연스럽게 눈을 비비는 동작도 듣고 있는 내용에 대해 확신을 갖고 있지 못하다는 의미를 담고 있다. 혹은 눈이 가렵거나 졸음이 온다는 뜻을 나타내기도 한다. 손으로 뒷머리를 만지거나 목덜미를 쓰다듬는 것은 대개 상대방이나 그 상황에 대해 불만족스러운 상태임을 나타낸다. 또한 양손을 각지 낀 상태에서 머리를 받치고 몸을 뒤로 젖히는 행동은 확신이나 우월감을 나타내고, 말하는 도중에 한 손 또는 양손으로 입을 가리는 것은 무언가를 숨기고자 한다는 뜻으로 해석할 수 있다. 이 밖에 손바닥을 턱에 대어 얼굴을 받치고 고개를 끄떡이면서 졸린 듯한 눈꺼풀을 하고 있는 것은 지루함을 나타난다. 손을 볼 위에 올려놓거나 가볍게 턱을 치는 것은 깊은 생각에 잠겨 있거나 당신의 이야기에 대해 관심, 집중 등을 가지고 있다는 것을 나타낸다. 반면에 눈을 감은 채 손으로 콧대를 만지거나, 손바닥으로 턱을 받치고 손가락이 입 근처에 오도록 구부린 채 집게손가락으로 코를 두드리는 것은 대화내용에 대해 비판적으로 생각하고 있다는 것을 나타낸다.

## 팔과 다리로 나타내는 의미

팔짱을 끼는 것은 방어의 표시이다. 이 동작은 예상되는 공격에 대한 저항 또는 원하지 않는 위치로의 이동을 방지하고자 하는 의미를 갖는다. 반대로 팔을 편안하게 벌리고 있거나, 상대방에게로 팔을 쭉 뻗는 행위는 대개 열린 마음 또는 수용의 태세임을 나타낸다.

다리를 꼬는 것은 견해 차이를 나타낸다. 다리를 심하게 꼬고 있는 사람은 당신의 말이나 행동에 동의하지 않음을 나타내고 있다고 보면 된다. 더 나아가 다리를 심하게 꼰 상태로 팔짱도 강하게 끼고 있다는 것은 내면적으로 주변상황에 대해 상당히 부정적이라는 것을 나타낸다. 따라서 이러한 자세를 유지하고 있는 사람으로부터 당신의 말이나 행동에 대해 완벽한 찬성을 얻어내는 것은 아예 기대하지 않는 것이 좋다.

## 앉고 걷는 자세가 나타내는 의미

먼저 앉는 자세를 살펴보면, 의자 팔걸이 위에 다리를 올려놓는 행위는 대개 비협조적인 태도를 나타낸다. 또한 의자의 등받이가 앞으로 향하게 하고 양팔을 등받이에 올린 채 다리를 벌리고 앉는 것은 그 사람이 지배적이고 우월한 태도를 가지고 있음을 나타낸다. 다리를 꼬고 앉아서 위로 떠 있는 발을 둥글게 움직이는 것은 당신이 말하는 내용이 지루하고 참을 수 없다는 뜻을 보이고자 하는 것이다. 반면 몸을 살짝 앞으로 구부린 채 의자의 가장자리에 앉은 자세는 당신에 대한 관심과 협조를 나타난다.

다음으로 걷는 자세를 살펴보자. 일반적으로, 빠른 걸음걸이로 양팔을 앞뒤로 자유롭게 흔들며 걷는 것은 대개 자신이 원하는 것이 무엇인지 알고 있으며, 앞으로 자신이 해야 할 일이 무엇인가도 알고 있다는 의미이다. 반면 어깨를 구부린 채 양손을 주머니에 넣고 걸어가는 사람은 비밀스럽고 비판적인 경향을 가지고 있다. 이 사람은 주변에서 일어나고 있는 일을 별로 달가워하지 않고 있다고 보면 된다. 또한 뭔가에 몰두해 있거나 골몰하게 생각하는 사람은 양손을 허리 뒤로 잡고 머리를 숙인 채 아주 천천히 걸어 다닌다.

# 제스처 조합 해석

제스처를 확실하게 결합하면, 한 개인의 감정이 어떤가를 확실하게 파악하는 훌륭한 도구를 얻을 수 있다. 이러한 행동의 결합을 우리는 ‘제스처 조합’이라 부른다. 각각의 신체언어 제스처는 다른 신체언어 제스처에 의존한다. 따라서 분명하고 정확하게 신체언어를 이해할 수 있도록 하기 위해, 사람의 신체언어에 대한 분석은 일련의 신호에 기초하여 이루어진다.

제스처 조합을 구성하는 개별적 제스처가 조화를 이룬다면, 전체적인 제스처가 가지고 있는 뜻을 이해하기가 쉽다. 다시 말해, 모든 개별 제스처가 서로 조화롭게 어울려 있을 때에만 그 공통된 일련의 제스처가 갖는 뜻을 이해할 수 있다는 말이다. 만약 개별 제스처가 서로 잘 맞지 않는 상태로 이어진다면, 이것은 곧 부조화의 형태로 나타나게 된다. 부조화의 좋은 예로는 불안한 웃음을 들 수 있다. 웃음은 전통적으로 즐거움과 편안한 상태의 상징이다. 하지만 상대방이 보이는 웃음이 긴장되거나 불안한 듯 보이며, 온몸이 그 불편한 상황에서 벗어나고 싶어하는 것처럼 움직인다면, 그 웃음은 즐거움과 편안한 상태를 나타내는 것이 아닐 것이다. 오히려 그 웃음은 아마 불편하고 두려운 마음을 감추기 위해 사용된 거짓된 웃음일 가능성이 높다. 따라서 사람의 신체언어를 읽을 때 제스처 조합과 그 조화를 살펴보는 것에 유의하는 것은 매우 중요하다.

앞에서 언급한 부조화의 상태처럼 신체언어는 과장되거나, 강조되거나, 모순되거나, 아니면 말하는 것과 전혀 관계가 없는 방향으로 나타날 수 있다. 그러므로 신체언어를 읽는 것은 그 사람의 상태를 분석하는 데 매우 중요한 과정이다. 따라서 다음에서는 제스처의 조합과 그것이 갖는 의미에 대해서 조금 더 자세히 살펴볼 것이다.

## 개방적 제스처

몇 가지 제스처는 개방과 진실을 나타낸다. 이와 같은 제스처로는 양손을 펴는 것, 코트나 옷깃의 단추를 푸는 것, 코트나 상의를 벗는 것, 더 가까이 다가가는 것, 의자에서 몸을 앞으로 살짝 기울이는 것, 팔과 다리를 꼬지 않는 것 등이 있다. 자신이 한 일을 자랑스럽게 생각할 때 많은 사람들은 손을 활짝 펴서 보여 준다. 그 반대의 경우에는 손을 주머니에 넣거나 등 뒤로 숨기는 것이 대부분이다. 어린아이가 무언가를 숨기려고 할 때면 우선 손부터 뒤로 감추는 것을 생각해 보라. 따라서 상대방이 손을 뒤로 감추거나 주머니에 꽂아 두고 있다면 그 사람이 숨기는 것이 있지는 않은지 자세히 살피는 것이 좋다.

반면에, 상대방이 코트를 벗거나 옷깃의 단추를 풀거나 자신의 팔을 당신 쪽으로 내민다면, 그것은 상대방이 당신의 태도에 편안함을 느끼기 시작했다는 것을 의미한다. 이런 것은 모두 당신에게 긍정적인 감정을 가지고 있다는 표시이다.

## 방어적 제스처

방어적인 사람은 대개 굳은 몸, 꽉 꼬여있는 팔과 다리, 곁눈질, 이따금 쏘아보는 것, 최소한의 시선접촉, 오므라진 입술, 꽉 쥔 주먹, 아래쪽을 향한 머리 등의 모습을 보인다. 가슴위로 팔짱을 끼고 있는 사람을 상상하면, 가장 먼저 어떤 생각이 떠오르는가? 야구 심판이 생각나는가? 감독이 팔을 흔들거나 그의 손을 뒤주머니에 고정시킨 채 벤치에서 급히 나오려는 모습을 떠올려 보라. 감독이 도달할 즈음, 심판은 팔짱을 낀다. 심판은 이미 비언어적으로 자신을 방어하기 위한 의도를 내비치는 것이다. 그리고는 감독을 뒤로 한 채 등을 보이고 돌아선다. 이와 같은 행동을 통해 감독은 "당신 말은 충분히 들었지만, 내 판정에는 변함이 없소!"라는 자신의 뜻을 감독에게 전달하고 있는 것이다.

이와 같이 팔짱을 단단하게 끼는 것이나 주먹을 꽉 쥐는 것은 상대방을 정말로 거부한다는 뜻을 보이는 것이다. 만약 당신에게 이런 식으로 행동하는 사람이 있다면, 그와 더 깊은 관계를 맺고자 하는 시도는 하지 않는 것이 좋다.

의자 팔걸이 위에 다리를 올려놓는 행위는 긴장완화와 개방상태에 있다는 것으로 비쳐질 수도 있지만, 사실은 그렇지 않은 경우가 많다. 한 연구에 따르면, 이러한 행동을 보이는 것은 '이제 그만 대화를 중단했으면 좋겠다'는 의미를 나타내는 것이라 한다. 따라서 이 사람의 태도를 바꾸지 못한다면, 대화에서 더 이상 이 사람의 참여를 기대할 수 없다. 다리를 벌리고 의자에 걸터앉는 행위도 편안하고 개방된 제스처로 보기 쉽지만, 사실은 그렇지가 않다. 그것은 그저 으스대는 행위에 불과한 것이다. 그런 행위의 하는 사람의 속내를 들여다보면 사실은 자신을 방어하자 하는 의도를 가지고 있는 경우가 많다. 직장에서 상사가 부하직원에게 이런 행동을 보이는 경우가 간혹 있는데, 이것은 방어적인 행위이며 자신이 피해를 볼까봐 두려워하고 있다는 의미를 내포하고 있는 것이다.

## 평가적 제스처

평가적 제스처를 보이는 것은, 상대방이 매우 신중한 태도로 당신의 말을 때로는 우호적으로 때로는 비판적으로 깊게 고려하고 있다는 것을 의미한다. 대표적인 평가적 제스처로는 머리를 옆으로 기울이는 것, 손으로 볼을 만지는 것, 앞쪽으로 기울이는 것, 턱 쓰다듬기 등이 있다.

로댕 *Auguste Rodin* 의 유명한 조각상 '생각하는 사람 *The Thinker*'

을 본 적이 있는가? 그 조각상에는 생각에 깊이 빠져 있는 사람의 모습이 고스란히 담겨져 있다. 고개를 숙여 손으로 떠받치고, 머리를 옆으로 살짝 기울인 채 몸을 살짝 앞쪽으로 빼고 있는 조각상의 모습은 평가적 제스처의 대표적인 형태라고 할 수 있다. 따라서 대화 도중에 상대방이 이런 포즈를 취하고 있다면, 그 사람은 당신이 하고 있는 말을 깊게 고려하고 있음을 의미하는 것이다. 아울러 턱을 쓰다듬는 행위 또한 상대방의 말을 심사숙고하고 있다는 뜻으로 볼 수 있다.

평가적 제스처가 때로는 당신의 말을 비판적으로 생각하고 있다는 뜻을 담고 있기도 한다. 의자 뒤쪽으로 몸을 좀더 깊숙이 기대어 생각에 잠기는 자세가 바로 이 같은 경우이다. 이에 더하여 손가락은 얼굴에 대고, 손바닥으로는 턱을 감싸면서 한 손가락은 볼에, 나머지 손가락들은 입 근처에 두고 깊은 생각에 잠겨 있다면 이것은 당신의 말을 비판적으로 생각하고 있다는 것을 의미한다. 상황 평가에 있어서 충분한 시간을 가지기 위한 전형적인 자세로는 안경을 벗거나 안경테를 입에 무는 행동이다. 담배를 피우는 사람의 경우 시간을 벌기 위해 일부러 담배에 불을 붙이기도 한다. 따라서 상대방이 생각할 시간을 벌기 위해 행동을 취할 만큼, 나름대로 그 사안에 대해 깊게 고려하고 있다는 판단이 선다면 그에게 생각할 수 있는 시간을 충분히 주는 것이 좋다.

손으로 콧대를 잡으면서 눈을 감은 채 머리를 앞으로 살짝 숙이는 사람이 있다면, 그 사람은 아마도 내면적 갈등을 겪고 있을 것이다.

이런 행동은 자신이 내린 결정이 과연 적합한 것인가를 판단하고자 할 때 나타난다. 그러므로 상대가 이런 행동을 취할 때에는 굳이 그 상황에서 빠져나오도록 하지 않는 것이 좋다. 그에게 심사숙고할 시간을 되도록 많이 주도록 하라!

최종적으로 부정적인 평가를 내렸다는 제스처는 안경을 코 아래쪽에 걸치고 안경 너머로 당신을 바라보는 것이다. 이러한 제스처는 상대방으로 하여금 자신의 뜻이 부정적임을 스스로 깨닫도록 만든다. 안경 너머로 상대를 바라보는 행동은 상대로 하여금, 그 사람이 자신의 속내를 속속들이 알고 있으며 업신여기고 있다는 느낌을 갖도록 하기 쉽다. 따라서 부정적인 결정을 내렸다 하더라도 되도록이면 이런 행동은 취하지 않는 것이 바람직하다. 물론 모든 행동들이 한 가지 느낌만을 표현하는 것이 아니므로, 상대가 이런 행동을 보였다고 해서 즉각적으로 반응하는 것은 옳지 못하다. 가끔 안경 도수가 잘 안 맞거나 원시 안경으로 인해 본의 아니게 이런 행동을 취할 수도 있다는 것을 염두에 두도록 하라.

## 의혹, 비밀, 거절, 의심의 제스처

의혹, 비밀, 거절, 의심을 담고 있는 부정적인 감정은 대개 옆으로 흘깃 쳐다보거나 시선접촉을 피하는 것, 말하는 사람으로부터 몸을 멀리 떨어지도록 하는 행동, 코를 만지거나 문지르는 행동 등을 통해 나타난다. 따라서 대화 중에 상대방이 당신을 바로 쳐다보지 않을 때에는 비밀스러운 감정을 숨기고 있거나 당신의 말과는 반대되는 생각을 가지고 있는 것, 혹은 무언가를 감추고 있다는 의미로 해석할 수 있다.

옆으로 흘깃 쳐다보거나 등을 돌리는 행동은 상대방이 당신에게 의심이나 수상쩍은 감정을 가지고 있음을 나타낸다. 이것을 전문적으로는 '차가운 어깨*the cold shoulder*' 라 부르기도 한다. 혹시 당신은 몸이 불편해 보이는 어떤 사람이 길 건너는 것을 도와주려다가 거절당한 경험이 있는가? 있다면, 그 사람은 당신의 호의를 거절한 후에 어떤 행동을 취했는가? 아마 그 사람은 당신을 흘깃 쳐다본 후에 45도 각도로 돌아서서 길을 건널 것이다. 그것은 당신에게 경계심을 가지고 있으므로 도움을 거절한다는 뜻이다. 이것이 바로 '차가운 어깨' 이다.

이 밖에, 말하거나 가까이 앉아 있는 사람으로부터 몸을 돌려서 문 쪽으로 향하게 하는 행동을 취하는 사람이 있다면, 이것은 그 모임이나 대화(그 당시에 일어나고 있는 상황 모두)가 끝나기를 바란다는 뜻을 담고 있다. 또한 코를 만지거나 가볍게 문지르는 것은 당혹스러움, 의심, 혹은 무언가를 감추고자 하는 것이 있음을 의미한다.

## 준비 완료를 알리는 제스처

준비 완료를 알리는 행동은 대개 선 자세에서 엉덩이에 손을 올려 놓거나, 맨 앞에 놓여져 있는 의자에 앉는 것으로 표현된다. 이 중 가장 보편적인 것은 선 자세에서 손을 엉덩이 위쪽에 대는 것이다. 운동경기에 참여하기 위해 사이드라인에서 기다리고 있는 육상선수들이 종종 이러한 제스처를 보인다. 직업상의 만남에서는, 다른 사람들이 자신을 따르기를 바라거나, 따를 것이라고 확신하는 사람들이 대개 이러한 자세를 취한다.

맨 앞쪽에 위치한 의자에 앉는 행동은 상대방이 그 내용에 대해 적극적으로 동의할 의사가 있음을 나타낸다. 만약 당신이 마음에 드는 안건에 동의 서명을 하려고 한다면, 말하는 사람과 가장 가까운 맨 앞쪽 의자에 앉을 것이다. 반대로 그 안건이 마음에 들지 않는다면, 사람들의 시선을 덜 받는 맨 뒤쪽 의자에 앉을 것이다. 따라서 당신이 물건을 판매하는 세일즈맨이라면 고객이 당신과 가장 가까운 맨 앞쪽 의자에 앉았을 때, 그 기회를 재빨리 포착해야 한다. 앞에서도 언급했듯이 그러한 행동은 고객이 물건을 구매할 의사가 있음을 간접적으로 나타내는 표현이기 때문이다. 다시 말해, 고객이 행동을 개시할 준비가 되어있음을 비언어적으로 나타내고 있는 것이다. 하지만, 당신이 이러한 제스처를 다른 사람들에게 사용할 때에는 주의를 기울여야만 한다. 자칫하면, 당신이 그 일에 참여할 수 있기를 지나치게 갈망하는 것으로 보일 수도 있기 때문이다.


## 두려움을 억누르기 위한 제스처

두려움을 억누르기 위한 행동으로는 손의 두툼한 부분을 꼬집는 것, 손톱을 청소하는 것, 시계나 반지 또는 목걸이와 같은 개인적인 물건을 가볍게 문지르거나 어루만지는 것, 연필이나 펜 또는 클립과 같은 물건을 씹는 것 등으로 나타난다. TV프로그램에서 방청객을 비췄을 때, 당신은 종종 방청객들이 이런 행동을 보이는 경우를 목격했을 것이다. 대부분의 방청객들은 카메라에 익숙하지 않은 일반인들이므로 TV화면에서 자신이 더 뚱뚱하게 보이거나, 더 나이 들어 보이거나, 자신의 행동이 특이하게 비쳐지지는 않을까 두려워하는 마음을 갖기 때문에 위와 같은 제스처를 보인다. 따라서 다른 사람이 당신 앞에서 이런 행동을 취한다면, 그 사람이 두려움을 억누르고 보다 자연스러운 자세를 취하기 위해 노력하고 있음을 이해해야 한다. 그리고 상대가 편안하게 마음을 가라앉힐 수 있도록 도울 수 있어야 한다.

## 좌절을 나타내는 제스처

미식축구 경기에서 패스미스를 한 선수의 행동을 자세히 살펴보면, 좌절을 나타내는 행동이 무엇인가를 잘 알 수 있다. 잘못 패스하여 상대편이 공을 낚아챘을 때, 패스미스를 저지른 선수는 땅을 발로 차고, 주먹으로 헬멧을 치며, 몇 번이고 팔로 공중을 내려치는 모습을 보일 것이다. 이런 행동은 대개 극단적 좌절을 나타낸다. 이 외에도 좌절을 나타내는 제스처로는 양 주먹을 불끈 쥐는 것, 목덜미를 문지르는 것, 손을 비트는 것, 손으로 머리를 마구 헝클어뜨리는 것 등이 있다. 이런 행동들은 모두 참을 수 없을 만큼 화가 나거나, 좌절을 겪고 있다는 것을 표현한다. 따라서 누군가가 당신이 보는 앞에서 이런 행위를 한다면, 하고 있던 행동을 당장 멈추고 그 사람에게 숨을 고를 수 있는 시간을 주도록 해라. 그렇지 않으면 좌절의 정도가 점점 심해져서 결국에는 폭발하게 될 것이다.

## 자신감, 우월감, 권위의 제스처

이러한 감정은 양손을 헐겁게 잡고 두 손가락 끝을 마주치는 것, 발을 책상 위에 올려놓는 것, 손을 깍지 껴서 머리 뒤를 받쳐 기대는 것, 턱을 올리고 뒷짐을 지는 것 등이 있다. 이러한 행동은 자신이 자신감, 우월감, 권위를 가지고 있으므로, 스스로 너그럽고 긴장이 풀린 상태에 있다는 것을 나타내고자 하는 표현이다.

## 불안감을 나타내는 제스처

목청을 가다듬는 것은 불안함을 나타내는 대표적 제스처이다. 관객들 앞에서 말하는 사람은 종종 이러한 행동을 한다. 줄담배를 피우는 것도 또 하나의 불안의 표시이다. 흡연을 하는 사람들이 불안할 때 가장 먼저 하는 행동은 바로 담배에 불을 붙이는 것이다. 말하는 동안 입을 감추는 것도 일종의 불안감의 표현으로, 경찰은 피의자를 심문하는 과정에서 이런 행동을 자주 보게 된다. 이러한 제스처는 거짓말을 하고 있다는 것을 자기 스스로 시인하는 것으로, 자신의 거짓말이 완벽한가에 대한 확신이 없기 때문에 나타난다. 또 다른 불안함의 제스처는 얼굴이나 입술을 실룩거리는 것, 안절부절못하는 것, 걸음을 세는 것, 주머니의 잔돈을 딸랑거리는 것, 휘파람을 부는 것 등이 있다.

## 자기조정을 의미하는 제스처

발목을 강하게 조이거나 등 뒤로 손목을 단단히 잡는 것은 대개 망설이고 있음을 나타난다. 이러한 행동은 몹시 망설이고 있지만, 아무런 감정도 드러내기 싫다는 의미로 볼 수 있다. 즉, 자기조정을 할 시간이 필요함을 의미하는 것이다.

## 지루함 혹은 성급함을 나타내는 제스처

사람들이 대화 내용을 지루해 하거나, 일을 성급하게 처리하고자 할 때 보이는 행동은 대개 손가락으로 책상 위(기타 다른 곳)를 두드리는 것, 손을 찻잔 모양으로 오그리는 것, 발을 흔드는 것, 옷에 생긴 보푸라기를 쓰다듬거나 떼어내는 것, 출구 쪽으로 몸을 돌리는 것, 시계나 출구를 끊임없이 바라보는 것 등으로 나타난다. 따라서 당신과 대화하는 사람이 이러한 행동을 보였을 때는 좀더 다이나믹하게 대화를 이끌어 갈 필요가 있다.

## 열중을 나타내는 제스처

이것은 대화할 때 당신이 상대방에게서 가장 보고 싶어하고, 그들도 당신에게서 가장 보고 싶어하는 자세이다. 열중은 당신의 얼굴을 향해 보이는 엷은 미소, 곧게 펴진 자세, 편안하게 펼쳐진 손과 바깥쪽으로 뻗은 팔, 폭넓고 기민한 눈빛, 활동적이고 발랄한 걸음걸이, 명랑하고 또렷한 목소리 등을 통해 표현된다.

# 신체언어가 유용하게 사용되는 예

　당신이 다른 사람에게 긍정적인 신체언어를 보낼 수 있고, 당신도 다른 사람들이 보내는 신체언어를 확실히 읽을 수 있다면, 이것은 조직 내에서 당신의 실력을 높여 줄 대단히 유용한 도구가 될 것이다. 다음에서는 타인의 신체언어를 읽는 능력과 타인에게 긍정적인 신체언어를 보내는 것이 유용하게 사용될 수 있는 보편적인 상황 몇 가지에 대해 살펴볼 것이다.

## 직원과 관리자 사이

　신체언어는 직원과 관리자 사이에서 특히 중요하다. 왜냐하면 이들은 직장 내에서 매우 근접한 관계를 유지하며, 계속적으로 명백한 의사전달이 필요하고, 목적수행을 위해 언제나 함께 일해야 하는 사람들이기 때문이다. 사실 대부분의 직장에서 비언어적으로 자신의 감정과 태도를 표현하고 상대가 보내는 비언어적 표현을 읽음으로써, 그 사람의 감정과 태도를 인식하는 과정은 매우 빈번하게 일어난다. 예를 들어 고개를 천천히 끄덕이거나, 다소 과장된 큰 동작으로 고개를 끄덕이는 것은 당신의 생각에 대한 동의의 정도를 나타낸다. 또한 머리를 좌우로 흔들거나 눈썹을 치켜 올림으로써 놀라움이나 의심을 표시하기도 한다(실제적으로 이런 행동은 동의할 수 없다는 뜻을 지니고 있는 경우가 많다). 다른 곳에서도 마찬가지지만, 특히 빠른 의사전달을 생명으로 하는 직장 내에서 효율적으로 사용하는 비언어적 제스처는 말을 마치기도 전에 그가 말하고자 하는 바를 상대방에

게 전달해 주는 역할을 하므로, 매우 중요한 커뮤니케이션 도구라 하
지 않을 수 없다.

## 협상 도중

신체언어를 제대로 읽을 줄 아는 사람은 협상이 잘 이끌어져 가는
시기, 본래의 내용과는 동떨어진 방향으로 협상이 진행되고 있는 시
기, 협상을 다시 제 방향으로 되돌려야하는 시기 등을 정확하게 파악
할 수 있다. 이런 사람들은 협상에서 언제 상대방이 거래에 대해 동
의 표시를 할 것인지를 거의 정확하게 파악할 수 있으며, 거래에 대
해 상대방이 어떤 느낌을 가지고 있는가도 확실하게 파악하는 능력
을 가지고 있다. 신체언어에 익숙한 이들은 상대방에게서 옷깃을 풀
고 팔과 다리를 펼친 채 몸을 앞쪽으로 기울이는 행동을 보게 되면
상대가 현재 진행되는 협상에 대해 긍정적인 자세를 보이고 있다는
것을 파악한다. 또한 상대방이 시선을 피하며 몸을 자신으로부터 멀
리 돌릴 때는, 상대가 자신의 말에 반대 의사를 가지고 있으며 그 내
용에 대해 의심스러워하거나 비밀스러운 감정을 가지고 있다는 것
을 파악한다. 결국 이들이 협상에 있어서 전문가가 되는 것은 바로
이러한 신체언어를 정확하게 읽을 수 있기 때문인 것이다.

## 고객서비스를 제공할 때

고객에게 서비스를 제공하는 일에 종사하는 사람들은 만족스러운
서비스 제공을 위해 고객의 신체언어를 읽는 특별한 훈련을 받는다.

고객의 신체언어를 정확히 읽으면 읽을수록 고객이 원하는 서비스를 확실하게 제공할 수 있으며, 그만큼 회사 이미지도 높아지기 때문이다.

반대로 서비스 제공자가 고객에게 보이는 신체언어 또한 적절한 서비스를 제공하는 데 있어 매우 중요한 부분을 차지한다. 만약 서비스 제공자가 고객의 손을 지나치게 강하게 움켜쥐거나, 손목을 비틀 정도로 강하게 악수한다면 그 고객은 불쾌함을 감추지 못할 것이다. 한 사람의 서비스 제공자가 보이는 '고객을 불편하게 만드는 신체언어'는 기업의 이미지를 실추시킬 뿐만 아니라, 장기적인 시장 확보에도 어려움으로 줄 수 있으므로, 각별히 신경을 써야 한다.

## 세일즈를 할 때

능력 있는 세일즈맨이라면 고객이 보내는 신체언어를 정확히 읽을 수 있어야 한다. 단골 고객이 될 만한 사람이 당신과 가장 가까운 의자에 그것도 가장자리에 앉는다면, 그 행동은 이미 물건을 구매할 준비가 되어 있다는 뜻이다. 이러한 비언어적 단서를 예리하게 관찰함으로써, 유능한 세일즈맨은 계약이 이루어지기 전에 이미 판매의 성공 여부를 알 수 있다.

세일즈를 할 때 고객이 그 물건을 구매할 생각이 있는지를 파악하는 가장 빠른 방법은 그들이 어떤 신체언어를 보이고 있는가를 살피는 것이다. 구매 의사를 나타내는 가장 명백한 단서는 고객이 긴장을 완화한 편안한 자세를 보여 주는 것이다. 소매 단추를 푸는 것, 손바닥과 팔이 당신 쪽으로 열려있는 것, 당신 쪽으로 당겨 앉는 것 등이 이에 속한다. 이러한 행동은 모두 고객이 당신의 말에 귀를 기울이고 있다는 증거이다. 반대로, 고객이 다리를 꼰 자세로 팔짱까지 꼭 낀 채 의자 뒤쪽으로 깊숙이 기대어 앉는다면, 그것은 당신의 말이 그에게 아무런 영향도 미치지 못하고 있음을 의미한다. 그는 당신의 말을 전혀 받아들이고 있지 않은 것이다. 이런 경우 접근 방법을 달리하지 않으면 그의 구매 의욕을 되살리기는 어렵다.

## 신체언어의 중요성

당신의 이야기를 들으면서, 상대방이 고개를 끄떡이거나 당신의 제스처를 따라하고 특히 의자를 끌어당겨 당신과 가까운 자리에 앉으려고 한다면, 그는 당신의 이야기에 흥미가 있거나 동조하고 있는 사람이다. 따라서 당신은 이러한 신호를 빨리 알아차리고 그와의 대화를 원만하게 이끌어갈 수 있도록 노력해야 한다. 만약 이를 알아차리지 못하고 분위기를 바꾸기 위해 다른 이야기를 하기 시작한다면, 상대방이 당신에게 보내던 지지와 동의의 제스처는 이내 사라지고 말 것이다. 이처럼 대화를 이끌어가는 사람은 조심스럽게 상대의 신체언어를 읽음으로써 대화를 언제까지 같은 내용으로 이어갈 것인지, 혹은 언제 대화 내용을 바꿀 것인지, 상대에게 동의 의사를 표현해 줄 것을 요구할 때는 언제인지, 대화종료는 언제 해야 하는지를 파악할 수 있어야 한다.

지금까지는 상대방이 보이는 신체언어에 대해서만 살펴보았다.

그렇다면 당신이 보내는, 당신 자신의 신체언어는 어떤 모습을 가지고 있는가?

사람은 누구나 자신도 모르는 새 어떤 신호를 표출하고 있다. 그리고 상대방은 그 신체언어를 정확하게 혹은 부정확하게 인식하고 그에 대한 반응을 보인다. 신체언어를 표현함에 있어 발생할 수 있는 가장 심각한 문제는 신체언어와 음성언어가 서로 다른 뜻을 표현하는 것이다. 이런 상황에서는 엄청난 신용상의 문제를 불러올 수 있다. 상대방이 말과 행동 중 어떤 것을 사실로 받아들여야 하는지를 알 수 없기 때문이다. 따라서 당신의 신체언어와 음성언어가 서로 다른 내용을 표현하는 경우가 자주 발생하게 되면, 상대방은 당신과의 대화에서 진실보다는 이중 메시지가 담겨져 있지 않은가만을 찾으려고 할 것이다.

이와 마찬가지로 호전적이고, 지배적이며, 상대방의 생각을 조작하고자 하는 듯한 신체언어는 상대로 하여금 방어, 분노, 실망을 불러일으킨다. 그리고 결국 상대방이 당신의 생각에 대해 정치적으로 회피하도록 만들고 당신에 대해 가졌던 신뢰성을 저하시키는 최악의 결과를 가져올 수 있다. 따라서 대화할 때 호의적이고 안정된 신체언어를 보이는 것은 매우 중요하다 하지 않을 수 없다.


당신이 보이는 신체 움직임이 다른 사람들을 안정감 있고 편안한 분위기로 이끌 수도 있고, 불편하고 불안한 분위기로 이끌 수도 있다는 사실을 기억하라. 한 조사에 의하면, 개방적이고 편안한 자세를 보이는 사람은 다른 사람들을 설득하는 데 능하고 활동적이어서 대화의 분위기를 원활하고 자유롭게 이끈다고 한다. 이런 이유로 개방

274

적이며 편안한 자세를 보이는 관리자는 그렇지 못한 관리자보다 직원의 변화를 이끌어내는 데 훨씬 능숙하다. 따라서 당신이 관리자라면 이러한 자세를 갖춤으로써 직장동료, 상사, 고객, 다른 사람들과의 협조관계 유지 및 발전에 큰 도움을 받을 수 있다.

결론적으로 신체언어는 대인간 커뮤니케이션에서 필수적으로 필요하고, 또 중요하게 다루어져야 할 부분이라 할 수 있다. 신체언어를 읽고 표현하는 것에 익숙해질수록 성공적으로 커뮤니케이션을 이끌어내는 데 도움을 받을 수 있는 것이다. 따라서 이 기술을 습득하면 다른 사람의 필요와 욕구를 감지하며, 자신의 표현능력을 증가시키는 것이 훨씬 수월해질 것이다.

그러나 한 가지 잊지 말아야 할 것은 신체언어는 부정확한 방법으로 인식할 수밖에 없다는 것이다. 신체언어의 조합은 다른 사람의 태도나 감정에 대한 단서는 될 수 있지만, 결론적인 증거는 아니라는 사실을 명심하라. 신체언어는 확인되고 입증되어야 하는 '추론의 근거'를 제시할 뿐이지, 그 하나만으로 충분한 결론을 내릴 수 있는 잣대는 아니다. 따라서 신체언어를 인식하고 표현할 때는, 상대와 당신의 의도 모두를 충분히 검토할 시간을 가질 수 있어야 한다.

# CHAPTER THIRTEEN

# 효과적인 커뮤니케이션 기법

당신은 그녀가 하는 말을 듣고는 있지만 도대체 무슨 말을 하고 있는지 전혀 이해할 수가 없다. 하지만 그녀는 당신의 이런 상태는 아랑곳하지 않고 반복해서 아주 큰 목소리로, 그것도 매우 빠르게 말하고 있다. 그렇다면 그녀의 상태는 지금 :

1. 흥분했는가?
2. 잠을 자고 싶어하는가?
3. 화가 났는가?
4. 지루해 하는가?

아마도 당신은 그녀가 흥분했거나 화가 난 상태라고 대답할 것이다. 일반적으로 사람이 지루하거나 잠이 올 때는 반복적으로 큰 목소리로 말하지는 않기 때문이다. 그러나 당신은 그 대답을 100% 확신하지는 못할 것이다. 그녀가 보이는 음성에는 다른 많은 가능성들이 포함되어 있을지도 모르기 때문이다. 어쩌면 그녀는 선천적으로

크고 빠르게 말하는 사람일지도 모른다. 심지어 지루하거나 잠이 올 때도 말이다. 또 대가족 집안에서 태어난 탓에, 자신의 말을 전달하기 위해서 크고 빠르게 말하는 것이 버릇이 되어 있을지도 모른다. 이처럼 음성의 변화에는 수많은 가능성이 있을 수 있기에, 그녀의 말투나 목소리 톤만 보고 그녀의 현재 상태가 어떤지를 완벽하게 파악하는 일은 매우 어려울 수밖에 없다.

한 사람의 음성을 통해 당신은 무엇을 알 수 있는가? 대개 음성만으로는 그 사람의 상태나 생각을 읽기란 매우 어렵다. 위에서처럼 사람이 보이는 음성의 변화에는 여러 가지 가능성이 있을 수 있기 때문이다. 하지만 사람의 음성을 신체언어와 말에 결합시키게 되면, 음성만 있을 때보다 더 많은 것을 알 수 있게 된다. 이런 이유로 음성은 커뮤니케이션에 있어서 매우 중요한 실마리이긴 하지만, 혼자 동떨어져 있을 때는 그다지 큰 효력을 발휘할 수 없다. 그러나 음성이 말과 신체언어 등 기타의 커뮤니케이션 실마리들과 결합되면, 말의 내용뿐만 아니라 그 사람의 의도까지를 정확하게 읽을 수 있는 훌륭한 도구가 된다. 이번 장에서는 음성으로 표현할 수 있는 여러 가지 감정들에 대해 자세히 살펴보도록 하겠다.

'억양'은 비언어적 커뮤니케이션의 한 형식이다. 억양은 메시지가 담고 있는 정보의 일환으로서, 항상 같은 의미나 느낌을 나타내는 것은 아니다. 이런 이유로 간단한 음질의 변화를 통해 각 개인들이 나타내는 의미나 감정은 각각 다를 수 있다. 그 좋은 예로, '야' 라는 하나의 단어를 통해 각기 다른 8가지 감정을 나타내는 것을 살펴보자.

감탄 – 야! 나 체크하는 것을 잊어버렸어.

흥분 – 야! 대단해!

질문 – 야? 정말이야?

열정 – 야…. 난 오페라가 정말 좋아.

혐오 – 야…..또 콩이야.

고통 – 야, 팔 아파.

불신 – 야, 그래?

지루함 – 야, 정말 재미없다.


위의 8가지 예는 간단한 음질의 변화로, 완전하게 다른 8가지의 느낌과 감정을 듣는 이에게 전해 주고 있다. '야'와 같은 간단한 단어도 커뮤니케이션에서 사용될 때에는 그 억양을 통해 매우 중요한 의미상의 변화를 가져올 수 있는 것이다. 따라서 억양을 받아들이는 감수성이 부족한 사람은 동료, 관리자, 직원, 친구, 가족의 커뮤니케이션 과정에서 문제를 일으킬 수 있다. 그러므로 원활한 커뮤니케이션을 원한다면 억양에 관심을 가지면서, 특히 말하는 사람의 음질 변화에 주목하면서 대화에 집중하여야 한다.

- **음성의 특성** : 어떤 사람은 선천적으로 천천히, 크게, 그리고 정확하게 말하는 습관을 가지고 태어났을 수 있다. 그러므로 이 사람이 자신이 평소에 사용하던 음성적인 특성을 바꿀 때에는, 상대방에게 무언가 다른 것을 말하고자 한다는 사실을 재빠르게 인식할 수 있어야 한다. 하지만 그 사람이 본래 가지고 있던 음성적인 특성이 무엇이며, 음성적인 특성의 변화가 무엇을 말

하는지, 또 그러한 변화에 어떻게 반응해야 하는지를 먼저 알아
야만 그 사람이 말하고자 하는 메시지를 이해하기가 쉽다. 다음
의 '음성이 갖는 7가지 특성'을 통해 상대의 음성적인 특성을
파악해 보자.


1. **공명**resonance : 음성으로 공간을 채울 수 있는 능력. 음성의
   증폭과 강화.
2. **리듬**rhythm : 음성의 흐름, 페이스, 움직임.
3. **속도**speed : 음성이 얼마나 빠르게 변화하는가에 관한 것
4. **고저**pitch : 음성을 높이거나 낮추는 것. 다시 말해 소리의 높
   고 낮음.
5. **음량**volume : 음성의 시끄러움이나 강렬함 정도.
6. **변화**inflection : 음성의 고저나 음량의 변화.
7. **투명**clarity : 명확한 발음과 어조.


억양이 포함되어 있는 말하기는 한 문장에 있어서 그 본래의 의미
가 어떻게 전달되는가에 상당한 영향을 미친다. 이러한 예로 반어법
을 들 수 있다. 반어법은 문법적으로 해석된 말과 음성적으로 해석
된 말 사이에 다른 의미가 있을 수 있다. 예를 들어 "그렇지 않아"라
는 문장이 있다고 할 때, 그것을 문법적으로 해석한 것은 글자 그대
로 "그렇지 않다"라는 의미를 갖는다. 하지만 이것에 질문을 할 때
사용되는 끝을 높이는 억양이 첨가되어 반어법적인 형태가 되었을
때는 "그것이 맞잖아"라고 확인하는 뜻으로 해석될 수도 있다. 때문
에, 관리자가 억양이 가지고 있는 의미를 알고, 그것들을 의견 전달

을 위한 효과적인 방법으로 사용할 줄 아는 능력은 명확한 의사소통을 위해 매우 중요한 일이다. 따라서 음성적으로 나타나는 억양에 대해 더 많이 배우게 되면, 주변 사람들의 진실한 감정과 의향을 더 잘 파악할 수 있다. 또한 당신의 억양이 다른 사람들에게는 어떤 모습으로 비쳐지는가도 확실하게 알 수 있다.

- **음성적인 감정표현** : 커뮤니케이션 과정에서는 음성적인 특성을 어떻게 변화시키느냐에 따라 메시지의 느낌이나 감정이 완전히 바뀔 수 있다. 따라서 음성적 특성과 그것들이 표현하고자 하는 느낌이나 감정 사이의 조화에 대한 지식을 얻는다면, 당신은 다른 사람들이 보내는 음성적 메시지에 보다 적절히 대응할 수 있을 것이다. 다음은 음성적 특성의 변화로 간단하게 전할 수 있는 12가지의 보편적인 느낌과 감정에 대한 설명이다.

1. **애정**affection : 높아지는 음성 변화, 울림, 낮은 음량, 느린 속도.
2. **분노**anger : 큰 음량, 간단하고 명료한 말, 불규칙적인 음성 변화.
3. **지루함**boredom : 일정한 낮은 음량, 다소 느린 속도, 하강하는 음성 변화, 부정확한 발음.
4. **즐거움**cheerfulness : 큰 목소리, 빠른 속도, 불규칙적인 억양 변화.
5. **조급함**impatience : 높은 음질, 빠른 속도.
6. **기쁨**joyfulness : 높은 음량, 빠른 속도, 상승하는 억양 변화.
7. **놀람**astonishment : 상승하는 억양 변화.

8. **방어**defensiveness : 간단하고 명료한 말투.

9. **열중**enthusiasm : 시끄러운 음량, 공감적인 음질.

10. **슬픔**sadness : 낮은 음량, 울림, 느린 속도, 감소하는 억양 변화, 부정확한 발음.

11. **의심**disbelief : 높은 음질, 긴장된 말투.

12. **만족**satisfaction : 상승하는 억양 변화, 부정확한 발음.


다른 사람들의 음성적 특성을 명확하게 받아들이기 위해서는 다음의 두 가지 요건을 갖추고 있어야 한다. 첫째, 상대방이 평소에 보이는 음성적 특성을 알아야 한다. 모든 사람은 각자 자신만이 지니는 음성적 특성이 있으므로, 평소에 그 사람이 어떤 음성적 특성을 보이는가를 아는 것은 음성의 변화가 일어났을 때 당신이 신속하고 빠르게 대처하는 데 도움이 된다. 둘째, 상대방의 음성적 특성으로부터 변화를 감지할 수 있는 능력을 갖추도록 하라. 그 변화의 종류와 방향에 유의하면, 말하는 사람이 어떤 기분을 가지고 있는가를 정확하게 짐작할 수 있다.

상대방이 평소에 사용하는 7가지 음성적 특성을 기억하고, 그 특성으로부터 변하는 것이 있다면 그것에 모든 주의를 기울여라. 만약 상대방의 음성에서 평소와는 다른 변화가 발생한다면, 그것은 아마 말에는 실릴 수 없는 무언가를 전달하고 싶은 것일 것이다. 다시 말해 특별히 강조되어야 하거나 중요하게 기억되어야 할 부분, 혹은 감정의 변화 등을 전달하고 싶은 것이다. 만약 당신이 상대에게서 이러한 변화가 일어나는 단서를 발견하고 이에 민감하게 반응한다면, 상대방의 변화에 대해 보다 적절하게 반응할 수 있으며, 대화의 내용이나 어투를 바꿈으로써 보다 원활한 방향으로 커뮤니케이션을 이끌 수 있을 것이다.

음성에 대한 이해력을 발전시키는 것은 당신의 커뮤니케이션 능력을 향상시키는 것이나 진배없다. 따라서 이것은 당신에게 직장에서의 인간관계와 개인적인 인간관계를 보다 확고하고 더 오래 지속되며, 상호 발전을 이끌어내는 것으로 만들 힘이 되어 줄 것이다.

- **음량과 속도 변화** : 일반적으로, 음성과 음량이 높아지고 말의 속도가 빨라지는 것은 그 사람의 태도가 긍정적으로 변화하고 있음을 나타낸다. 그러나 만약 여기에 리듬이 실리지 않는다면 그것은 분노를 표현하는 것이다. 또한 음량과 속도를 줄이고 공명을 늘리고 투명성을 줄이는 것은 대개 부정적인 변화를 표현한다. 그러나 이것에 리듬이 실리게 되면 만족이나 애정을 표현하는 것일 수도 있다. 이처럼 리듬의 변화는 대개 부정적이거나 긍정적인 감정 변화를 나타내는 데 자주 사용된다. 같은 어투라도 그것에 리듬이 실리느냐 실리지 않느냐에 따라 서로 다른 뜻이 될 수 있는 것이다. 따라서 아주 작은 변화라도 일어났을 때에는 그 변화가 발생한 상황에 대해 먼저 인식할 수 있어야 한다. 그래야만 그 사람의 어투에 담긴 음량과 속도의 변화가 어떤 뜻을 담고 있는지를 파악할 수 있기 때문이다. 그런 다음, 변화가 구체적으로 나타내는 것이 무엇인지를 파악하여, 효과적으로 커뮤니케이션을 할 수 있도록 하라.

경청능력과 탐색, 그리고 피드백 기술을 동원해 상대방이 보이는 변화의 근원을 파악하는 것은 오로지 당신의 의무이다. 당신이 변화를 얼마나 정확하게 파악하느냐에 따라 커뮤니케이션의 효율성이 결정되기 때문이다. 일단 정확한 변화의 근원이 파악되었다면, 그것에 대해 적절한 반응을 보이도록 하라. 변화가 긍정적이라면 그것을 이용하여 커뮤니케이션이 보다 원활하게 이루어지도록 만들 수 있다. 하지만 상대방이 보이는 변화가 부정적인 성격을 담고 있다면, 즉시 무언가 변화해야 한다는 경고이므로 이를 준수해야만 한다. 다시 말해, 당신의 메시지를 조절하거나 상대방에게 변화를 일으키게 한 요인을 파악하고 그것을 적절하게 조절해야 한다는 말이다. 상대가 내용 확인을 위해 피드백을 제공할 때 들려오는 특정한 음성적 특성에 의존하지 말고, 메시지가 당신에게 전달되는 방식에 의거하여 커뮤니케이션 방식을 조절하도록 하라. 때로는 분석적 기술이 아닌, 당신 자신의 감수성을 사용하는 것이 커뮤니케이션을 원활하게 하는 데 도움이 된다.

## 음성적 특성의 사용

음성적 특성은 전화통화를 할 때 특히 중요하게 작용한다. 당신의 음성은 어떻게 들리는가? 아직 다른 사람에게 당신의 음성이 어떻게 들리는가를 알지 못한다면 다음과 같이 해 보자. 몇 차례의 전화통화에서 당신이 말하는 부분만을 녹음해 보라. 그리고 그 녹음테이프를 반복해서 들어 보라. 어떻게 느껴지는가? 어떻게 들리는가? 목소리의 크기나 속도는 적절한가? 리듬이나 억양, 울리는 정도, 음색 등은 어떠한가? 당신의 음성이 상대방에게 전하고자 했던 느낌을 적절하게 표현하고 있다고 생각되는가?

목소리를 녹음하여 다시 들어 보고 음성에 대한 분석과 평가를 내리는 것은 당신의 음성이 갖는 특징과 음성의 변화 필요성 여부를 파악하는 데 도움이 된다. 아울러 당신의 어투가 내용을 명확히 전달하는 데 적합한가에 대해서도 스스로 판단할 수 있다. 지금 당신의 목소리가 내용 전달에 부적합하다고 느낀다면, 원하는 어투를 위한 변화 방법을 모색해 보라.


앞에서도 언급했듯이 언어는 듣는 사람의 기본 지식이나 상태에 따라 다르게 해석될 수 있다. 하지만 당신의 음성이나 어투도 언어에 담긴 내용이나 뜻을 전달하는 데 매우 큰 영향을 미친다. 음성적 특성을 이용하여 당신의 메시지가 갖는 의도를 확실화할 수도 있고, 좋고 싫어하는 감정을 전달할 수도 있기 때문이다. 아울러 목소리 톤을 다양화하여 자신이 말하고자 하는 바를 더 확실하게 전달할 수도 있다. 따라서 조직에서 일하는 사람에게 자신의 역량과 확신을 다른 사람에게 전달할 수 있는 음성적 특성을 개발하는 것은 매우 중요한 일이지 않을 수 없다. 다음은 확신에 찬, 명료하고 힘 있는 음성을 개발하기 위한 5가지 지침이다.


1. 압도적이지 않으면서도 강하고 꽉 찬 음색을 내도록 하라.

2. 윗입술과 아랫입술을 움직여 정확하고 확실하게 말하라.

3. 적절한 음량, 목소리 크기, 억양 변화 등을 통해 열성을 보여라.

4. 음성적 특성을 다양화시키는 데 관심을 가져라. 단조로운 목소

284

리는 피하라.

5. 자신에게 맞지 않는 음성적 특성으로 말하기보다는 자연스럽고
   편하게 말하라.


대화를 할 때 지나치게 단조로운 음성으로만 이야기를 전개하면
상대가 지루해 할 수 있다. 또한 매번 똑같은 방식, 똑같은 시점에서
기계적으로 억양을 바꾸는 것도 상대가 당신의 이야기를 믿도록 하
는 데 별 도움이 되지 않는다. 기계적인 음성은 지루하고 진실성이
결여된 것처럼 들리기 쉽기 때문이다. 단조로운 음성이나 기계적으
로 반복되는 음성적 변화는 모두 내용을 명확하게 전달하고 상대의
관심을 끄는 데 부적절하다. 따라서 상황에 맞게 음성적 특성을 조
금씩 변화시키는 것 또한 명확한 커뮤니케이션을 하기 위해 당신이
꼭 갖추어야 할 필수 요소이다.

상황이 허락한다면 약간은 빠르게 말해도 좋다. 그러다가 중요한
부분이 나왔을 때 속도를 줄여 천천히 말하면, 그 내용을 강조하는
효과를 볼 수 있다. 아울러 말하는 중간에 상대방의 얼굴표정이나
다른 비언어적 커뮤니케이션을 지켜봄으로써 그의 커뮤니케이션 참
여 정도를 짐작할 수 있다. 상대방이 흥미를 보이는 부분이 무엇이
고 그렇지 않은 부분은 무엇인가를 잘 알게 되면 그에 따라 적절하게
음성과 어투의 변화를 줄 수 있다. 이에 준하여 상대방이 흥미를 갖
는 내용에 대해서는 강조해서 말하고, 그것이 받아들여지도록 중간
에 쉬는 시간을 준다면, 당신의 이야기는 그에게 깊은 인상을 남길
수 있을 것이다.

예일대에서 실시한 한 연구에 의하면 말하는 동안 실수(목소리 톤, 음량, 단조로움 등의 실수)가 많이 발생하면, 말하는 사람 스스로 불편함과 근심이 증가하여 적극적으로 대화에 참여하는 것이 어렵다고 한다. 따라서 다양한 연습과 인식을 통해 말하는 동안의 실수를 최소화할 수 있어야 한다. 실수를 줄여 편안한 상태를 유지하게 되면 말하는 동안 목소리를 안정감 있게 유지할 수 있기 때문에, 상대방도 더 편안한 상태에서 이야기를 들을 수 있으며 대화에 보다 집중할 수 있다. 결국 당신이 얼마나 편안한 상태를 유지하느냐에 따라 커뮤니케이션이 원활하게 이루어질 수 있는 것이다.

아울러 발음상의 부주의는 상대방에게 다른 부분의 부주의로 받아들여지기 쉽다. 좋지 않은 발음은 듣는 사람으로 하여금 당신의 말을 잘못 이해하도록 만들기 때문에, 명확한 의사전달을 어렵게 만든다. 좋지 않은 발음 때문에 내용전달이 어려워지면, 상대방은 대화에 집중하기 어렵고 이것이 결국 대화의 단절을 불러 올 수 있다. 그러므로 대화를 할 때에는 항상 자신의 발음에 주의를 기울이도록 하라. 좋은 발음을 유지하여 듣는 사람으로 하여금 커뮤니케이션 과정을 쉽게 이해하도록 하는 것은 상호 인간관계를 형성하고 강화하는 데 도움이 된다.


앞에서 언급한 음성에 관한 모든 지침들은 그것이 적절히 사용되었을 때 효과를 발휘할 수 있다. 어디에서나 지나친 것은 미치지 못한 것과 마찬가지로, 이러한 방식을 도가 지나치게 사용하거나 강조하는 것은 듣는 사람을 자극하게 되며 대화에 집중하지 못하도록 만들 수 있다. 그러므로 음성적 기술을 사용할 때는 최대한 자연스럽고 자연발생적인 것으로 보이도록 하라. 당신이 보이는 음성이 작위적이거나 기계적인 것으로 느껴지게 되면, 상대방은 당신을 진실하지 못한 사람으로 볼 수도 있다. 따라서 적절한 억양의 사용으로 상대방의 관심을 끌고, 메시지를 강하게 전달하며, 상대방에게 혜택을 주도록 항상 노력하라.

대부분의 사람들은 직장동료, 직원, 관리자, 고객, 내담자 등과 대화할 때, 음성을 효과적으로 사용하는 것이 얼마나 중요한가를 잘 알고 있다. 대화에 있어서 음성이 보이는 미묘한 뉘앙스, 느낌, 의미, 감정에 대한 인식은 그 대화를 원활하게 이끌어 가는 데 매우 중대한 영향을 미치기 때문이다. 이것은 상대방의 비언어적 메시지를 알게 해주며, 또한 당신의 메시지를 상대방에게 알리는 역할을 하므로, 인간관계를 형성하거나 저해하는 데 영향을 미칠 수 있다. 따라서 당신이 커뮤니케이션에 있어서 음성이 얼마나 중요한가를 깨닫고 그것에 주의를 기울이게 된다면, 타인의 당신에 대한 신뢰성을 증대시키며 보다 향상된 직장 및 개인적 인간관계를 유지하는 데 도움을 얻을 수 있을 것이다.

# CHAPTER FOURTEEN

# 효과적인 커뮤니케이션을 위한 공간배치

누군가가 당신과 너무 가까이 서 있어서 불편하거나 불안한 기분을 느낀 적이 있는가? 사무실로 돌아왔을 때, 동료가 당신의 서류함에서 자료를 찾고 있는 것을 보면 어떤 느낌이 드는가? 회의 도중 잠깐 화장실을 다녀왔는데 누군가 당신의 자리에 앉아 있다면, 당신은 어떤 행동을 취하겠는가?

이러한 상황에서 당신이 느꼈음직한 불편함은 모두 개인적 공간의 침해로부터 오는 것이다. 개인적 공간의 침해는 커뮤니케이션에도 매우 중요한 영향을 미친다. 따라서 이번 장에서는 개인적 공간의 침해에서 발생하는 문제점들에 대해 알아보고, 효과적인 커뮤니케이션을 위한 공간 활용에는 어떠한 방법들이 있는지에 대해 살펴볼 것이다.

# 인간공간학에 대한 이해

인간공간학*proxemics*이란 효과적인 커뮤니케이션을 위한 공간 활용과 그 안에서의 사람의 움직임을 연구하는 학문이다. 커뮤니케이션에서는 대화를 나누는 당사자들의 상태만큼이나 자리의 배치, 공간의 활용, 각 개인이 편안함을 느낄 수 있는 공간의 확보 등이 매우 중요한 변수로 작용한다. 편안하고 자유로운 공간이 마련되어야 그 안에서 이루어지는 커뮤니케이션도 보다 원활할 수 있기 때문이다. 조직 개편을 위한 회의를 할 때 대화자들과 바짝 붙어서 이야기를 해야 하거나, 인원수에 비해 너무 큰 장소에서 회의를 진행해야 한다면, 대화자들의 집중력이 떨어질 뿐만 아니라 원활한 의견 개진도 어렵게 된다. 따라서 효과적인 커뮤니케이션을 원한다면 대화자들이 보다 편안함을 얻을 수 있는 공간을 확보, 조성할 수 있어야 한다. 이 때 인간공간학에 대한 이해가 큰 도움이 된다.

다음에서는 인간공간학에서 다루는 분야 중 세 가지 분야에 대해 살펴볼 것이다. 이를 통해 당신은 효과적인 커뮤니케이션을 위한 공간 활용법을 터득할 수 있을 것이다. 우리가 알아볼 세 가지 분야는 '영역', '환경', '물건' 에 대한 인간공간학적 접근이다.

## 영역

장 첫머리에 제시된 상황에서 당신이 불쾌함을 느낀다면, 이것은 당신에게 자신의 공간을 확보하고자 하는 '텃세 습성' 이 있다는 것을 보여주는 것이다. '텃세 습성' 이란 공간을 독점적 재산으로 지키고 보안하고자 하는 인간의 본성적인 특성을 가리킨다. 이것은 누구나 지니고 있는 습성으로서, 스스로 자신의 구역이라고 여기는 곳을 침범 당했을 때 불편함과 불쾌함을 느끼게 한다. 텃세 습성은 고정된 자신의 영역뿐만 아니라, 다른 사람들과 함께 쓰는 공통적인 영역에서도 나타난다. 예를 들어 회의에 참가했을 때 일단 자리를 잡고 앉게 되면 노트북이나 커피잔, 수첩 등을 올려놓거나 상의 등을 걸어둠으로써 그 의자와 관련된 구역이 자신의 영역임을 표시한다. 이런 이유로 잠시 그 자리를 비웠다가 돌아왔을 때 다른 누군가가 그 자리에 앉아 있는 것을 보게 되면(법적으로 그 구역에 대한 권리가 없음에도 불구하고) 상실감과 분노, 그리고 자리를 되찾고 싶은 욕망 등을 가지게 되는 것이다.

사람이 가질 수 있는 영역에는 '고정 특정 영역*fixed feature territory*' 과 '부분―고정 특정 영역*semi-fixed feature territory*' 이 있다. 이중 '고정 특정 영역' 은 자신의 공간임을 대내외적으로 인정받은 곳이다. 이 영역은 문을 닫거나, 벽을 만들어 놓음으로써 지킬 수 있다. 개인 사무실이나, 서재 등이 이에 속한다고 할 수 있겠다. 이에 비해, '부분―고정 특정 영역' 은 다른 사람들과 함께 쓰는 공동의 영역 중에서 자신의 물건이나 신체 자체를 올려놓음으로써 가지게 되는 영역이다. 앞에서 언급한 회의실 의자와 같이 것이 이 영역에 해당된다.

사람은 누구나 자신의 영역을 보호하고 관리하고자 하는 습성을 가지고 있다. 이때 '고정 특정 영역' 은 문을 닫거나 잠금으로써 보호

할 수 있다. 그러나 많은 사람들과 함께 사용하는 영역에서 갖게 되는 '부분-고정 특정 영역'은 다소 보호하기가 힘들다. '부분-고정 특정 영역'을 보호하는 가장 좋은 방법은 자리를 떠나지 않고 계속해서 그곳에 자신의 존재를 놓아두는 것이다. 만약 부득이 잠시 자리를 비워야 한다면, 다른 사람들이 그 영역에 대한 당신의 소유권을 인정해 줄 때에만 보호받을 수 있다. 하지만 당신의 자리가 여러 모로 좋은 조건의 위치에 있다면, 당신이 없는 사이 이미 다른 사람이 그 자리에 대한 권리 주장을 하고 있을 것이다.

'고정 특정 영역'에 대한 침범은 그 당사자에게 심각한 불쾌감을 안겨 줄 수 있다. 이것은 '부분-고정 특정 영역'을 무시하는 것보다 더 심한 침범이며, 이 영역을 침범 당했을 때 느끼는 분노의 감정은 상상을 초월한다. 당신의 개인 사무실에 누군가가 노크도 없이 문을 열고 들어오거나, 초대받지 않은 사람이 사무실로 걸어올 때, 당신의 긴장감은 하늘로 치솟을 것이다. 또한 방문객이 당신의 책상과 의자에서 당신의 펜을 사용하거나 다음 약속날짜를 확인하기 위해 당신의 스케줄 노트를 집어 올리는 경우에도, 당신은 자신의 특정한 영역을 침범 당했다는 불쾌감을 지울 수 없을 것이다.

따라서 직장동료나 직원들과 좋은 관계를 유지하고 싶다면, 설사 당신이 상사라 해도 그들의 개인적인 영역은 침범하지 않는 것이 좋다. 한 연구에 따르면, 커뮤니케이션을 할 때 부주의로 인해 상대방의 개인적 공간을 침해하게 되면, 상대방은 기분이 상해 더 이상 그 사람의 이야기를 귀 기울여 듣지 않는다고 한다. 영역을 다룰 때에는 상호간에 존중이 필요하며, 이러한 상호존중을 기반으로 상호신뢰를 쌓을 수 있다. 누구나 자신의 사생활에는 중요한 가치를 두며, 자신의 개인적 영역을 보호하고 조정하려는 욕구를 가지고 있음을 기억하라. 당신이 상대방의 영역을 존중해 줄 때, 당신의 영역도 보호받을 수 있다.

## 환경

건축가들은 오랫동안 공간 디자인과 색상 및 가구, 식물, 그림과 같은 물건의 위치가 직장동료들 사이의 커뮤니케이션과 생산성을 촉진하기도 하고 방해하기도 한다는 점에 주목해 왔다. 그들 중 한 사람인 앤터니 에이도스 *Anthony Athos* 박사는 직장에서의 공간 이용에 관해 연구하면서, 환경에 따라 보편적으로 나타나는 몇 가지 현상에 대해 깨닫게 되었다. 환경이 제공해주는 단서를 주목하게 되면 상대방이 말하고자 하는 것이 무엇인지 또는 비언어적인 커뮤니케이션에 대해 상대방이 왜 그렇게 반응하는지를 알 수 있게 된다. 따라서 환경이라는 변수를 정확하게 인식하게 되면, 당신은 커뮤니케이션에서 스스로 여유와 명료함을 유지할 수 있을 것이다.

### 넓은 것이 좁은 것보다 낫다

한 조직에서 그 사람이 얼마나 중요한 인물인가는 그 사람에게 주어진 공간이 얼마 만큼인가를 보면 알 수 있다. 회사의 사장은 중간관리자보다 더 넓은 사무실을 쓰고, 중간관리자는 평사원보다는 더 넓은 공간을 사용한다. 어디에서나 공간은 한정된 자원이므로, 조금 더 넓은 공간을 개인적인 영역으로 사용할 수 있다는 것은 그 개인이

292

조직에서 더 가치 있고 중요한 인물임을 나타낸다.

또한 대부분의 사람들은 넓은 공간과 동시에 좀더 전망이 좋은 곳을 자신의 영역으로 갖고 싶어 한다. 전망이 좋은 창문 근처는 환기와 채광이 잘 된다는 이점과 함께 창문을 통해 좀더 탁 트인 느낌을 가질 수 있기 때문이다. 이런 이유로 어떤 조직에서건 신입직원이나 낮은 직위에 있는 사람들은, 창문과 같이 좋은 전망과는 거리가 먼 사무실 안쪽에 개인 영역을 얻게 된다. 반대로 중요하고 높은 직위에 있는 사람들은 보다 넓고 좋은 전망이 있는 곳에 자신의 개인적인 영역을 갖는다.

### 개인적인 것이 공동적인 것보다 낫다

조직에서의 직위를 나타내는 또 다른 방법은, 다른 사람들이 보고 들을 수 없는 차단된 공간을 개인적인 공간으로 제공받는 것이다. 다시 말해 개방되어 있는 곳이 아니라, 자신만이 있을 수 있는 독자적인 공간을 누리고 있을수록 그 사람의 직위는 높다고 할 수 있다. 대부분의 조직에서 '부분-고정 특정 영역' 으로 불리는 열려있는 공적인 공간에서, '고정 특정 영역' 으로 불리는 개인적인 공간으로 이동하는 것은 그 사람의 조직에서의 중요성과 직위가 상승했다는 하나의 신호로 볼 수 있다.

이는 회사라면 어디든 쉽게 찾아볼 수 있는 현상이다. 낮은 직급의 직원은 누구에게든 열려 있는 공동의 공간에서 근무하며, 때로는 다른 사람의 책상 위에 있는 프린터를 사용해야 하기도 한다. 즉 자신만의 독자적인 영역이 거의 없는 셈이다. 하지만 관리자는 대부분 파티션이나 벽으로 둘러싸여진 자신만의 고정된 영역에서 업무를 처리한다. 더 나아가 개인 비서를 둔 관리자는 문이나 다른 고정된 형식으로 이루어진 개인 사무실을 가지고 있기도 하다.

개인적인 공간을 지니고 있는 사람은 그 공간의 이용 방법을 통해 다른 사람에게 암묵적인 의사를 전달하기도 한다. 누군가를 자신의 사무실로 불러 문을 닫은 채 회의를 진행한다면, 회의에 참가한 사람은 그렇지 못한 사람에 비해 특정하고 중요한 정보에 참가할 권리를 부여받은 것이다. 따라서 '영향력 있는 사람'과 함께 하는 것이 '영향력 없는 사람'과 함께 하는 것보다 그 사람의 위치를 더욱 높게 해 준다. 이와 같이 나타나는 한 개인의 역할의 중요성과 신뢰에 대한 비언어적 커뮤니케이션은 조직에서 그 사람을 어느 정도로 인식하고 있는가를 잘 보여 주는 예라고 하겠다.

사적인 공간을 빼앗는 것은 하나의 '영역침범'으로 인식된다. 하지만 그 공간의 침범이 무의식중에 일어난 일이라면, 침범한 사람은 상대가 그토록 긴장하는 이유를 이해할 수 없을 것이다. 이와 같은 경우는 한 부서의 공간부족으로 인해, 직원을 다른 부서의 직원들이 근무하는 공간을 나눠 쓰도록 이동시켰을 때 자주 발생한다. 다른 부서의 직원들은 각자 자신들이 사용하던 개인적 환경에 익숙해져 있기 때문에 다른 부서의 사람들이 자신들의 영역을 침범했을 때 무한한 긴장 상태에 돌입한다. 따라서 이러한 일들이 조직 내에서 빈번하게 발생하면 사기와 생산성이 저하될 수 있으므로 주의해야 한다.

때로 사적 영역에 대한 침범은 관리자의 부하직원에 대한 처벌의 형태로 사용되기도 한다. 과도한 휴식으로 근무시간을 낭비하는 직원들이 많아지면, 관리자는 휴게실의 칸막이를 없애 버리거나 휴게실

자체를 폐쇄시키기도 한다. 이런 행동을 통해 부하직원들이 사용하는 사적인 휴식 공간에 제재를 가함으로써 부하직원들의 지나친 시간 낭비를 막기도 하는 것이다. 물론 이것은 그리 흔한 일은 아니다.

### 높은 것이 낮은 것보다 낫다

조직에 몸을 담게 되면, 그 사람은 '조직적인 사다리'를 타고 위로 오르게 된다. 이것은 지위적인 측면뿐만 아니라, 그 사람이 갖게 되는 개인 공간의 상승도 의미한다. 대개 고위층 관리자의 사무실은 아무나 출입할 수 없는 꼭대기 층에 있다. 그리고 대다수의 직원들이 업무를 진행하는 공간은 아래층에 위치하는 것이 보통이다. 당신이 다른 사람들보다 더 높은 지위에 있다면, 평범한 직원들에 비해 보다 높은 곳에 개인 사무실을 갖고 있을 것이다. 물론 예외의 경우도 있을 수 있지만, 다른 사람들보다 높은 곳에 개인적 공간을 갖는 것은 그 사람이 다른 사람들보다 높은 지위에 있다는 신호이다.

이러한 비언어적인 공간 커뮤니케이션에 관해 알게 되면, 조직구성원 모두에게 그들이 기대하는 만큼의 적합한 위치를 제공하는 데 도움이 될 수 있다. 아울러 암묵적으로 누군가가 평범한 사원들보다는 높은 위치에 있다는 것을 알리는 간단하고도 효과적인 도구가 될 수도 있다.

### 가까운 것이 먼 것보다 낫다

회의석상에서 최고경영자 가까이에 앉아 있는 사람일수록 멀리 떨어져 있는 사람들보다 더 높은 직위를 가진 것으로 판단된다. 아울러 부서 내에서도 상사 가까이에 앉는 것이 자신의 능력을 내보이거나 주목받는 데 훨씬 유리하므로 높은 사람의 가까이에 위치하는 것은 여러모로 이득이 될 수 있다. 또한 상사의 가까이에 위치하는 것은 상사와의 잠재적 상호작용 및 중요한 정보나 결정사항에 대해 알 수 있는 기회를 더 많이 제공하기 때문에, 상사 근처에 자리를 배정받는 그 자체만으로도 당신은 다른 평사원들보다 중요한 인물임을 나타낼 수 있다.

하지만 당신이 상사를 좋아하지 않거나 또는 상사에게 알려지기 전에 어떠한 일을 끝내려고 한다면 그에게서 먼 곳에 위치하는 것이 더 낫다. 꺼려하는 상사와 가까이 있게 되면, 당신도 모르게 자꾸만 경직되고 불안한 모습을 보일 수 있기 때문이다. 이것은 당신에 대한 상사의 생각을 바꾸게 할 수도 있으므로 주의해야 한다. 상사 가까이에 위치하는 것은 상사에게 당신을 인식시키거나 능력을 인정받을 기회를 얻기 쉽다는 점에서 이로울 수 있지만, 그 뒤에는 상당한 책임감과 압력이 따를 수도 있으므로, 무조건 좋아할 일만은 아니다.

직위를 나타내는 환경 사용의 또 다른 예로는 주차 공간의 차별화를 들 수 있다. 하위직 직원은 차를 주차할 공간이 없어 유료주차장을 이용하거나 회사 주변을 몇 바퀴나 돌아 길거리에 세워야 하는 것이 보통이다. 그리고 그보다 높은 중간관리자급 직원은 회사 주차장을 이용할 수는 있지만 경쟁이 치열해 주차할 때마다 한바탕 소동을 겪어야 한다. 하지만 고위직 관리자나 경영자의 경우에는 자신만의 주차 공간을 갖는다. 그들의 주차 공간에는 특별한 부대시설이 갖추어져 있거나, 관리자의 이름을 새겨 놓아 다른 직원들이 그 자리에 주차하는 것을 막기도 한다. 이처럼 회사에서 얼마나 가까운 곳에 주차 공간을 가지고 있는가가 그 사람의 지위를 나타내는 경우도 있다.

### *안이 바깥보다 낫다*

이것은 '가까운 것이 먼 것보다 낫다'는 원칙과 어느 정도 연관되는 개념이다. 고위직 관리자일수록 그들의 사무실은 대개 건물의 본관, 그것도 가장 안쪽의 조용한 곳에 위치한다. 하지만 그 건물에서도 차별은 있어서, 최고경영자와 얼마나 가까운 층에, 어느 정도 넓이의 사무실을 갖느냐에 따라 그 사람의 지위가 나타난다. 반면, 일반직원들의 경우에는 부서의 중요성이나 성격에 따라 본관이 아닌 별관에 위치하거나 더 심하게는 본사와는 다른 지역의 건물에 사무실을 얻게 되는 경우도 있다. 결국 사무실이 회사의 심장부(최고경영자가 위치하는 곳)와 얼마만큼의 거리에 위치하는가가 그 사람의 지위를 말해 주기도 하는 것이다.

## 물건

그 사람의 사적인 공간에 어떤 물건이 놓여져 있는가도 조직에서의 그 사람의 지위를 말해 주는 중요한 단서가 될 수 있다. 상사 가까이에 개인 공간을 갖는 것이 그 사람의 지위를 암묵적으로 알려주듯이, 한 개인의 공간 안에 있는 물건의 형태나 쓰임새도 그 사람의 지위를 나타낸다. 물건에 대한 몇 가지 보편적 가치에 관한 원리에는 다음의 몇 가지가 있다.

- **큰 것이 작은 것보다 낫다** : 최고 중역은 대개 그보다 낮은 직위

의 관리자에 비해 더 넓은 사무실을 가지고 있고, 그 안에 더 큰 책상이나 가구를 갖추고 있다. 또한 한 회사의 사장은 대형 승용차나 값비싼 고급 승용차를 타는 것이 일반적이다. 하지만 그보다 지위가 낮은 부사장은 사장보다는 작은 크기의 승용차를 탈 것이다. 이에 비해 하급관리자는 경차를 타거나, 대중교통을 이용할지도 모른다.

- **많은 것이 적은 것보다 낫다** : 최고경영자는 두 개의 사무실, 다수의 전화, 보다 많은 가구와 장식품 등 자신만을 위해 소속된 물건들이 많다. 또한 조직에서 높은 위치를 차지하고 있는 사람일수록 대개 클럽 회원권, 판공비, 식사 편익 등 보다 많은 특권을 누린다. 이렇게 많은 특권은 개인적으로 이용되기도 하지만, 가끔은 부하직원들을 위해 사용되기도 한다.

- **깨끗한 것이 더러운 것보다 낫다** : 흰색 옷을 즐겨 입는 직원은 청소 담당자에게 사무실을 깨끗이 청소해 줄 것을 더 강하게 요구한다. 반면 푸른색 옷을 즐겨 입는 직원은 대개 자신의 구역을 그들 스스로 청소한다. 깨끗한 환경에서 일하는 사람은 아주 깨끗한 외모를 유지하는 반면, 기계나 지저분한 물건을 다루는 가게에서 일하는 사람은 깨끗한 옷차림을 유지하기가 힘들 것이다. 이것이 지위 사다리에 적용될 때에는(부하직원들이 상사의 주변 정리에 신경을 써 주기 때문에) 위로 올라갈수록 옷차림이나 주변 환경이 청결한 편이다.

- **정돈된 것이 어수선한 것보다 낫다** : 높은 지위의 관리자는 다른 사람들을 만나는 자신의 공적인 사무실을 항상 깨끗하고 정돈된 상태로 유지하고자 노력한다. 하지만 말단 직원의 자리는 대

개 수많은 서류와 집기들로 어수선한 상태를 보인다. 깨끗한 책상은 효율성을 나타내는 반면 어수선한 책상은 혼란스러움과 체계 없음을 나타낸다. 따라서 그 사람이 얼마나 정돈된 공간을 가지고 있느냐가 그 사람의 지위를 나타내기도 한다.

- **비싼 것이 싼 것보다 낫다** : 회사에 입고 오는 의상이나 사무실의 가구, 승용차, 식사 때 먹는 음식을 고려할 때, 보다 비싼 것을 이용하는 사람이 지위가 높다는 것은 어쩌면 자명한 일이다. 물론 사람에 따라서는 '싸고 경제적인' 것에 우선 가치를 두기도 하지만, 대부분의 경우 보다 '값비싼' 것을 이용하는 사람이 조직 내에서 높은 지위를 차지하고 있을 가능성이 높다.

- **아주 오래되거나 새 것이 현재의 것보다 낫다** : 고(古)가구나 최신 유행 가구가 갖추어져 있는 사무실은 대개 평범한 가구를 갖추고 있는 사무실보다 더 인상적으로 다가온다. 이런 이유로 지위가 높은 사람일수록 자신의 사무실을 값비싼 옛날 가구나 최신식 가구로 꾸민다.

- **개인적인 것이 공적인 것보다 낫다** : 말단 직원이 프린터나 복사기 등 공공기물을 먼저 사용하기 위해 경쟁을 벌일 때, 당신의 책상 위에 올려져 있는 개인 프린터는 조직 내에서 당신이 차지하는 지위를 말해 준다. 마찬가지로 당신에게 지급되는 판공비나 법인카드는 일반 직원들보다 당신이 높은 지위를 가지고 있음을 나타낸다.

# 인간공간학적 공간의 이용

앞에서 언급한 내용들에 기초하여, 커뮤니케이션과 인간관계를 촉진하는 데 환경과 영역에 대한 지식을 적용해 보자. 예를 들어, 회의장소를 선택할 때 주의해야 할 점은 무엇일까? 첫째, 회의장소는 매력적인 곳으로 준비해두어야 한다. 그래야만 참가자들이 그 장소에서 편안한 상태를 유지하는 것이 가능하며, 자신을 보다 중요한 사람으로 여겨 회의에 집중할 수가 있다. 또한 매력적인 장소 섭외를 통해 참가자들이 주위 환경을 즐기게 되면, 그만큼 회의에 열성적으로 참여할 수 있으므로, 원하는 만큼의 결과를 얻을 수 있을 것이다. 둘째, 회의장소는 중립적인 곳으로 선택해야 한다. 그래야만 회의 참가자 모두가 중립적인 상태를 유지하면서 회의에 주의를 기울일 수 있다. 마지막으로, 좌석 배치는 유연하게 해야 한다. 예컨대 참가자 각자가 앉아야 할 자리를 배정해 주게 되면, 모두가 '부분-고정 특정 영역'을 침범당할 수 있다는 긴장감을 풀고, 나름대로 공간 정리를 하도록 도울 수 있다.

환경과 영역에 대한 지식은 관리자가 직원들과 보다 친밀한 관계를 수립하는 데에도 도움이 된다. 만약 당신이 부하직원들과 좀더 친밀한 관계를 갖고자 하는 관리자라면, 직원들이 주로 이용하는 장소나 중립장소에서 일대일 미팅을 갖는 것이 좋다. 이것은 직원과 당신 모두가 대화에서 중립적인 태도를 유지할 수 있도록 돕는다. 그리고 그만큼 대화는 친밀하고 화기애애한 분위기에서 이루어질 수 있다. 또한 당신이 직원의 이야기에 동의의 제스처를 보인다든가 자주 시선접촉을 하는 등의 친밀한 신체언어를 사용한다면, 직원과의 대화를 보다 더 원활하게 이끌어 갈 수 있을 것이다.

단, 앉아 있는 직원과 눈높이를 맞추지 않고 서서 이야기를 하거나, 직원 쪽으로 몸을 지나치게 기울이는 것은 위압적으로 보일 수 있으므로 피하는 것이 좋다. 또한 의자 뒤쪽에 깊숙이 앉아서 스스럼없이 행동하는 것은 교만해 보일 수 있다. 따라서 직원에게 긍정적인 인상을 주고 싶다면 위압적이기보다는 편안함을 줄 수 있는 신체언어를 사용해야 한다.

사무실 가구를 배치하는 일에도 환경과 영역에 대한 지식은 유용하게 사용될 수 있다. 사무실 내 가구의 배치 형태는 그 사람이 방문객과 어느 정도의 형식적 관계를 유지하고 싶어하는지를 잘 말해 준다. 만약 커다란 책상을 경계로 나란히 의자가 놓여져 있다면, 그 사람은 자신과 방문객 사이에 어느 정도의 거리를 둔 채, 짧고 형식적인 상호작용만을 하길 바라는 것이다. 하지만 낮은 탁자 주변에 소파를 둥근 모양으로 배치해 놓았다면 책상으로 인해 생기는 장벽 없이 방문객과 좀더 친밀한 상태에서 대화를 나눌 수 있기를 바라는 것이라 볼 수 있다.

## 개인 공간

다른 사람들과 대화하기 위해 사용하는 공간이 갖는 또 다른 측면은 그 공간이 각 개인의 영역과 관련되어 있다는 것이다. 이것을 우리는 '개인 공간' 이라고 부른다. 각 개인은 자신이 점유한 특별한 공간에 합법적인 권리가 있다고 느끼며, 초대받지 않은 사람이 이 공간에 들어오는 것에 대해 불쾌하게 여긴다. '개인 공간'에 대한 정확한 범위는 문화나 개인적인 성향에 따라 각각 다르지만, 일반적으로 불쾌감을 느끼는 범위가 어느 정도인지를 알고 싶다면 당신이 다른 사람과의 접촉 때문에 불쾌함을 느꼈던 때를 생각해 보면 된다. 비행기나 극장에서 모르는 사람과 나란히 앉았을 때 하나밖에 없는 팔걸이 때문에 불편함이나 불쾌함을 느꼈던 적이 있지 않은가? 만원 전철에서 다른 사람들과 어느 정도 떨어져 서 있을 때 불편함을 느끼지 않는가? 상대방에게 불편함이나 불쾌감을 안겨 주는 것은 여러 면에서 당신에게 마이너스 요인이 될 것이다. 따라서 보다 자유롭고 활발한 의사소통을 원한다면, 상대방이 생각하는 '개인 공간'을 지나치게 침범하지 않아야 함을 기억하라.

## 대인간 공간

인간공간학에 관한 한 연구에 의하면, 보통의 성인 회사원에게는 기본적으로 4가지의 상호작용 범위가 있다고 한다. 그 범위는 친밀한 범위, 사적인 범위, 사회적 범위, 공적인 범위 등으로 구별된다.

- **친밀한 범위**intimate zone : 자신이 위치하고 있는 지점에서부터 60cm 이내의 범위.
- **사적인 범위**personal zone : 자신이 위치하고 있는 지점에서부터 대략 60~120cm 사이의 범위.
- **사회적 범위**social zone : 자신이 위치하고 있는 지점에서부터 대

략 120~360㎝까지의 범위.

- **공적인 범위**public zone : 360㎝에서 보고 듣는 데 무리가 없는 거리까지의 범위.

<그림 14-1> 인간공간학적 범위

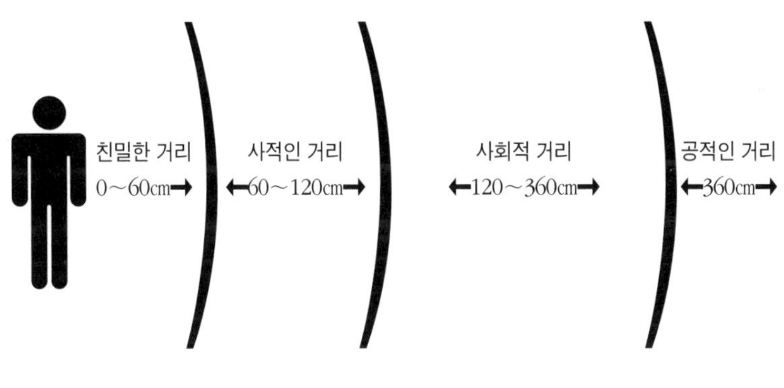


사람들은 누군가가 이 범위를 침범하기 전까지는 이 거리를 유지하는 것이 중요하다는 사실을 잘 인식하지 못한다. 하지만 일단 이 범위를 침범 당하게 되면, 이것은 곧 그 사람에 대한 긴장과 불신으로 이어지게 된다. 그러나 이것은 그 범위를 침범한 사람이 누구인가에 따라 달라질 수도 있다. 어느 정도의 거리를 두고 대화하는 도중에, 갑자기 동료가 좀더 바짝 다가와 친밀한 범위나 사적인 범위를 침범하게 되면 곧 불편함과 거부감을 느낄 수도 있다. 하지만 그 침범자가 배우자라면 살이 닿을 정도로 가깝게 있더라도 동료에게서 느끼는 불쾌감이나 긴장감을 느끼지는 않을 것이다. 직장에서 고용

인과 피고용인의 관계는 보통 사회적 범위나 사적인 범위의 정도의 거리에서 시작된다. 물론 어느 정도 시간이 흐르고 높은 신뢰가 쌓인다면 사적인 범위까지 가는 경우도 많이 있다.

　접촉 범위에 대한 개인의 인식은 일반적으로 '접촉'과 '비접촉'이라는 두 가지의 양상을 띤다. 오랫동안 이 분야에 대해 연구해 온 에드워드 홀*Edward Hall*에 의하면, 미국인과 북유럽 사람들은 업무 중 동료들과 상호작용을 할 때 거의 신체접촉하지 않는 '비접촉 범주'의 양상을 띤다고 한다. 이에 반해 아랍계나 라틴계 사람들은 상호작용에서 상대와 접촉을 많이 하는 '접촉 범주'에 해당된다.

　그렇다면 '접촉 범주'의 사람과 '비접촉 범주'의 사람이 만나게 되면 어떤 일이 발생할까? 아마도 서로 충돌하는 경우가 많이 생길 것이다. 접촉을 받아들이는 서로의 생각이 다르기 때문이다. 접촉 범주의 사람에게 접촉은 상대에게 친밀감을 갖고 있다는 하나의 표현이다. 하지만 비접촉 범주의 사람에게는 불쾌하고 긴장감만을 안겨 주는 골치 아픈 행동이 될 수 있다. 따라서 서로에게 오해를 갖기 쉽고, 일의 진행이나 커뮤니케이션에 있어서 매끄럽지 못한 모습을 보일 수 있다.

　접촉 범주의 사람과 비접촉 범주의 사람은 각각 자신의 인간공간학적 행동 방식을 기준으로 상대방을 평가하기 때문에, 서로를 부정적으로 인식할 수 있다. 접촉 범주의 사람은 비접촉 범주의 사람을 필요 이상으로 부끄러워하고, 냉정하며, 예의바르지 못한 사람으로 여긴다. 반면에, 비접촉 사람은 접촉 사람을 저돌적이고 호전적이며 예의바르지 못한 사람이라고 여기기 쉽다.

따라서 서로 다른 유형의 사람들이 만나 각기 다른 인간공간학적 행동을 보이게 되면, 서로의 차이점에 대한 인식이 부족하기 때문에 적지 않은 혼란이 발생하게 된다. 서로의 공간에 대한 침범이 일어났을 때 무언가 옳지 못한 일이 발생했다는 느낌은 있지만, 그 원인이 무엇인가를 알 수가 없는 것이다. 이런 경우에 그 당사자들이 상호교류에 관심을 갖지 못하고 진솔한 대화를 나눌 수 없게 될 것은 불을 보듯 뻔하다.

대부분의 사업관계는 인간적인 관계와는 달리 사회적 거리에서부터 진행된다. 하지만 이것은 상호신뢰와 관계 정립의 정도에 따라 얼마든지 달라질 수 있다. 관계에 신뢰와 믿음이 쌓이게 되면 상호간에 놓여져 있던 거리는 점점 좁혀져, 상대가 사적인 범위에 들어선다 해도 별 불편함 없이 상호작용을 할 수 있는 단계에까지 이를 수 있다. 그러나 이렇게 되기 위해서는 많은 시간과 노력이 투자되어야 한다. 다시 한번 강조하건대, 당신이 상대와 공고한 신뢰관계를 정립하고 싶다면, 상대방의 행동 유형을 잘 알고 행동의 유연성에 대해 열심히 연구하는 자세를 갖추고 있어야 한다.

## 대인간 공간 전략

개인적인 공간을 침해받게 되면 그 당사자는 어쩔 수 없이 불편함을 느낄 수밖에 없다. 그러므로 의사소통을 함에 있어, 긴장을 완화하고 불필요한 개인적인 공간의 침해를 막기 위해서는 보다 구체적인 행동 방식이 필요하다.

찰스*Charles*와 마리 달턴*Marie Dalton* 두 사람은 커뮤니케이션상에서 나타나는 공간 침해의 문제점들을 해결하는 데 도움이 되는 몇 가지 대인간 공간 전략을 내놓았다. 이 중 가장 보편적으로 쓰일 수 있는 전략은 상대방이 보다 편안한 지역에 위치할 때까지 물러서 있거나, 상대와의 거리를 더 넓게 유지하는 것이다. 다른 전략으로는 시선접촉 회피, 상대방과 자신 사이에 책상을 두어 거리를 만드는 것, 또는 다리 또는 팔꿈치를 넓게 벌림으로써 자연스럽게 거리를 형성하는 것 등이다. 어떤 대화이건 간에 가장 편안한 자세는, 상대방과 그 상황의 특성에 맞추어 적절한 거리를 유지할 수 있을 때 나온다는 사실을 기억하라.

## 두 사람의 위치

상대방이나 주제에 대해 서로 편안함을 느낄 수 있는 일상적인 대화를 나눌 때는 '직각으로 앉은*corner-to-corner* 자세'를 취하는 것이 좋다. 〈그림 14-2〉에서 보여주듯이, 이 자세는 시선접촉이 자유롭고, 얼굴표정이나 제스처 같은 비언어적 신호를 최대한 잘 보여줄 수 있기 때문에 친밀감을 나타내는 대화에 효과적이다. 반면 '나란히 앉은 *side-by-side*' 자세는 협력적인 상호작용을 이끌어내야 하는 대화에 잘 어울린다. 〈그림 14-3〉에서 보듯이 나란히 앉은 자세에서는 비언어적 표현을 읽기 어렵지만, 이는 상대의 불필요한 제스처에 신경을 뺏기지 않는다는 점에서는 일면 이점이 될 수 있다. 이 자세는 특히 신체적으로 아주 근접하기 때문에, 대화하는 두 사람은 어느 정도의 신체적 불편을 감수해야만 한다. 하지만 대부분 이 자세를 통해 대화를 나누

〈그림 14-2〉 직각으로 앉은 자세

〈그림 14-3〉 나란히 앉은 자세

〈그림 14-4〉 마주 앉은 자세

〈그림 14-5〉 독립적으로 앉은 자세

는 사람들은 업무에 집중하고 서로 협력하고자 하는 마음이 강하기 때문에 그 정도의 불편쯤은 견딜 수 있다고 생각는 것이 일반적이다.

〈그림 14-4〉의 자세는 '마주 앉은across-the-table 자세'로서 일상적 대화에서도 자주 사용되지만, 주로 경쟁적 상황에서 선택되는 자세이다. 이 자세로 대화를 나누게 되면. 당사자들은 상대가 보이는 비언어적 단서를 세밀하게 관찰할 수 있고, 자신과 상대방 사이에 놓인 탁자라는 장벽을 통해 안정감을 느낄 수 있다는 장점이 있다. 〈그림 14-5〉에 나와 있는 '독립적으로 앉은coaction 자세'는 두 사람이 같은 장소에 있지만 각자 독립적으로 일할 때 효과적인 자세이다. 이 자세는 각자의 업무를 위해 꼭 필요한 '부분-고정 특정 영역'을 지닐 수 있기 때문에 보다 안정적으로 일할 수 있는 환경을 조성하며, 어느 정도의 사적인 활동을 보장하는 데도 효과적이다.

*모임의 위치*

앞의 내용을 통해 당신은 상호작용의 특성에 따라 대화 참가자들의 위치가 어떻게 달라져야 하는가를 어느 정도는 알게 되었을 것이다. 그렇다면 이보다 규모가 더 큰 모임에서는 어떻게 위치를 정해야 할까? 모임은 두 사람 간의 대화보다는 위치를 결정하기가 좀더 복잡하지만 거의 같은 형태를 띠는 것이 보통이다. 다른 점이 있다면 커뮤니케이션 패턴, 리더십, 의사결정의 수준 등에 따라 다소의 영향을 받을 수 있다는 것이다.

모임에서 리더는 주로 테이블 끝의 상석에 앉는다. 리더가 상석에

〈그림 14-6〉 권위형 리더와 집단과의 좌석배치

앉는 이유는, 상석이 대화를 적극적으로 이끌고 참가자들의 활발한
참여를 독려하는 데 가장 적합한 자리이기 때문이다. 〈그림 14-6〉에
서 보듯이, 테이블의 상석에 앉은 사람은 모임에서 가장 높은 지위를
가지고 있음을 의미한다. 게다가 대부분의 모임 참가자들은 리더 쪽
으로 시선을 두면서 의사소통을 하기 때문에, 상석에 앉은 리더는 의
사를 결정함에 있어 일반석에 앉은 사람들보다 더 큰 영향력을 발휘
하게 된다. 리더가 앉게 되는 상석은 언어적 · 비언어적 메시지 전달
에 큰 이점이 있으므로, 평등을 강조하는 모임이라 할지라도 이 자리
에 앉는 사람은 많은 영향력을 행사할 수 있다.

〈그림 14-7〉 권위형 리더를 견제하는 좌석배치

리더의 독점적 영향력을 견제하고 싶다면, 다른 구성원들 모두가 〈그림 14-7〉과 같이 한쪽으로 무리지어 앉는 것이 효과적이다. 한쪽으로 무리를 지어 앉으면 구성원들끼리는 보다 긴밀한 관계를 유지할 수 있고, 리더와는 좀더 거리를 둘 수 있기 때문이다. 따라서 무리를 지어 앉는 것은 무의식적 반응이지만, 리더에 대해 다른 구성원들이 어떤 생각을 가지고 있는가를 보다 쉽게 파악할 수 있는 비언어적 메시지가 된다.

모임에서 개인이 차지하는 위치는 때로 매우 흥미로운 법칙을 보여 주기도 한다. 예를 들어, 서로 반대편에 앉아 있는 사람 사이에는 의견이나 생각의 마찰이 일어나기 쉽다. 또한 어떤 사람이 말을 멈추면, 그 옆에 앉은 사람보다는 탁자 반대편에 앉아 있는 사람이 그 대화를 계속해서 이끌어가는 경우가 많다. 이처럼 개인이 차지하는 위치가 어딘가에 따라 그 사람의 행동이 달라질 수 있다는 것은, 모임에 있어서 위치가 어떤 영향을 미치는가를 잘 보여 주는 증거라 할 수 있다.

## 특별배치의 결정요소

두 사람 사이, 또는 조직 간 위치를 결정하는 데에는 상당히 많은 요소들이 영향을 미친다. 여기서는 그 요인들 중 접근의 각도, 성격, 이전의 관계, 인종, 성별 등에 대해 살펴보도록 하자.

- **접근의 각도** : 여성은 정면보다는 측면에 있을 때 보다 가까운 접근을 허용하는 경향이 있다. 이것은 불편한 관계가 아니라면

측면보다는 정면 접근을 선호하는 남성과는 반대되는 경향이라 할 수 있다. 여성은 다른 사람과 대화할 때에 옆으로 나란히 앉아서 하는 경우가 많으며, 그룹토론의 경우에도 바로 옆에 앉은 사람과 더 많은 대화를 나누는 경향이 있다. 여성은 일반적으로 신체적으로 보다 가깝게 위치한 존재에 보다 편안함을 느끼는 듯하다.

- **성격** : 대인관계에 있어서, 외향적인 사람은 내성적인 사람보다 더 가까운 거리에서 이야기하는 것을 좋아한다. 또한 독립심이 강한 사람은 의존적인 사람보다 다른 사람들과 대화할 때 좀더 가까운 거리를 유지하고자 한다. 학습 스타일에 있어서도 어떤 사람은 다른 사람과 가까이서 공부하기를 선호하는 반면에, 다른 사람은 적당한 거리를 유지하고 최소한의 접촉만을 허용한다.

- **이전의 관계** : 과거에 다른 사람들과 성공적인 상호관계를 경험해 본 사람은 그렇지 못한 사람보다 타인과 더 가까운 거리를 유지한다. 이러한 현상은 서로 긍정적인 감정을 가지고 있거나 매력이 있다고 느끼는 사람들에게도 똑같이 적용된다. 반면에, 무관심하거나 서로 적대적인 사람들은 되도록 먼 거리를 유지하고자 하는 경향이 강하다.

- **인종** : 일반적으로 사람들은 자신과 같은 인종의 사람과는 가까운 거리를 유지하는 반면, 다른 인종의 사람들과는 거리를 두고자 한다. 같은 인종이 함께 일하는 경우, 흑인여성들이 가장 가까운 거리를 유지하고 흑인남성, 백인여성, 백인남성으로 갈수록 상대방과의 거리는 조금씩 멀어진다.

- **성별** : 대부분의 사람은 동성보다는 이성과 더 가까운 거리를 유

지하고자 한다. 이러한 경향은 특히 남성에게서 더 강하게 나타
나는데, 한 조사에 따르면 남자직원은 남자 관리자보다 여자 관
리자와 함께 일할 때 더 가까운 거리를 유지한다고 한다. 반면,
여자직원은 자신과 감독자 사이의 허용공간에 있어서, 감독자
가 남성이건 여성이건 간에 차이가 별 차이가 없는 것으로 나타
났다.

## 조직에서 공간이 갖는 의미

스스로 당신의 행동을 잘 관찰하고, 자신이 공간을 어떻게 사용하
며 자신과 다르게 행동하는 사람들에게는 어떤 반응을 보이는가를 파
악하게 되면, 개인에 있어서 공간 사용이 어떤 의미를 갖는가를 명확
히 깨달을 수 있다. 이것은 당신에게 전달되는 메시지와, 당신이 다른
사람에게 전달하고자 하는 메시지를 보다 효과적으로 전달하는 데 도
움이 된다. 또한 커뮤니케이션이 뚜렷한 이유 없이 제 궤도를 벗어날
때에도 공간 활용이 어떤 메시지를 담고 있는가를 읽을 수 있다면 문
제의 발생 원인이 어디에 있는가를 보다 빨리 발견할 수 있다.

언어적 또는 비언어적으로 상대에게 당신의 공간을 침범해도 좋
다는 메시지를 전달하지 않았음에도 불구하고, 상대가 당신의 인간
공간학적 공간을 침범한다면 그 사람에 대한 당신의 긴장감은 높아
지고 신용은 감소하게 될 것이다. 또한 이러한 현상이 자주 발생하
게 되면 두 사람의 관계는 비생산적이고 비협력적으로 변화하게 될
것이다. 그러므로 당신이 상대와 보다 깊은 신뢰를 형성하고자 한다

면, 상대방의 공간을 침범해 긴장을 고조시키는 일이 발생하지 않도록 주의해야 한다. 만약 당신이 감독관이나 관리자라면 이것은 더욱 신경 써야 하는 부분이다. 관리자인 당신이 부하직원의 사적인 공간을 침범한다면, 부하직원은 당신에게 직접적으로 불쾌함을 표시할 수는 없지만 마음속으로 불만과 거부감을 갖게 될 것이다. 사람은 누구나 자신의 사생활에 높은 가치를 부여하며, 다른 사람이 자신의 사적인 공간을 침해하는 것을 싫어한다는 것을 기억하라! 행동에 대한 공간학적 규칙을 무시하는 사람들은 상대에게 결코 좋은 인상을 심어 줄 수 없다.

인간공간학적인 개념을 이해하는 것은 만나는 모든 사람들과의 커뮤니케이션을 보다 원활하게 하는 데 도움이 된다. 이는 특히 상사와 부하직원의 관계에 있어서 더 중요하게 작용한다. 동등하지 않은 권력관계는 긴장, 불화, 불신을 유발시킬 가능성이 높기 때문이다.

오직 신뢰가 형성될 때, 인간관계에서뿐만 아니라 인간공간학적으로도 더욱 가까이 다가갈 수 있다. 너무 빨리 다가가면 긴장을 증가시키므로 주의하라! 반대로 너무 느리게 다가가면 직원이 당신의 행동에 참여하지 않게 되므로 이것에도 주의를 기울여라! 훌륭한 의사전달자는 인간공간학적 개념을 존중하고 이해하며 효과적으로 사용하는 사람이다. 이 개념을 효과적으로 사용할 때 당신은 상대의 관심 집중과 신뢰의 증대, 보다 나은 커뮤니케이션, 생산적인 조직과 인간관계의 발전을 얻을 수 있다.

# CHAPTER FIFTEEN

# 효과적인 커뮤니케이션을 위한 시간관리

당신은 이곳에서 샘을 만나기로 되어 있다. 그는 15분이나 늦게 약속 장소에 도착한다. 의자를 너무나 바짝 당겨서 탁자 밑으로 무릎이 붙을 정도로 당신에게 다가 앉는다. 그리고는 당신의 얼굴 앞에서 손가락을 흔들면서 큰 목소리로 말을 하기 시작한다.

어떤 느낌이 드는가?

당신은 오늘 사라와 미팅 약속이 되어 있다. 5분 일찍 그녀의 회사로 가서, 그녀가 당신을 불러 주기를 기다리고 있다. 일을 방해하지 않기 위해 그녀의 책상에서 가장 먼 곳에 앉아 조용히 기다린다. 그리고 그녀와 대화할 때는 매우 조용하고 부드럽게 말한다.

느낌이 어떠한가?

이제는 확실히 알겠지만 당신의 모든 행동, 입는 옷, 몸의 모든 동작, 목소리의 음조 등은 모두 어떠한 메시지를 담고 있다. 상대방은 당신이 보이는 이런 작은 부분만으로도 첫마디를 듣기 전에 무슨 일이 일어나고 있는지를 즉시 알 수 있다. 이런 의미에서 시간의 사용 방법도 매우 강력한 비언어적 커뮤니케이션 도구라 할 수 있다. 이번 장에서는 앞에서 살펴본 공간의 사용 방법에 이어서, 시간의 이용이 어떠한 메시지를 지니고 있는가를 알아볼 것이다.

# 시간활용 방법

상사와 약속한 업무 회의를 기다리는 느낌은 어떠한가? 동료나 부하직원이 상습적으로 회의에 늦을 때 어떤 생각이 드는가? 반대로 회의 시작 10분 전에 도착해서 미리 회의 안건에 대해 체크하고 있는 동료나 부하직원을 보면 어떤 생각이 드는가? 주말에 야간근무를 해달라는 요청을 받을 때 당신의 기분은 어떤가? 평소와는 달리 상사가 당신과는 말을 별로 하지 않으면서 다른 동료직원과는 더 많은 시간을 보낼 때 어떤 느낌이 드는가?

위의 예들은 사람들이 시간을 통해서 어떻게 의사소통을 하며, 그것에 대해 어떤 생각이나 느낌을 갖는가를 잘 보여 준다. 시간은 한 번 흘러가면 다시는 되돌릴 수 없는 희귀한 자원이다. 그래서 다른 사람과의 대화에 있어서 누구에게 시간을 주는지, 얼마나 주는지, 언제 주는지는 감정을 전달하는 데 있어 중요한 변수가 된다.

앤터니 에이도스 *Anthony Athos* 박사는 시간의 의미에 대해 '정확성, 희소성, 반복성'의 3가지 주요한 변수를 규정하였다. 이 3가지 변수를 어떻게 적용하는가 하는 것 또한 커뮤니케이션을 원활하게 하는 데 중요한 변수로 작용한다.

## 정확성

어느 문화에서나 그렇지만, 특히 서구 문화에서는 '정확한 시간관념'에 대한 관심이 대단하다. 시간을 정확하게 지키는 것은 그 사람의 신뢰성 평가에 엄청난 영향을 미치기 때문이다. 이런 이유로 사람들은 시간을 정확히 체크하고 스케줄에 차질이 발생하지 않도록, 시계를 몸에 차고 다닌다. 그렇다면, 다른 사람들이 당신에게서 기대하는 시간적 정확성은 어느 정도인가? 그리고 시간의 정확성은 상대방에게 어떤 느낌을 갖도록 하는가?

첫 데이트 때를 회상해 보자. 만약 당신이 남자라면 예정보다 조금 이른 시간에 약속 장소에 나와서 여자친구를 기다릴 것이다. 반면 여자라면 약속 시간 보다는 조금 늦은 시간에 만나기로 한 장소에 도착할 것이다. 하지만 둘 중 한사람이라도 늦는다면, 상대가 무관심하다는 생각을 갖지 않도록 반드시 설명을 해야 한다. 비슷한 얘기로, 관리자는 부서 회의에 자주 늦는 직원이 있다면 그가 업무에 그다지 신경을 쓰지 않는다고 생각하고 당연히 화가 날 것이다. 직원들 역시 회의에 자주 늦는 관리자는 일에 별로 관심이 없다고 생각할 것이다. 결과적으로, 시간을 얼마나 정확하게 지키는가는 일이나 사람에 대한 관심의 정도를 나타내는 메시지 전달의 한 방법이 될 수 있는 것이다. 비록 그것이 당신이 의도한 메시지가 아닐지라도 말이다.

시간은 상대방의 지위와 권력에 대한 자신의 느낌을 알리는 데에도 사용될 수 있다. 한 회사의 사장이 회의를 이유로 신임 관리자를 자신의 사무실로 부른다면, 그 관리자는 아마도 약속된 시간보다 일찍 도착할 것이다. 이런 경우, 사장과 직원이라는 지위의 차이 때문에, 대부분의 관리자는 자신들이 기다리는 것이 당연하다고 생각한다. 사장의 시간은 매우 가치 있는 것이므로 허비해서는 안 되고, 직원의 시간은 보다 덜 가치 있는 것으로 여겨지는 것이다.

시간은 또한 관계에 대한 정의를 나타내는 정의로도 작용한다. 같은 직위에 있는 두 명의 관리자가 상급 직위를 차지하기 위해 치열하게 경쟁한다면, 한 관리자는 자신이 보다 높은 지위와 권력이 있다는 것을 보이려고 상대 관리자의 시간을 조정하려 할 수도 있다. 당신이 경쟁 상태에 있는 상대 관리자에게 전화를 걸어, 오전 회의를 자신의 사무실에서 열겠다는 뜻을 전달했다고 하자. 이것은 어떤 메시지를 담고 있는 것일까? 첫째, 상대 관리자를 당신의 사무실로 부를 수 있다는 것은 당신이 상대보다 높은 위치에 있다는 것을 드러내고자 하는 것이다. 둘째, 시간과 장소를 정확하게 정함으로써 상대방이 영향력을 발휘할 기회를 줄이고자 하는 것이다. 셋째, 갑작스런 회의 통보는 당신보다는 상대방이 덜 바쁘다는 뜻을 전달하고자 하는 것이다.

하지만 부름 받은 관리자가 회의 참석에 동의한다 하더라도, 그는 당신이 일방적으로 정한 시간에 꼭 맞춰 도착하지는 않을 것이다. 상대 관리자는 일부러 조금 늦게 회의 장소에 도착할 것이며, 이것에 대해 당신에게 사과하지도 않을 것이다. 이것은 당신을 짜증나게 하겠지만 전적으로 모욕하는 것은 아니다. 여기에 숨겨진 의미는 '이제 우리는 한 번씩 주고받았어. 내 시간도 너의 시간만큼 중요해. 나도 너만큼 바쁘단 말이야' 정도가 될 것이다.

자신이 상대를 조종하고 있는지 아니면 조종당하고 있는지를 인식하기는 어렵지만, 시간을 이용하여 다른 사람을 다루고 조정하는 일은 흔하다. 다른 사람이 당신의 시간을 조정할 수 있도록 허용한다는 것은 대개 그 사람이 가지고 있는 높은 위치나 큰 권력에 복종한다는 의미를 지닌다. 이것은 특히 근무 외 시간이나 당신이 다른 일을 하고 싶어할 때 더욱 그렇다. 예기치 못했던 야근이나 연장 근무를 요구 받을 때, 당신은 사적인 시간과 계획까지 희생할 수 있어야 하기 때문이다.

사람을 오래 기다리게 할수록, 그 사람의 기분은 더욱 나빠진다. 중견 관리자가 사장과 오후 1시에 회의 약속을 잡았다고 해보자. 그는 공손하게도 12시 50분에 도착한다. 그는 1시 10분까지는 '사장님이 좀 바쁘신가 보군' 하며 기다릴 것이다. 그리고는 자신이 사장을 기다리고 있다는 것을 비서에게 한 번 더 주지시켜 달라고 부탁할 것이다. 그리고 시간이 더 흘러 1시 25분까지는 그런 대로 아무 불평 없이 기다릴 것이다. 하지만 1시 45분이 되면 조금씩 화가 나기 시작하면서 사장이 자신을 만나는 일에 별로 신경 쓰지 않는다고 생각할 것이다. 바로 그때 사장이 회의실에 도착해, 자신이 늦은 이유에 대해서는 아무런 설명도 없이 바로 업무 회의를 시작한다면, 그 관리자는 다소 삐딱해지고 예민해질 것이다. 이것은 회의의 원활한 진행이나 사장과 관리자 사이의 신뢰성에 부정적인 영향을 끼치게 된다. 만약 사장이 자신이 늦은 것에 대해 사과하고 늦은 이유에 대해 조금이나

마 설명한다면, 그 관리자는 사장을 이해하려고 할 것이다. 하지만 아무런 설명 없이(다시 말해, 조금의 미안함도 없이) 회의를 시작한다면 그는 불평 가득한 얼굴로 회의를 진행할 수밖에 없을 것이다. 궁극적으로는 누구나 자신의 시간이 더욱 소중하다고 생각하기 때문이다.

사람을 오래 기다리게 하면 할수록, 기다리는 시간 동안에 쌓인 적대적 감정을 누그러뜨리는 데는 보다 많은 노력이 필요하다. 따라서 당신이 기다리는 상대방의 입장에서 생각해 볼 수 있다면, 약속 시간에 늦거나 아무런 변명도 하지 않은 채 일을 처리하는 일방적인 상황은 생기지 않을 것이다. 또한 상대방의 기분이 상해 있더라도 그것을 잘 풀어 줄 수 있을 것이다.

이와 같이 시간의 정확성을 지키는 것은 효과적인 커뮤니케이션을 이끌어 내는 데 중요한 영향을 미친다. 시간을 정확하게 지켜 커뮤니케이션에 문제가 생기지 않도록 주의하라.

## 희소성

시간과 돈은 인간이 가지고 있는 자원 중 가장 제한된 자원이다. 하지만 돈은 일을 얼마나 열심히 하는가 혹은 얼마나 지능적으로 관리하는가에 따라 더 벌거나 잃을 수도 있다. 그러나 시간은 아무리 되돌리고 벌려고 해도 절대 자신의 의지나 생각대로 사용할 수 없는 것이다. 일주일에 사용할 수 있는 시간은 누구나 10,080분으로 동일하다. 하지만 이 시간을 어떻게 사용하는가 하는 것은 매우 다양하다. 따라서 이 귀중한 시간을 누구와 무엇을 하면서 보내는지, 어떤 방식으로 사용하는지는 그 사람이 가치를 부여하는 대상이 누구 혹은 무엇인가를 아는 데 매우 중요한 단서를 제공한다.

만약 당신이 시간 외 근무보다 운동경기 관람을 선택한다면, 당신은 일보다는 여가생활을 즐기는 데 더 많은 가치를 두고 있는 것이다. 마찬가지로 직원의 고민을 들어 주는 것 보다는 예산을 완벽하게 짜는데 시간을 보내려고 한다면, 이 또한 당신이 자신의 업무에 더 가치를 두고 있다는 메시지의 전달이다. 이처럼 시간은 언뜻 보기엔 외부적인 요구에 따라 할당량과 사용 방법이 제한되는 것 같지만, 실제로는 당신의 가치 기준에 따라 달리 쓰이는 것이 대부분이다. 따라서 당신이 어디에 중점을 두어 시간을 사용하는가 하는 것은 당신이 어떤 것에 가치를 두고 있는가를 반영하는 하나의 메시지라 할 수 있다.

사회학자들에 따르면, 대부분의 경우 상대방과의 상호작용이 많을수록 좋아하는 정도가 증가한다고 한다. 마찬가지로 상대방과의 상호작용이 아예 없거나 감소하면, 서로에 대한 관심과 존경도 그만큼 줄어든다고 한다. 따라서 당신이 상대방과의 상호작용에 얼마나 많은 시간을 투자하는가 하는 것은, 상대방에게 얼마만큼의 관심을 가지고 있는가를 나타내는 또 하나의 비언어적 메시지라 할 수 있다. 다시 말해 당신이 자신에게 쏟는 시간의 정도에 따라, 그 사람은 당신이 자신에게 갖는 관심도를 추측한다는 것이다. 이런 경우, 당신의 생각과 그들의 추측이 서로 다를 때에는 문제가 발생할 수 있다.

예를 들어, 새로운 절차나 특별한 문제 때문에 당신이 특정 직원과 평소보다 더 많은 시간을 보내야 하는 경우가 생긴다면, 어쩔 수 없이 다른 동료들과 보내는 시간은 일시적으로 줄어들 수밖에 없다.

이때 다른 동료들은 당신이 자신이 진행하는 프로젝트에만 관심을 기울이고, 자신들과 관련된 일에 대해서는 무심하다는 느낌을 받을 수 있다. 즉 자신들에 대한 관심이 줄어들었다고 생각하는 것이다. 이런 경우, 불만을 갖고 있는 동료들과 원활한 커뮤니케이션을 하는 것은 결코 쉽지 않은 일이다. 따라서 부득이 관심을 기울이지 못할 때에는 상대에게 이유를 설명하고, 이해를 얻는 것이 효과적이다.

시간의 '가치'는 해야 할 일의 양과 일에 주어진 시간의 양이 얼마나 다르냐에 따라 매 순간 다르다. 예를 들어 당신이 서둘러 보고서를 완성해야 할 때 동료가 잠깐 이야기를 나누자고 한다면, 당신과 동료 사이의 커뮤니케이션에는 긴장감이 감돌 것이다. 이 경우에 두 사람에게 주어진 일이 모두 급하게 처리되어야 할 것이라면, 혹은 동료와 나누어야 할 이야기가 업무를 처리하기 위해 꼭 필요한 사안에 관한 것이라면, 아무리 바쁜 경우라 하더라도 커뮤니케이션으로 인해 스트레스를 받지는 않을 것이다. 하지만 이것이 상대방에 대한 배려 없음, 혹은 '부정적 인식으로 인한 시간낭비'라고 비쳐진다면, 커뮤니케이션상에서 오는 긴장감은 두 사람의 관계에 악영향을 미칠 것이다. 따라서 이런 경우에는 당신의 현재 상황과 바쁜 이유에 대해 설명함으로써 상대방과의 긴장을 최소화할 수 있다. 필요하다면 다음 기회에 이야기할 것을 약속함으로써, 상대방의 언짢은 기분을 풀어 줄 수도 있다.

# 반복성

시간은 '활동의 반복'에 있어서도 의미가 있다. 대부분의 사람은 정해진 시간에 꼭 해야만 하는 자신의 생활 습관이 있고, 이것을 누군가가 방해하게 될 때 불편한 마음을 가지게 된다. 예를 들어, 매일 오전 10시에 커피를 마시는 습관이 있는 사람이 뜻하지 않은 회의 때문에 그 시간을 놓치게 되었다거나, 예정에 없던 야근 때문에 가족과 함께 하는 저녁 식사를 놓쳤을 때, 불쾌한 기분부터 느끼게 된다는 것이다. 따라서 상대방이 어떤 반복적 습관을 가지고 있는가를 파악하는 것은 커뮤니케이션을 하는 데 있어 중요한 정보이다.

이와 마찬가지로 시간의 또 한 유형인 계절에 대해 상대가 가지고 있는 생각을 파악하는 것 또한 커뮤니케이션을 하는 데 있어 상당한 영향을 미친다. 누구나 계절 혹은 휴일과 관련되어 특히 애착을 갖는 활동과 감정이 있기 마련이다. 예컨대, 대부분의 사람들에게 크리스마스는 가족이나 친한 친구들과 따뜻함과 애정을 표현하면서 지내야 하는 시기로 여겨진다. 이런 이유로 대개 크리스마스 기간에는 비즈니스와 관련된 일을 하거나, 기타 업무와 관련된 계획을 세우는 일을 꺼린다. 만약 이 기간에 당신이 직원에게 평소보다 더 많은 일을 시키게 된다면, 깊은 원성을 들을 것은 자명한 일이다.

사람은 자신이 소중하게 여기는 기존의 활동 패턴에 대해 방해를 받게 되면 그것을 심한 박탈행위로 간주하며, 그 방해의 근원이 당신에게 있다고 여기기 시작하면 곧바로 당신에게 적대감을 갖게 된다. 따라서 업무에서의 변화를 모색할 때에는 연휴나 크리스마스 등과 같은 특별한 시기는 피해 시도하는 것이 좋다. 만약 당신이 시간에 대한 개인의 독특한 패턴이나 기대를 잘 알지 못한다면 질문기법을 사용하여 그에 대한 정보를 얻을 수 있다.

시간을 사용하는 방법은 상대에게 대단히 중요한 영향을 미치는 비언어적 메시지이다. 이런 이유로, 상대의 시간 사용 방법이 갖는 의미를 인식하게 되면, 그 사람과의 커뮤니케이션과 신뢰관계를 촉진할 수 있다. 더욱이 당신이 관리자라면, 직원들이 갖는 각각의 시간적 성향을 잘 파악할 수 있어야 업무에서의 비효율을 줄일 수 있다. 또한 회사나 관리자가 바라는 시간적 요구에 대해 직원들이 어떤 피드백을 주는가를 잘 파악할 수 있어야 하므로, 시간사용에 대한 의미 인식은 관리자에게 특히 중요하다.

앞에서도 언급했듯이 시간은 한 번 지나면 다시는 되돌릴 수 없는 귀중한 것이다. 동서고금을 막론하고 시간과 관계된 '규칙'이 일정한 의미를 지니는 것은 바로 이 때문일 것이다. 하지만 많은 사람들은 시간과 관련된 '쉽고도 간단한' 규칙을 잘 지키지 못하는 것이 현실이다. 시간을 제대로 지키지 못하는 것은 당신은 물론이고, 당신과 관련된 사람들에게까지 막대한 피해를 입힐 수 있음을 기억하라. 당신이 커뮤니케이션을 원활하게 하고자 한다면, 가장 기본적인 시간에 대한 규칙을 반드시 지킬 수 있어야 한다.

시간 사용을 통한 부정적 커뮤니케이션을 피하고 싶다면 정해진 시간을 준수하라! 간혹 미리 정한 시간을 맞출 수 없을 경우에는 미리 상대방에게 알리도록 하라! 결코 상대를 기다리게 하지 말라! 하지만 어쩔 수 없이 기다리게 해야 한다면, 당신을 기다리느라 생긴 상대방의 언짢은 감정을 풀어 줄 준비를 하라! 상대의 개인적 일정이나 휴가에 변동을 초래할 만한 갑작스런 계획은 세우지 말라! 시간 사용에 대해 신중해져라!

시간 변동이나 '규칙' 위반이 부득이하게 발생했을 경우 그 이유에 대해 공개적으로 설명하고 양해를 구함으로써 불필요한 오해의 발생을 막아야 한다. 이것이 가능할 때 당신은 보다 신뢰할 수 있는 발전적 인간관계를 형성하고 유지할 수 있게 될 것이다.

PART FIVE

# 집단 커뮤니케이션

― 대중 앞에서 자연스럽게 말할 수 있을 때, 성공이 손에 잡힌다.

프리젠테이션의 힘  |  회의의 마력  |  효과적인 회의 진행

이번 장에서는 집단 커뮤니케이션에서 활용할 수 있는 기법들에 대해 살펴볼 것이다. 직장에서 집단 커뮤니케이션 기법이 중요한 이유는 많은 사람들을 앞에 두고 연설을 하거나 큰 회의를 이끄는 능력이 얼마나 있느냐에 따라, 비즈니스맨으로서 최고로 성공하느냐 아니면 중간수준에 머무르느냐가 결정되기 때문이다.

물론 많은 사람 앞에서 이야기를 하거나 생산적으로 회의를 주재하는 데 있어, 어떤 특별한 방법이 있는 것은 아니다. 하지만 집단 커뮤니케이션을 효과적으로 이끌고자 하는 사람이라면 이 책의 첫 장에서 배운 높은 조직력과 커뮤니케이션 기술을 현장에서 직접 사용할 수 있어야 한다. 이러한 기술을 배우는 데 당신의 노력을 투자한다면, 능력과 경력 확충에 있어서 그 폭을 더할 수 있을 것이다. 앞으로 당신이 살펴볼 기술들은 그다지 어렵지 않으므로 이해하고 실전에 옮기는 데 별 어려움은 없을 것이다. 다음의 방법들은 대부분 바로 실행에 옮길 수 있는 것들로 짜여져 있다.

# CHAPTER SIXTEEN

# 프레젠테이션의 힘

나의 아버지는 '연설할 때는 꾸밈없이 그리고 간단하게 하라' 고 조언하셨다.
— 제임스 루즈벨트 *James Roosevelt*

## 두려움이 당신의 프레젠테이션을
## 성공으로 이끈다

대부분의 직장인들에게 가장 두려운 일은 아마 공개된 장소에서 수많은 사람들을 앞에 놓고 이야기하는 것일 것이다(어떤 사람은 이것이 죽음보다도 더 두렵다고 말하기도 한다). 그러나 직장을 가지고 있는 사람이라면, 다른 사람들과의 집단 커뮤니케이션 능력을 키우는 것은 반드시 필요하다. 집단 커뮤니케이션을 잘 활용할 수 있어야 직장 안팎에서 만나는 수많은 사람들과 정보, 생각, 경험, 흥미 등을 효과적으로 공유할 수 있기 때문이다.

AT&T와 스탠포드대가 실시한 공동연구에 의하면, 직장에서 전문인으로서 성공하고 승승장구하기 위해서는 대중들 앞에서 말하는 것을 즐기며 자신의 생각을 효과적으로 전달할 수 있어야 한다고 한다. 결국 대중 앞에서 얼마나 자신의 생각을 잘 표현하는가가 성공의 관건이라고도 볼 수 있는 것이다. 사실 우리가 하는 대부분의 말은 다른 사람들 앞에서 하는 것이다. 단지 청중의 수에 차이가 있을 뿐이다. 하지만 집단 커뮤니케이션이라고 말할 수 있는 형태는 대규모의 청중 앞에서 연설하는 것, 회의실에서 사람에게 새로운 방안을 제안하는 프레젠테이션을 하는 것, 격식 있는 곳에서 다른 사람에게 이야기하는 것, 판매 홍보 등등이 있다.

당신의 연설이 지루하거나, 고도로 전문적인 내용을 담고 있지 못하다면 청중들에게 미치는 효과는 미미할 수밖에 없다. 이런 연설은 전문분야에 있어서 당신의 위상을 깎아 내리는 결과를 가져올지도 모른다. 그에 반해 명쾌하고 청중을 휘어잡는 연설은 힘, 운영, 인정, 명성에 있어서 당신에게 후한 점수를 받을 기회를 준다.

아무리 아는 것이 많은 연설가라 할지라도 효과적인 연설을 하지 못하면, 사람들이 도움을 청하고 싶은 전문가적인 모습을 보이기 힘들다. 아마 당신도 한번쯤은 지루한 연설을 듣거나 해 본 적이 있을 것이다. 그 결과가 어땠는가? 꽤 오랜 시간 동안 연설을 들은 것 같지만 머릿속에 남은 것은 얼마 없었을 것이다. 혹은 청중들의 무관심한 표정에 당황했을 수도 있다. 연설자가 단조로운 어투 일색으로 연설을 진행해 나가거나, 내용과 전혀 관련 없는 슬라이드를 이용하는 것은 청중들의 호응을 이끌어 내는 데 전혀 도움이 되지 않는다.

따라서 청중들을 '잠재우는' 연설자가 되지 않기 위해서는 효과적인 프레젠테이션 기술을 습득해야만 한다. 이번 장에서는 효과적으로 프레젠테이션을 이끌기 위해 필요한 무대 공포증의 극복, 성공적인 연설 준비하기, 효과적인 시청각 자료 활용에 관한 몇 가지 간단한 지침 등에 대해 살펴볼 것이다.

## 공포 탈출

연설가, 연기자, 음악가 혹은 무대 연출가와 같이 수많은 청중을 상대해야 하는 직업을 가진 사람들은 대부분 무대 공포증을 경험한다고 한다. 이를 테면 손바닥에서는 끊임없이 땀이 나고, 무릎은 풀리며, 한 곳에 있지 못하고 안절부절못하는 상태를 경험하는 것이다. 하지만 전문가라면, 이러한 무대 공포증을 완전히 없애지는 못하더라도 관리할 수는 있다. 다시 말해 두려움을 조절할 줄 아는 것이다.

당신이 무대 공포증을 염려하고 있다면, 우선 무대 공포증은 매우 정상적인 반응이라는 것을 알아야 한다. 로마의 유명한 연설자 키케로*Cicero*는 "나는 연설을 시작하면, 얼굴이 창백해지고 모든 팔, 다리 심지어 머릿속까지 모두 떨린다"고 한 바 있다. 또한 윈스턴 처칠*Winston Churchill*도 연설 전의 긴장을 '배 한가운데에 커다란 얼음덩어리가 올려져 있는 것 같다' 고 표현하기도 했다.

역사적으로 유명한 연설가로 평가 받는 사람들조차도 연설에 대한 긴장감을 느끼는데, 아직 숙달되지 못한 연설자가 관중을 두렵게 생각하는 것은 어쩌면 당연한 일이다. 청중을 두려워하는 연설자는 대개 경직되고 부자연스러운 모습을 보일 수밖에 없다. 이를 테면 떨리는 목소리, 부자연스러운 시선 처리, 이상한 걸음걸이와 몸 흔들림, 안절부절못하는 얼굴표정, 단조로운 발음, 무표정함 등이 그것이다. 만약 당신의 앞에 서 있는 연설자가 이런 모습을 보이고 있다면, 그는 청중에 대한 공포감에 시달리고 있는 것이다.

그러나 무대나 청중이 두렵다고 해서 연설자가 연설을 포기할 수는 없다. 따라서 연설자는 무대 공포증을 극복할 수 있는 긍정적인 태도를 가질 수 있어야 한다. 연설을 해야 하는 자기 자신과 청중, 연설할 내용의 점검, 준비와 전달, 수많은 사람들 앞에 서야 한다는 부담감과 두려움 등을 얼마나 긍정적으로 받아들이느냐에 따라, 연설자가 연단으로 걸어갈 때 느끼는 감정은 뒤바뀔 수 있기 때문이다. 또한 연설과 청중에 대한 두려움을 얼마나 긍정적인 태도로 받아들이는가 하는 것은 곧 '연설의 질'과도 직결된다. 따라서 당신을 얼어붙게 만드는 무대에 대한 두려움을 긍정적인 사고로 바꿈으로써, 자신에게 최선을 다할 수 있도록 용기를 가지도록 하라.

## 성공적인 연설자의 태도개발

앞에서 살펴본 바와 같이 무대 공포증은 지극히 정상적인 것이니 거기에 너무 얽매이지 않도록 하라. 하지만 무대 공포증에서 쉽게 헤어 나오기 어렵다면, 스스로 걱정하고 있다는 것을 인정하는 것 자체가 공포감을 누그러뜨리는 데 도움이 될 수 있다. 또 자신이 그 분야의 전문가임을 항상 기억하는 것이 좋다. 공개적인 장소에서 연설할 수 있는 위치에 있다는 것은 당신이 그 주제에 대해 그만큼 전문지식을 가지고 있다는 것을 모든 사람들이 인정하고 있다는 뜻이다.

또한 연설을 부탁한 사람도 당신이 수많은 청중들을 가르칠 만큼 전문적인 지식을 가지고 있다고 믿고 있다. 그들 모두 당신에게서 가치 있는 정보를 얻을 수 있다고 믿고 있음을 기억하고, 자신감을 잃지 않도록 하라.

그러므로 연설에 들어가기 전에 당신이 중요하게 신경 써야 할 일은 청중의 요구가 무엇인지 이해하고, 그것에 관한 내용을 준비하여 분명하고 효과적으로 메시지를 전달하는 것이다. 청중에게 강하고 진실된 말을 하라. 그들이 필요한 것이 무엇인지에 집중하면, 마음속의 공포감 따위는 잊을 수 있다. 다음은 무대 공포증을 극복할 수 있는 10가지 방법이다

- 연설 내용에 대해 잘 알아라. 전문가가 되어라.
- 프레젠테이션을 연습하라. 실전처럼 연습해 보고, 가능하다면 당신의 모습을 녹화해서 살펴보라.
- 청중이 참여할 수 있도록 하라.
- 이름을 부르고 눈을 마주치면서 접촉을 시도하라.
- 언제나 시설과 시청각 자료를 미리 확인하라.
- 청중에 대한 조사를 하라. 청중 중에서 적어도 한 사람에 대해서는 정확하게 파악하도록 하라.
- 침착하도록 하라. 숨을 깊게 쉬도록 하라. 청중에게 성공적으로 내용을 전달하는 자신을 상상해 보라.
- 안정감을 주며 분위기에 어울리는 옷을 입어라.
- 자신만의 방식을 사용하라. 다른 사람을 흉내내지 말라.

- 시청각 자료를 활용하라. 이것은 청중을 집중시키고 시각적인 감동을 주는 데 효과적이다.

## 효과적인 발표자의 특성

대부분의 사람들은 연설자보다는 청중의 입장에서 연설을 들은 적이 더 많다. 연설자 중에는 역동적으로 청중을 매료시키는 사람에서부터 끝없이 단조롭게 자신의 연설문을 읽어 내려가는 사람까지 매우 다양하다. 그렇다면 연설을 보다 효과적으로 만드는 비결은 무엇일까? 다음은 효과적인 연설가가 되기 위한 요건이다.

- 청중의 욕구를 이해하라.
- 이러한 욕구를 가능한 효과적으로 전달하라.
- 자신의 전문분야의 지식은 물론이고 다른 분야에도 전문적인 지식을 갖추어라.
- 자신의 전문분야에 대한 이해와 그 내용을 효과적으로 발표하는 능력에 있어서 계속적으로 성장하고 발전하도록 노력하라.
- 자신의 분야에 대해 열성적인 자세를 갖추며, 메시지 전달에 있어서 성실한 모습을 보이도록 하라.
- 청중에게 호감을 주는 목소리와 외모를 갖춰라.
- 실례, 그림, 유추, 이야기 등을 통해 내용을 더욱 재미있고 흥미롭게 하라.
- 프레젠테이션을 생동감 있고 재미있게 진행하라.
- 적당한 정도의 유머와 극적인 이벤트를 사용하라.

- 전체적인 관심과 참여를 유도하라.
- 되도록 정보를 실용적으로 조직하여, 그것을 어떻게 사용할지를 자세하게 가르쳐 주라.
- 깊고 넓은 지식을 활용하여 다양한 질문에 대해 완벽한 답변을 하라.
- 복사물, 그래픽, 청중의 참여 등과 같이 주의를 끄는 시청각 자료를 사용하여 청중들이 정보를 이해하고 유지할 수 있도록 하라.
- 적절할 때, 청중들에게 변화에 대한 약속을 청하라.

이러한 특성을 완벽하게 모두 갖추는 것은 불가능할지도 모른다. 다음의 지침은 이러한 특성을 당신의 프레젠테이션 능력에 구체화하도록 도와줄 것이다.

# 성공을 위한 준비

## 계획하기

성공적인 대중연설은 청중 앞에 서기전에 준비하는 시간을 얼마나 투자하느냐에 따라 결정된다. 훌륭한 프레젠테이션은 치밀한 계획이 있어야 가능하고, 준비가 제대로 되지 않은 연설은 확연히 드러난다. 준비부족에 관한 확실한 단서는 지나치게 길거나 경직된 말투, 혼란스럽거나 불명확하고 지루한 내용 전달, 그리고 주제를 벗어나는 사족들이 나타나는 것이다. 그러나 연설을 체계적으로 준비한다면, 보다 적은 시간에 간결하고 효과적인 프레젠테이션을 할 수 있다.

　프레젠테이션의 준비에 있어서 간과되는 것 중 가장 중요한 단계는 프레젠테이션의 '무엇'과 '왜'에 관한 것이다. 즉 프레젠테이션이 갖는 목적의 이해이다. 목적은 프레젠테이션이나 연설을 통해서 청중과 연설자 자신이 얻고자 하는 총체적인 결과이다. 프레젠테이션의 목적을 명료화하기 위해서 자문할 수 있는 세 가지 질문은 다음과 같다.


- 왜 프레젠테이션을 하는가?
- 프레젠테이션이 끝난 후에 청중이 무엇을 알아야 하며, 어떻게 행동하기를 바라는가?
- 청중이 어떻게 느끼기를 원하는가?


　프레젠테이션의 다양한 종류를 이해할 때, 위의 사항은 우리가 프레젠테이션을 준비하는데 있어서 많은 도움이 된다. 프레젠테이션의 목적달성을 위해서 요구되는 설득력의 수준과 구체적인 내용의 양에 있어서 큰 차이를 만드는 네 가지 기본유형이 있다.


- **판매** *sales* : 고객, 고위 관리자, 동료, 직원들에게 아이디어나 제안을 발표할 때, 판매 프레젠테이션을 사용하라. 판매 프레젠테이션은 청중이 특정한 행동이나 신념을 취하도록 설득하기 위하여 사용될 수 있다. 이 형태의 프레젠테이션은 많은 설득력의 발휘 기술을 사용하며, 광범위한 세부사항은 거의 요구되지 않는다.

〈그림 16-1〉 프레젠테이션 유형 사분면

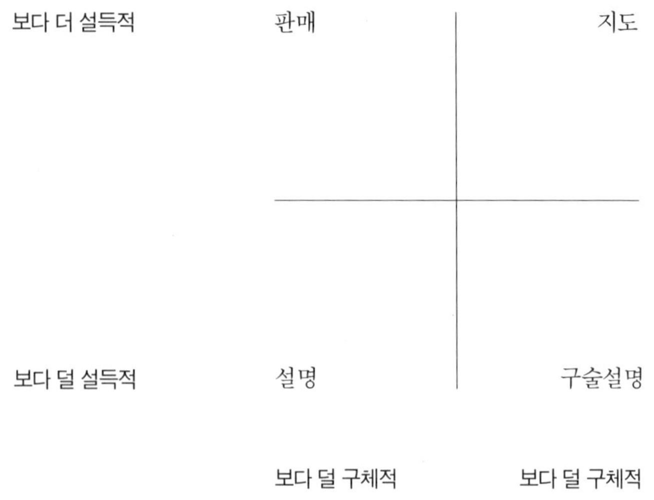

| | | |
|---|---|---|
| 보다 더 설득적 | 판매 | 지도 |
| 보다 덜 설득적 | 설명 | 구술설명 |
| | 보다 덜 구체적 | 보다 덜 구체적 |

- **설명** *explanatory* : 설명 형태의 프레젠테이션은 전반적인 관점을 제공하고 그것에 친숙하게 만들거나 또는 새로운 발전을 확인하는 데 가장 많이 사용된다. 이 방식은 상세한 세부사항의 제시가 필요하지 않으며, 청중에게 새로운 또는 새로워진 정보나 이해력을 제공한다. 이 방식은 광범위한 설득력의 발휘를 요구하지 않는다.

- **지도** *instructional* : 새로운 절차나 하드웨어 같은 제품의 사용 방법을 사람들에게 가르치려할 때, 지도 프레젠테이션을 사용하라. 이러한 발표 형식에는 보다 많은 청중이 참여하고 관여하게

된다. 이 방식은 많은 구체적인 세부내용을 다룬다. 청중에게 새로운 기술을 사용토록 하거나, 새로운 방식을 채택하는 데 있어서 그들의 확신을 심어주어야 하기 때문에 상당한 설득력을 발휘해야 하는 프레젠테이션이다.

- **구술보고** *oral report* : 이것은 청중이 이미 익숙한 것에 대해 새로운 소식을 알려주는 방식이다. 이 방식은 일반적으로 사실, 숫자, 그리고 다른 세부사항의 전달에 초점을 맞추며 설득력을 발휘해야 하는 경우는 거의 발생하지 않는다.

## 청중을 알아라

프레젠테이션은 그 목적과 스타일을 이해한 후에, 청중을 정확하게 고려하여 자신의 고유한 특성에 맞추어야 한다. 사전에 청중을 분석하기 위하여 자신의 시간을 투자할수록 '현장에서'는 여유를 갖게 된다. 청중에 대한 정보를 미리 파악할 수 있는 방법이 여기에 있다.

- **주최측에 물어 보라** : 청중에 대한 정보를 프레젠테이션의 주최측에 물어 보라. 나이, 성, 전문 수준, 관심사항, 필요사항에 대한 통계적인 자료를 구하라. 또한 과거에 청중의 반응이 좋았던 것이 무엇인지를 물어 보라. 어떠한 프레젠테이션 스타일이 잘 받아들여지는가?
- **청중에게 물어 보라** : 가능하다면, 일찍 도착하여 몇 명의 청중을 대상으로 조사하라. 그리고 어떠한 것을 기대하며 무엇을 듣고 싶어하는지 파악하라.

- **다른 연설자에게 물어 보라** : 같은 집단에서 이미 연설한 사람을 알고 있다면, 어떠한 것이 효과적이고 이 집단의 다른 것이 무엇인지 물어 보라.

청중 개개인을 분석하기 위해 스스로에게 던져야 할 질문은 다음과 같다.

- 왜 사람들이 당신의 말을 들어야 하는가?
- 당신이 무엇을, 어떻게 말하는 것이 그들에게 영향을 주는가?
- 그들은 당신의 말에 무엇이 있기 때문에 들어야 하는가?
- 청중이 당신의 말을 듣는 것이 왜 중요한가?

## 프레젠테이션의 구체적인 목표

준비 과정에 있어서 다음 단계는 프레젠테이션의 구체적인 목표 설정이다. 이것은 강연의 마지막에 필수적인 참가자 내면의 바람직한 변화이다. 청중의 시각에서 목표를 설명하며, 그 설명은 되도록 구체적이어야 한다. 예를 들어, 이사회에서 당신의 새로운 마케팅계획을 승인 받기 위해 프레젠테이션을 한다고 가정하자. 거기에는 두 가지의 가능한 목표가 있다.

- 새로운 마케팅 계획에 대해 철저하게 이해시키기
- 새로운 마케팅 계획을 승인 받기

이러한 목적에는 매우 큰 차이가 있다. 이사회는 당신의 계획을 승인하기 위해 그 계획에 관해 정확하게 이해해야 한다. 만약에 당신의 프레젠테이션이 그들의 이해에만 초점을 맞춘다면, 그 승인에 대해서는 물어보지 않을지도 모른다. 무엇을 원하는지를 분명히 말하라.

프레젠테이션이 매우 효과적이라면, 목적은 현실적이어야 한다. 자신에게 다음의 질문을 해보자.

- 준비 시간과 프레젠테이션 시간 안에 목적을 달성할 수 있는가?
- 청중은 원하는 결과를 얻을 수 있는 필요한 배경과 지식을 갖고 있는가?
- 청중은 당신이 원하는 결정권을 가지고 있는가?
- 당신의 목적을 이루도록 도울 지원자가 있는가? 당신의 목표를 달성하는 데 있어서 영향력 있는 사람이 방해하지는 않는가?

## 핵심의도에 초점 맞추기

청중을 알고 그 목표와 목적이 뚜렷하다면, 프레젠테이션의 조직화는 시작될 준비가 되어 있는 것이다. 첫 단계는 무엇에 초점을 맞출 것인지를 알아내는 일이다. 이것은 프레젠테이션의 핵심 의도로서 가장 중요한 사항이며, 청중에게 전달하고자 하는 바로 그것이다.

마케팅 계획의 사례를 다시 살펴보면, 대부분의 마케팅 계획은 다양한 부분이 있고 많은 양의 자료조사와 사실로 뒷받침된다. 하지만 이사회의 승인을 받을 수 있도록 계획내용을 요약하기 위해서는 20~30분밖에는 시간이 없다. 이사진의 상상력을 사로잡을 수 있는 방

법은 무엇인가? 새로운 주제일까? 새로운 계획일까? 높은 수익 가능
성일까?

자신의 메시지가 청중에게 어떤 혜택으로 전달되는지에 따라 메
시지의 효과성이 결정된다. 자신의 핵심의도를 충분히 발휘해줄 수
있는 프레젠테이션을 구성해야한다. 물론 메시지는 한 가지 이상의
의도를 내포하고 있겠지만, 그것들도 핵심의도의 강화작용에 활용
되어야 한다.

핵심의 초점 여부를 확인하는 방법은 프레젠테이션의 기본 윤곽
을 개발하는 것이다. 목표달성을 위해 청중이 이해해야 하는 다섯
가지 정도의 독립적인 아이디어 리스트를 만들어서 시작하라. 그런
다음, 청중의 핵심사항의 이해에 필요한 세부사항과 설득력 있는 내
용을 포함한 개요를 만들라. 이렇게 하면 메시지 내용의 대략적인
윤곽이 잡혀진다.

## 이목 집중

프레젠테이션에는 도입, 본론, 결론의 세 가지 주요한 부분이 있
다. 도입 단계는 청중의 이목을 집중시키고, 청중에게 경청하도록 분
위기를 만드는 것이다. 이 부분에서 많은 연설자는 청중의 신뢰를
잃는 경우가 많다. 무언가 활기차고 흥미로운 것으로 청중을 사로잡
아라. 그들에게 주제와 관련된 재미있는 이야기를 하거나 예를 들어
주라. 효과적이고 의미 있는 인용구나 놀라운 통계자료를 활용하라.

간결하고 분명하게 말하라. 그리고 무엇보다도 절대 사과하지 마라. 항공사에서 당신의 짐을 모두 잃어버려서 어제 입은 옷 그대로 있다하더라도, 최고 연설자가 긴급사태로 빠져 당신이 그의 대리로 연설을 진행해야 한다 하더라도, 혹은 감기에 걸려 체온이 40도 가까이 올라간다고 해도, 모두 별일 아니다. 당신의 모습이 어떠하더라도 사과하지 마라. 강연이 제대로 되지 않았다고 사과하지 마라. 프레젠테이션 슬라이드가 뒤집혔다고 사과하지 마라. 절대 사과하지 마라! 사과하는 순간, 청중에게 미칠 수 있는 당신의 영향력은 감소한다. 불상사가 발생하지 않도록 최선의 노력을 했지만 그런 일이 발생한다면, 그냥 넘어가라. 힘있게 말을 시작하라. 청중이 당신으로부터 지식, 즐거움, 기쁨 등을 얻을 수 있다고 생각하라. 당신이 최고라고 인식시켜라!

도입단계의 한 마디 한 마디는 완벽하게 말하는 것이 중요하다. 프레젠테이션 전체에서 이 부분이 차지하는 비중이 너무나 크기 때문에, 시작하게 되면 적당한 말이 생각나겠지 하고 도박하지 마라! 처음의 몇 분을 잘 넘길 수 있다면, 마음은 진정되어 나머지 부분을 보다 쉽게 풀어갈 수 있게 된다. 도입은 전체발표 시간의 5~15 퍼센트를 차지하도록 하라. 이후에 등장할 프레젠테이션의 주제에 대해 청중이 준비할 시간이 되도록 하라.

다음은 일반적으로 도입단계에 포함되어야 할 핵심 사항이다.

- **강렬하게 말을 시작하라** : 관심을 집중시켜라. 일화나 농담은 청중과 연설자 양쪽 모두를 편안하게 진정시켜준다. 그렇지만 내용과 관계가 있을 때만 써야 한다.

- **그들에게 도움이 될 것이 무엇이 있는가?** : 당신이 전달할 정보가 청중에게 필요하다는 것을 인식시키며 그들이 참여하도록 하라.
- **신뢰를 증가시켜라** : 당신의 배경과 경험을 바탕으로 청중과 연관시켜라.
- **당신의 안건을 보여라** : 익숙한 슬로건을 기억에 두면서, 당신이 그들에게 말하려고 하는 바를 말하라. 또 말하고, 그리고 말한 것을 그대로 또 말하라.
- **청중에게 무엇을 바라는가?** : 프레젠테이션을 시작할 때, 청중에게 마지막에 있을 질문과 대답시간에 대해 말을 해 주라. 이어질 행사나 그들이 떠나기 전에 작성해야 할 평가서에 관해서도 말해 주라.

## 긴장 풀기

긴장풀기*ice-breaking*는 프레젠테이션을 시작할 때 많은 도움이 된다. 이 시간은 프레젠테이션에 대한 따뜻한 분위기를 만들어 준다. 또한 당신이 제시하고자 하는 주제에 대해 사람들이 이야기하고 관련을 짓게 된다.

긴장풀기 시간은 자기소개와 프레젠테이션에 참가한 이유를 설명하는 방법과 재미있는 간단한 게임을 통해 참여를 유도하는 방법이 있다. 이 방법은 프레젠테이션을 편하게 시작해 주고, 청중을 경청하도록 돕는다(만약에 핵전쟁과 관련된 활동 안에 대해 발표한다면, 유머의 분위기를 조성하는 것은 적절하지 않을 것이다).

긴장풀기 시간을 위한 중요한 세 가지 사항은 다음과 같다 :

- **간결성** : 5~10분
- **적절성** : 주제와 관련이 있어야 한다.
- **참여 가능** : 모든 사람이 참여할 수 있고 참여하고 싶어하는 것.

## 핵심 내용

일단 청중의 관심을 끌었다면, 당신이 약속한 내용을 가장 간결하고 재미있게 전달해야 한다. 이때 내용을 구조화하기 전에 명심해야 할 두 가지가 있다. 이 두 가지는 청중의 집중을 끌어내는 것과 진행 속도이다. 청중을 살펴볼 때, 졸고 있는 모습은 힘 빠지는 일이다. 그들이 집중할 수 있는 시간이 지난 것이 분명하다. 당신이 연설자라면, 청중을 집중시켜야 한다. 청중을 집중시키는 방법은 있다.

우선 사람의 집중 사이클에 대한 기본을 이해해야 한다. 연구에 의하면, 프레젠테이션의 시작과 마지막 내용이 중간 내용보다 기억에 잘 남는다고 한다. 청중의 집중 가능 시간은 짧아서 빨리 떨어진다. 청중은 연설이 마무리되고 있다는 것을 느낄 때, 다시 집중해서 마지막 내용을 듣는다. 이것이 사람들이 도입과 결론에 집중하게 되는 주된 이유이다.

그렇다면, 어떻게 하면 사람들을 본론 부분에 집중시킬 수 있을까? 대답은 간단하다. 도입, 본론, 결론을 포함하는 작은 이야기를 많이 만들어서 프레젠테이션 전체가 하나의 큰 이야기가 되도록 하는 것이다. 속도를 조절하면서 하라. 매 10분~15분마다 진행속도에 변화를 주도록 계획하라. 이렇게 하면, 전달 내용을 작은 이야기로 나누어 표현함으로써 집중력을 배가시킬 수 있다. 이것은 적절한 유머,

이야기, 사람들이 움직이도록 하는 활동(손을 드는 것이라도), 대답 등을 요구하면서 얻어낼 수 있다. 만약 프레젠테이션이 점심시간 직후라면, 속도를 조절하는 활동은 가능한 신체적으로 움직일 수 있는 것이 좋다.

추가로 속도를 자주 바꿔서 당신이 전하려고 하는 말을 더욱 잘 기억하게 하는 4가지 기술이 있다. 이것은 다음과 같다.


- **반복** : 프레젠테이션의 시작에서, 주제에 대해 사람들의 흥미를 유발시키며, 이야기 전개를 통해 주제를 강화시키고 행동하도록 하라. 주제는 한번 이상 밝혀야 한다. ㅡ프레젠테이션이 너무 장황하거나 지루하지 않게 하기 위하여 다른 용어를 사용하라.
- **조합/결합** : 청중이 이미 알고 있는 주제와 연계되는 이야기와 유사한 사례를 사용하여 메시지를 이해시키고 기억시켜라.
- **강렬함** : 목소리 톤으로 메시지에 열정을 반영시켜라. 흥미진진한 말, 청중 개개인의 삶과 가치와 관련된 이야기로 메시지의 내용을 감동적으로 전달하라. 또한 색, 사진, 그림 등을 통해서 시각적인 자료에 강렬함을 추가시켜라.
- **관련성** : 프레젠테이션은 가능한 한 모든 감각(시각, 청각, 감성)을 자극해라. 사람들은 정보를 받아들이는 방법이 각기 다르기 때문이다. 청중을 내용에 조금이라도 더 관심을 갖도록 하기 위해서 시각 자료, 손동작, 효과음 등 모든 것을 사용하라. 소그룹 토의, 운동, 팀워크가 필요한 게임 등과 같은 단체참여활동은 기억력과 이해력을 증대시키는 데 대단히 큰 도움이 된다.

이러한 기억 보조물들은 집중력을 유지하고 메시지를 기억시킨다. 다음과 같은 기술은 프레젠테이션을 효과적으로 만드는 방법이다.

- **사례** : 적절한 사례를 통해 메시지를 빠르고 효과적으로 전달한다.
- **통계자료** : 통계자료는 남용되지 않고 간단하게 사용되면 메시지에 극적인 효과와 신용을 높여준다.
- **비교** : 청중이 다른 의견을 빠르고 논리적으로 평가할 수 있게 해준다.
- **증언** : 신뢰할 만한 사람의 개인적인 이야기나 찬사는 당신의 말을 더욱 믿음직스럽게 만들어 준다.

프레젠테이션의 목적은 주제에 관한 모든 것을 다 말하는 것이 아니라, 청중이 알아야 할 것을 청중과 당신의 목적에 부합하는 방법으로 표현하는 것이다.

## 결 론

많은 연설자는 역동적으로 시작하여 강렬하고 재미있는 메시지로 연설을 마무리한다. 당신은 강한 마무리를 할 필요가 있다. 그것은 청중에게 중요한 역할을 한다. 이것은 청중이 기억해야 할 핵심 내용을 요약해서 강조하는 부분이다. 적절한 행동을 요구하고 장려하라.

결론 부분에서는 핵심 내용을 다시 다루어야 한다(청중이 한번만 듣고 기억하리라고 절대 기대하지 마라). 다음과 같은 구문 '우리가 짚고

넘어간 핵심 부분을 다시 한번 살펴봅시다' 로 프레젠테이션의 마지막을 알려라. 결론이 다가오면, 청중에게 전체 강연의 핵심 부분을 이해하고 있는지 확인할 기회를 주라. 결론은 강렬하고, 간결하며, 설득력이 있어야 한다. 결론에 도입과 비슷한 수준의 중요성을 두고, 한 단어 한 단어 힘 있는 말투로 강조하도록 하라.

## 성공을 위한 리허설과 시각화

이제 당신은 청중을 알고 있으며 발표 내용도 잘 알고 있다. 역동적인 강의를 할 대본을 가지고 있다. 마지막 단계는 그것을 전달하는 방법을 연습하는 것이다. 다음의 지침은 그러한 과정에 도움을 줄 것이다.

- **큰소리로 리허설을 하라** : 프레젠테이션에 걸리는 시간을 확인하고(큰소리 내어 읽는 것이 머리 속으로 읽는 것보다 오래 걸린다), 프레젠테이션의 흐름과 목소리가 자신이 원하는 방식인지를 확인하라.
- **적어도 4~5번의 연습을 하라** : 당신의 모든 생각을 편안하게 설명하라. 연설문을 다 외우려고 하지 말라. 그렇게 되면 낭송을 하거나 읽는 것처럼 들려서 맥없이 느껴질 수 있다.
- **프레젠테이션을 할 장소에서 실제로 연습해 보라** : 가능하다면 프레젠테이션 당일에 리허설을 하고 시각자료, 출구, 위치 등에 대해 확인하라.

- **리허설하면서 시간을 측정하라** : 마지막 몇 번의 리허설을 하면서 시간을 측정하라. 주어진 시간 내에 프레젠테이션을 할 수 있는지를 확인하라.
- **사람들 앞에서 리허설을 하라** : 가족이나 친구들 앞에서 리허설하며 대중연설을 익혀라. 그들에게 자신이 들은 사항을 설명해 보라고 하라. 이것은 메시지가 분명하게 전달되었는지를 확인할 기회이다. 시각자료들은 효과적인지, 메시지는 이해하기 쉬운지, 개선해야 하는 방법은 무엇이 있는지 등에 대해 그들에게 물어 보라.

리허설 후에 프레젠테이션의 내용에 대해 익숙해졌다면, 성공적으로 프레젠테이션하고 있는 자신의 모습을 떠올려 보라. 올림픽 운동선수는 자신의 최고기록에 도달하는 모습을 시각화한다. 연구에 따르면, 시각화를 통한 연습은 실행과 거의 같은 효과가 있다. 어떤 활동의 성공적인 결론의 시각화를 통하여 미리 성공을 경험할 수 있는 계기가 마련된다. 성공을 경험할 때마다, 의사전달에 있어서 자신감이 생겨서 전문적이 된다.

편안하게 앉아서 눈을 감고 전체 프레젠테이션을 그려 보라. 강연장을 보라. 그리고 청중의 따뜻한 박수갈채를 받으면서 강연장 앞으로 걸어 나가는 자신의 모습을 상상하라. 청중을 보라. 그리고 당신의 연설을 갈망하는 그들을 느껴 보라. 자신이 시작하는 말을 들어 보라. 목소리는 확신에 차고 강렬하다. 마음속으로 프레젠테이션을 끝까지 해 보라. 강연이 끝나고 일제히 기립박수를 보내는 청중의 모습을 상상해 보라. 사람들이 당신에게로 다가와서 당신의 강연이 너무나 훌륭하며 자신들에게 유익한 메시지라고 말하는 것을 상상해 보라. 자신의 성공에 흠뻑 젖어 보라. 확신이 생기며 잘 준비할 때까지, 이러한 시각화 훈련을 반복하라.

## 시각 자료

프레젠테이션을 준비하면서, 가장 큰 걱정 중 하나는 '어떠한 시각 자료를 사용할 것인가' 이다. 강연에서 좋은 시각 자료로써 청중에게 핵심을 강조한다면, 청중은 메시지를 잘 기억할 것이다. 시각자료가 필요한 이유는 프레젠테이션에서 가장 인상적인 부분이기 때문이다. 청중은 시각자료를 통해 깊은 인상을 갖는다. 하지만, 이러한 인상은 당신이 준비를 얼마나 잘 하느냐에 달려 있다.

훌륭한 시각자료는 강연하는 사람을 더욱 소신 있고, 전문적이며, 숙련된 사람으로 보이게끔 도와준다. 언어로 표현할 수 없는 색, 유머, 그림을 추가할 수도 있다. 하지만 잘못 사용하면, 말로 이루어 놓은 모든 것을 잃게 만들 수도 있다.

슬라이드와 OHP의 사용에 있어서 자주 발생하는 실수는 한 장에 너무 많은 내용을 담는 것이다. 각 필름은 한 가지 내용에 초점을 맞추어야 한다. 전달할 내용을 표, 그래프, 만화, 사진, 그림 등을 통해 시각적으로 어필하라. 두 번째로 자주 범하는 실수는 시각자료의 내용을 단지 다음으로 넘어가는 카드로 사용하며, 필름에 있는 내용을 읽기만 하는 것이다. 청중은 연설자가 읽어주는 것보다 더 빨리 읽을 수 있으므로 매우 지루하다.

청중의 규모와 특성은 어떠한 시각자료가 더욱 효과적인지를 결정짓는다. 플립차트와 칠판은 작고 비공식적인 모임에서 가장 좋다. 그리고 규모가 큰 공식적인 모임은 슬라이드 또는 OHP가 반응이 좋다. 아래는 각 형태의 시각자료에 대해 할 것과 하지 말아야 할 것을 적어보았다.

### 플립 차트 *flip charts*

매우 쉬워 보인다. 이젤 위에 백지가 있고 손에는 펜이 있다. 하지만 펜은 '할 것'과 '하지 말아야 할 것'을 지키지 않으면, 큰 피해를 줄지 모른다.

- **할 것**
  - 강의실 뒤에서까지 읽을 수 있도록 충분히 크게 써라(읽을 수 있겠지 하고 예상하지 마라—뒤로 가서 확인을 해 보라).
  - 핵심적인 말을 통해서 핵심 포인트만 적어라.
  - 다음 장으로 넘기기 전에 청중이 읽을 수 있도록 시간을 주라.
  - 원한다면 미리 내용을 적어 두라. 또는 가장 자리에 작게 적어 두라.
  - 강조와 명쾌함을 위해 벽에 핵심적인 내용을 붙여라.(간단하지만 서술적인 제목)
  - 준비한 내용의 종이 사이에 빈 종이를 만들어 두어라. 종이가 부족하지 않도록 하라.
  - 강하고 밝은 색상의 굵고 부드러운 수성 펜을 사용하라. 잉크가 떨어지기 시작하거나 뻑뻑해져서 소리가 나기 시작하면 바로 버려라.

- **하지 말아야 할 것**
  - 적힌 것을 그래도 읽는 것.
  - 청중을 뒤로 하고 발표하는 것.
  - 한 장에 너무 많은 내용을 적는 것.
  - 말할 때 이젤 앞에 서 있는 것.

*OHP overhead projectors*

플립차트는 작고 비공식적인 모임에 적당하고, 공식적인 모임은 OHP를 사용하라. 잘 만든 OHP 필름은 비싼 슬라이드만큼 효과적일 수 있다. 하지만 어떤 사람은 문서를 그대로 필름에 복사해서 자신이 만든 것처럼 사용한다. 슬라이드에 비해 필름은 많은 내용을 담을 수 있지만, 대차대조표라든지 5년간의 손익계산서와 같은 것을 보여주면서 청중에게 이해시키는 것은 무리가 있다. OHP는 기록이나 긴 문서자료를 보여주기 위해 있는 것이 아니다. OHP의 활용 시기를 기억하라.

- **할 것**
  - 읽기 쉽게 만들어라.
  - 유색 펜을 사용하여 발표 중간에 중요한 부분을 강조하라.
  - 필름에 틀을 만들어라(말을 그 안에 적어라).
  - 정렬과 초점을 확인하고 말을 시작하라.
  - 여분의 전구가 있는지를 확인하라.

- **하지 말아야 할 것**
  - 너무 많은 내용.
  - 화면을 보고 그대로 읽는 것.
  - 불을 끄는 것.

슬라이드 *slides*

슬라이드는 최고의 해상도로 다양한 그래픽을 제공한다. 슬라이드는 큰 규모의 모임에 있어서 최고의 시각자료이다. 이것은 한 가지 큰 단점이 있다.—뒤에서 비추는 장치가 있는 어두운 방이 필요하다. 그리고 사람은 어두운 방에서는 잠이 든다.

슬라이드의 효과를 얻기 위해 어두운 방이 필요하다면, 전체 발표에서 계속 슬라이드를 사용하는 것보다는 한 번 짧게 재미가 있는 부분만 활용할 수 있다. 슬라이드를 활용할 때는 다음과 같이 한다.

- **할 것**
  - 장비 확인.
  - 한 슬라이드에 한 가지 내용.
  - 어두운 바탕에 밝은 글씨를 활용하라.
  - 슬라이드는 한 장에 아무리 길어야 6줄 이내로 하며 한 줄은 6단어 이내로 하라.
  - 15~20분에 한번씩 슬라이드를 바꾸어라.
  - 복잡한 부분은 번호를 주어라(슬라이드 전체에 번호를 부여하고, 한 번호에서 이어지는 내용은 소단위 번호를 주어라. 예를 들어 슬라이드 #1은 A를 보여주고, 슬라이드 #2는 A와 B를 보여주고, 슬

라이드 #3은 A와 B와 C를 보여준다).

- 막대그래프와 원형그래프를 활용하라.
- 강조를 위해 특수한 효과를 활용하라.
- 슬라이드를 간단하게 만들어라.

- **하지 말아야 할 것**
  - 필요 이상으로 불을 끄고 있는 것
  - 너무 많은 내용
  - 슬라이드를 그대로 읽는다.
  - 청중을 뒤로하고 발표를 한다.
  - 포인터로 집중을 방해한다.
  - 앞의 슬라이드로 돌아간다. ─다시 봐야 하면 복사해서 사용하라.

큰 단원의 시작은 제목 슬라이드를 사용하라. '일치된' 틀과 로고와 같은 색상 배경을 사용하면 전문가라는 느낌을 줄 것이다.

표와 그래프는 가능하면 직선으로 만들어라. 그리고 이것을 문서, 그림, 특수효과 등의 슬라이드를 활용하여 만들어라. 문서는 간단하고 직접적이어야 한다.

장비를 미리 확인하지 않으면 창피를 당할 수도 있다. 프레젠테이션을 진행하고 있다면, 리모콘을 활용하라. 슬라이드를 조정하는 사람은 강연자의 대본을 확실하게 알도록 하라.

많은 사람 앞에서 강연할 수 있는 능력은 당신을 발전시킬 수 있는 전문적인 기술 중에서 가장 중요한 것 중 하나이다. 하지만 이 기술을 진정으로 발전시키기 위해서는 실제적으로 청중을 두고 연습을 해야 한다. 강연할 수 있는 기회를 자주 가짐으로써 자신을 단련시켜라. 전문적인 조직체, 단체 모임, 교회 또는 절에서 자원하여 강의하라. 모임의 사회자 역할도 고려해 볼 만하다.

이 장의 시작에서 말했듯이, 대중 앞에서 강연하는 능력을 갖추는 것은 전문인으로서 성공하는 데 매우 중요하다. 효과적으로 모임을 이끄는 능력은 직장에서의 성공을 결정짓는 것이다. 다음에 이어질 두 개 장에서는 모임을 리드하고 계획하기 위해서는 어떻게 해야 하며, 원하는 결과를 얻기 위해서는 어떻게 해야 하는지에 대해 살펴볼 것이다.

# CHAPTER SEVENTEEN

# 회의의 마력

## 장면 1

"직원 모임에 가실 건가요?"

"갈 수밖에는 선택의 여지가 없지 않나요?"

"그렇죠. 참 길고도 지루한 두 시간이죠."

"금요일 오후마다 시계추처럼 왔다 갔다 하는 거죠 뭐."

"조만간 뭔가 달라져야겠죠?"

"그가 우리를 끝까지 잡아두려는 방식인 것 같아요."

## 장면 2

"신상품 개발 회의 시간입니다."

"그래요. 지난 한 주 동안 수집된 정보가 뭔지 알고 싶군요."

"안건을 살펴보니 신소재 부서의 스미스씨가 보고하도록 되어 있네요.
 새로운 개발 아이디어가 있는 것 같아요."

"저도 토의안건에 대해 공유할 몇 가지 자료가 있어요. 잘 됐군요. 갑시다."

위의 상황은 직원들이 회의에 들어가기 전에 나누는 대화이다. 어느 장면이 당신에게 익숙한가? 회사 내에서 참석하는 회의를 시간낭비로만 생각하는가? 회의가 끝날 때마다, 매번 회의결과에 만족스럽지 못한 채로 업무에 복귀하는가?

그렇다면, 당신은 비능률적이며 비효율적인 회의가 얼마나 사람들을 실망시키는지 알 것이다. 조사에 따르면 대부분의 관리자들이 자신의 시간의 25~30%를 회의시간으로 사용하면, 회의를 이끌어 나가는데 평균 일백만 원 이상의 비용이 소요되는 것으로 밝혀졌다. 조직에서는 회의가 없는 날이 거의 없기 때문에, 대부분의 조직은 주요 경비에 회의비용을 재빨리 첨가한다.

요즘 기업체에서 회의는 가장 값비싼 커뮤니케이션 활동이다. 회의는 워드 프로세싱, 컴퓨터 사용, 문서 작업, 엄청난 전화통화보다 더 경비가 많이 소요된다. 회의를 준비하는 사람의 급여, 준비에 소요되는 경비, 교통비, 회의에 사용되는 자료와 시설 및 장비의 비용을 고려해 보라. 조직이 매주 2회의 회의를 개최한다 해도, 연간 회의에 소요되는 경비는 어림잡아 일억 원이 훨씬 넘을 것이다.

회의에 소요되는 시간과 돈보다 더 중요한 것은 바로 엉성하게 계획되고 시행되는 지루한 회의를 통해 구성원의 업무의욕을 저하시키는 것이다. 비효율적인 회의는 빠듯한 스케줄로 바쁜 사람들의 회의참여율을 떨어뜨리는 결과를 초래한다. 이 사람들 중에는 꼭 참여해야 하는 사람이 많다는 것이 문제이다.

회의의 목표를 달성하지 못하는 주요 이유는 계획과 준비의 부족이다. 연구에 따르면, 회사 중역은 자신의 시간의 상당부분을 회의에 사용한다. 그리고 회사 중역의 78%는 회의 계획, 조직, 진행 등의 방법에 관한 훈련을 받은 적이 없다고 한다.

잘 관리된 회의는 조직 내의 효과적인 커뮤니케이션의 필수적인 도구이다. 회의를 통해 중요한 결정이 이루어지며, 새로운 아이디어가 생성되고, 또 정보공유가 이루어진다. 회의는 팀 빌딩의 중요한 부분이다. 팀 정신이 자라남에 따라, 함께 일하여 의사결정으로 발전시킬 수 있는 조직의 능력을 키우게 된다. 따라서 회사로서는 큰 혜택을 얻게되는 것이다.

어떤 다른 커뮤니케이션 기술보다 회의를 통해 더 잘 수행하는 여섯 가지 기본적인 기능이 있다.

- **지식 공유** : 회의는 개개인의 정보와 경험을 통합할 수 있는 장을 제공한다. 조직은 그것을 개정하고 업데이트 하여 기존의 것에 첨가하라.
- **공동목표 수립** : 회의를 통해 팀 구성원은 조직의 목적과 목표를 이해하게 된다. 자신의 노력이 조직 목표에 어떻게 영향을 미치는 지도 이해하게 된다.
- **실행약속 획득** : 회의를 통하여 결정사항에 대한 공감대를 형성하고 실행약속을 양성한다. 결정사항의 실행과 지원에 대한 책임감과 합의를 생성한다.
- **조직 정체성 제공** : 회의를 통해 팀이 규명된다. 참석한 사람은 그 팀에 속하고 참석하지 않은 사람은 그렇지 못하다. 참석자는 집단 정체성에 대한 감각을 발달시킨다.
- **팀 상호작용** : 회의는 조직이 팀으로서 일하는 거의 유일한 행사이다.

- **지위의 경쟁 장소** : 회의를 통해 조직 구성원이 자신의 상대적인 지위를 결정짓는 계기가 된다.

이 여섯 가지 기능 중에 단 한 가지 기능도 제대로 하지 못하는 회의가 있다. 하지만 회의에서 위의 어떤 기능도 자신에게 중요하게 역할하지 못한다면, 비용이 덜 드는 커뮤니케이션 방법을 선택하고자 할 것이다.

이 장에서는 회의의 준비, 계획, 실행, 후속조치 등에 관한 방법을 다룬다. 회의는 시간낭비가 되어서는 절대로 안 된다. 회의를 잘 계획하고 실행하면, 회의를 통해 엄청난 혜택을 얻게 된다.

# 효과적인 회의를 위한 지침

성공적인 회의의 기본요건은 어렵거나 복잡하지 않다. 그러나 지루하고 비생산적인 회의는 다음의 중요한 지침을 간과하여 발생하는 경우이다.

생산적인 회의의 기본요소는 다음과 같다

- **요구** *need* : 드러난 요구만을 위한 회의를 개최하라. 주별 최신 자료 회의는 그 정보를 필요로 하는 인원이 5명 이상일 때만 개최하라. 그 보다 적은 소수의 인원일 때는, 직접 개인적으로 만나서 정보 전달함으로써 시간을 절약할 수 있다. 직원수가 적고

직원간 상호교류가 잘 되는 조직이라면, 정기적인 직원회의가 반드시 필요한 것은 아니다. 복잡하며 많은 사람에게 영향을 미칠 수 있는 문제, 기술적인 정보교류, 복잡한 새로운 정책이나 절차 및 상황 등을 설명해야 하는 경우, 회의는 아주 이상적이다.

- **목적** *purpose* : 모든 회의는 구체적으로 설명된 목표 및 폭넓은 목적을 지니고 있어야 한다. 참석자는 미리 글로 된 회의안건을 받아 읽어서, 준비된 상태로 회의에 참석하라.

- **참석자** *attendees* : 회의의 필요성을 절실히 느끼는 사람 또는 회의에 기여할 수 있는 사람을 초대하라. 회의에 참석하는 사람이 많으면 많을수록 회의의 목적 달성에 더 많은 시간이 걸린다. 업무회의의 이상적인 인원은 5명~7명 정도이다.

- **토의안건** *agenda* : 토의안건은 대단히 중요한 요소이다. 토의안건은 효과적인 회의의 운영에 있어서 가장 중요한 요소임에도 불구하고, 회의의 75%는 미리 준비된 토의안건이 없다는 것이다. 가능한 한 회의 2~3일 전에는 토의주제나 안건에 대한 것을 참석자들에게 배포하라. 회의의 마지막 순간까지도 토의안건을 사용하라. 회의 리더는 플립차트나 칠판 위에 회의주제 및 안건을 적어놓고, 회의 참석자들이 회의에 참석하자마자 볼 수 있도록 하라.

토의안건을 미리 알림으로써 참석자는 준비된 상태로 회의에 참여하며, 회의 리더의 회의진행에서 참석자 자신의 생각과 우선순위를 잘 조직화하도록 하라. 토의안건이 잘 구성되면, 회의는 중요성의 순서에 따라 현안문제를 다루게 되며, 각 문제에 적합한 시간도 배정된다.

- **회의 장소** *choose a good meeting place* : 회의 장소는 환기가 잘 되며, 편안하고, 접근이 용이하며, 필요한 장비와 도구를 갖춘 곳이어야 한다. 정신을 산만하게 하거나 방해받을 수 있는 장소는 피하라.

- **시간준수** *start and end on time* : 회의의 시작과 종료시간을 엄수해야 한다. 이것은 참석자의 시간존중과 회의 시간에 대한 참석자의 시간엄수를 의미한다. 복잡하지 않은 안건으로 회의를 시작하라. 이것은 지각하는 사람을 위한 배려이다. 지각한 사람들을 위한 '재설명'을 피하라.

- **안건 집중** *stick to the agenda* : 참여를 높이려는 욕심도 생기겠지만, 새로운 이슈가 대두되면 그것은 다음회의의 안건으로 넘기는 것이 좋다. 회의의 주 의제에서 벗어난다면, 그 회의의 목표 성취는 어렵게 된다. 새롭고 매우 중요한 안건이 대두되더라도 그것을 다음 회의의 의제로 유보해야 한다. 새로운 의제가 매우 긴급하다면, 참석자들의 다수결의 원칙에 따라 그 회의에서의 토의여부를 결정할 수 있다. 미리 준비된 회의의 주제와 의제는 참석자들과의 계약과 같은 것이므로 참석자들의 동의 없이 토의안건을 바꿀 수는 없는 것이다.

- **참여 독려** *encourage participation* : 회의에 참석한 사람은 누구나 부담 없이 새로운 의견과 제안을 제시할 수 있는 분위기를 조성하라.

- **균형과 절제** *lead a balanced, controlled discussion* : 참석자가 자신의 의견이나 심지어 다루기 힘들고 아주 민감한 사안도 편안하게 표현하도록 해 주라. 감정적인 논쟁을 피하도록 하라. 한 사

람이 회의의 주도권을 장악하지 않도록 하라.

- **의사록의 요약과 배포** *summarize and distribute minutes* : 참석자가 제안된 구체적인 활동사항에 자신의 행동을 일치시키도록 결정 사항과 회의의 결과에서 나온 새로운 계획을 참석자 모두에게 다시 알려라. 누가 언제 무엇을 해야 하는지를 알도록 하라. 적어도 다음 회의 이틀 전에는 누구나 그 의사록을 받아 보도록 하라.

위의 10가지의 사항을 준수함으로써 안정되고 효과적인 회의의 진행에 자신감을 가질 수 있을 것이다. 성공적인 회의를 위한 간결하게 요약된 지침서를 복사해서 배포하라. 무엇보다도 실천하도록 해야 한다. 조직이 위의 지침내용을 채택하게 하는 가장 쉬운 방법은 이것을 시범적으로 보여주는 것이다. 위의 지침에 따른 회의의 놀라운 효과를 경험하게 되면, 그들 또한 이 지침을 실행하게 될 것이다.

제너럴 다이나믹스 *General Dynamics*의 서부지역 관리자들은 회사의 회의규약을 따른다. 역동적이며 효과적인 회의를 통하여 목표를 달성함으로써 회사의 비용절감, 직원의 학습의욕 고취, 사기 및 공동체 의식 고양 등의 결과를 얻는다.

제너럴 다이나믹스에서 사용되는 회의규약은 다음과 같다.

- 모든 회의는 최대 90분 이내로 진행되며, 예정된 시간을 철저하게 엄수하라.
- 각 참석자는 회의의 성공적인 실행의 의무가 있다.

- 회의의 명확한 목표가 설정되어야 하며, 목표에 부합된 토의안 건이 따르도록 하라.
- 기본예절과 상호존중의 정신에 역점을 두라. 사람이 아닌, 현안 문제를 평가하라.
- '우리는 당신을 위해 여기 있다' 라는 긍정적인 분위기를 조성하라.

# 효과적인 회의관리

## 회의 준비

회의의 성공여부는 사전 준비에 투자하는 시간의 양과 직결된다. 회의를 계획하기 이전에, 어떤 형태의 회의가 될 것인지를 이해해야 한다. 회의의 형태는 참석자의 수, 회의 내용, 회의 목적 등에 영향을 미친다. 회의의 기본적인 형태는 다음과 같다.

- **정보교류** : 정보교류 회의는 하나의 메시지를 큰 집단의 사람들에게 알릴 수 있는 장이다. 정보교류 회의는 정보가 쟁점화 되거나 복합적일 때 중요하다. 정보를 참석자들에게 직접 전달해야 한다면, 정보교류 회의는 참석자에게 내용을 효과적으로 전달한다. 예를 들어, 새로운 이익배분의 규정에 관한 회의는 정보교류 회의 형태가 적합하다.
  정보교류 회의는 참석자들이 지켜보는 가운데 모든 프로젝트에 관한 진척사항에 관해 보고하는 상황보고 회의에도 활용된다. 이러한 회의를 통해 조직은 각자의 담당 프로젝트의 현황을 모두에게 알리게 된다. 정보교류형 회의는 상대적으로 많은 사람이 참석할 수 있다. 참석자의 질의와 응답으로 구성된 격식을 갖춘 회의이다. 시청각 자료도 필요하다.

- **브레인스토밍** : 브레인스토밍은 대안적인 해결책의 생성이 필요할 때, 일반적으로 문제해결 회의로 진행된다. 이 방식은 회의 참여자들이 아주 중요하며, 다양한 구성원으로 이루어지는 것이 중요하다. 브레인스토밍은 7명 미만의 인원일 때 효과적이다.

- **문제해결** : 문제해결 회의의 주요목적은 회의 참석자의 다양한 지식, 지혜, 경험을 바탕으로, 제기된 문제의 가장 적합한 해결책을 모색하는 것이다. 회의 목적을 달성하기 위하여 참석자는 회의의 의제를 철저하게 알아야 하며, 각자 문제해결에 기여할 수 있도록 부분적인 역할을 담당해야 한다. 브레인스토밍도 문제해결의 방안 모색에 유용하게 이용된다. 참석자 모두를 격려함으로서 문제 해결방안의 모색에 도움이 되도록 해야 한다. 해결방안이 도출되면, 철저한 분석을 통해 약점을 찾아내야 한다. 결정사항을 실행하기 이전에, 그것의 긍정적인 면과 부정적인 면을 파악하라. 문제해결 회의 방식은 5명~7명의 인원 정도가 적합하며, 격식이 없고 자유로우므로 참가자의 참여를 높일 수 있다.

- **프로젝트 계획** : 프로젝트 계획과 실행 회의는 합리성과 책임할당의 규명을 위하여 개최된다. 프로젝트 계획 회의는 규모 면에서는 문제해결 회의보다 다소 크다. 이 형태의 회의에서는 결정

사항, 활동내역, 각자 맡은 책임 등을 문서화하는 것이 중요하다.
- **훈련** : 훈련 회의는 참석인원이 15명~20명 정도가 이상적이다. 이 형태의 회의는 높은 참여와 적극적인 참여자세가 요구되며, 동료들로부터 서로 배울 수 있는 기회를 제공한다.

## 목적 규정

회의의 리더는 회의인 목표를 인식하고 잘 조정할 필요가 있다. 예를 들면, 전체 주제가 훈련의 필요성이라면, 관리자는 이것을 보다 다양하고 보다 구체적인 하위주제로 나눌 것이다. 즉, 부서별 주요훈련 규명, 사내에서 할 수 있는 훈련, 우선순위 작성, 훈련에 부합되는 전략 개발 등이다. 목적에 부합되는 회의과정을 위하여 한번 이상의 회의가 필요하다.

회의의 목적이 모호하거나, 심하게는 회의의 목적이 엉터리인 경우가 허다하다. 여기 몇 가지 예가 있다.

- **주간 직원회의** : 표면상으로는 직원의 능률 증대를 위한 회의이지만, 회의의 리더는 의례적으로 받아들이는 경우가 많다. 회의가 그 추진목표를 갖지 못한다면, 불평불만, 불참자, 목적의식의 상실 등의 결과를 수반하게 된다.
- **응원성 회의** : 많은 관리자들은 회의를 단지 분위기를 띄워서 직원들을 자극시켜서 동기를 부여하는 역할을 하는 것으로 믿는다. 이러한 회의는 곧 직원들에게 실망감을 안겨준다.
- **선전성 회의** : 어떤 관리자는 회의를 통해 자신의 존재를 내세우

며, 자기의 부서가 사내에서 가장 똑똑한 집단이 모인 곳이라는
등의 선전차원으로 회의를 주재하기도 한다.

회의 리더가 우선 염두에 두어야 할 사항이 있다. '이 회의의 목적
이 무엇인가?' 라는 질문이다. 회의의 리더가 회의의 목적에 대해서
완전히 명쾌해지고 나서야 비로소 그 회의는 효율적이며 효과적이
될 수 있다.

## 목표 설정

회의의 리더는 회의의 목표를 일목요연하게 문서화할 필요가 있
다. 이 목표는 조직 구성원들이 다 같이 노력하여 달성할 수 있는 것
이어야 한다. 한 개인이 이 목표를 달성할 수 있다면, 회의를 개최하
는 의미가 없다. 모든 회의가 갖는 몇 가지 공통적인 목표는 다음과
같다.

- **보다 정확한 정보** : 회의에서 메시지는 표준화되기 때문에, 참석
  자에게 같은 방법으로 같은 정보를 제공해야 한다. 기업이 성장
  하고 커뮤니케이션이 보다 복잡해지므로, 이러한 기능은 훨씬
  더 중요해진다. 상호작용이 필요치 않은 단순한 메시지일 경우,
  간단한 메모가 훨씬 적은 비용으로 표준화된 메시지를 전달할
  수 있는 방법일 것이다.
- **비전 공유** : 회의는 조직과 구성원을 하나로 묶어주며, 구성원
  각자의 지위와 책임을 이해할 수 있도록 해준다. 조직의 비전을

공유함으로써 개개인 모두가 변화의 중요성을 이해하고 변화의 실행 방법을 알게 된다.

- **조직 내의 원활한 커뮤니케이션** : 회의는 조직에서 고위간부와 직원들 사이의 가교 역할을 한다. 조직의 최근 성과와 장래의 새로운 변화를 전체 직원에게 보고하며, 직원들은 그 안건에 관한 질문을 통하여 최종결정에 도달하는 과정을 명료하게 이해할 수 있다. 제안을 통하여 자신의 참신한 아이디어를 제공할 수도 있다.
- **의사결정 과정의 촉진** : 회의에 참석하는 사람은 각자 문제 해결을 위한 다양한 정보를 가지고 온다. 일단 문제 해결책이 결정되면, 참석자는 그것에 관한 또 다른 새로운 아이디어나 제안을 제공하게 될 것이다.
- **훈련** : 훈련회의를 통하여 직원들의 단일화를 이루며 서로를 통해 배울 수 있는 상호교류의 장을 마련할 수 있다.
- **사기 증진** : 조직의 공동목표와 그 실행을 통하여 공동체 의식이 고취된다. 회의를 통해 조직과 개인의 성취를 인정해주는 공개적인 장을 마련해준다.

## 참가자 선정하기

회의에 참석할 사람을 선정하는 기준은 꼭 그 회의에 참석할 이유가 있는 사람을 우선적으로 초대하라. 어떤 상황에서든 회의의 참가자가 주위사람의 눈치를 보고 참석하거나, 또는 불러주지 않으면 기분을 상해할 것 같아서 초대하는 그런 경우는 절대 없어야 한다. 회의 참석자는 다음의 조건을 만족시켜야 한다.

- 그 날의 회의에서 다루어질 주제에 관한 철저한 이해와 지식을 갖고 회의를 성공적으로 만드는데 기여할 수 있는 사람
- 단호한 결정을 내릴 수 있는 능력의 소유자
- 계획안이 결정되면 자신의 책임으로 부족한 점을 충족시킬 줄 알며, 다음 단계로 원활하게 이동할 수 있는 사람
- 회의에서 결정된 사안으로 영향을 받을 부서나 조직의 리더

회의 참여인원의 구성에 있어서 고려되어야 할 사항 중 하나는, 자신이 속해 있는 조직 또는 기업의 규모이다. 정보와 지식의 공유를 위한 회의에는 참여인원의 제한이 없지만, 다음에 소개되는 여러 형태의 회의에는 적정 인원수를 참조하여야 한다.

- 문제규명 회의는 10명 정도가 적당하다.
- 문제해결 회의는 5명~7명 사이가 이상적이다.
- 훈련 회의는 15명에서 최고 20명까지 가능하며, 교육과정이 실무교육이라면 보다 적은 인원수가 낫다.

일반적으로 4명~7명의 인원은 어떤 회의에도 적합하며, 10명까지는 수용될 수 있다. 한계 인원수는 12명이다. 회의는 인원수가 적을수록 생산적인 효과를 나타낸다. 큰 단체의 회의일수록 개개인의 의사발언권 기회는 줄어들며, 결정사안에 대한 전체의 동의를 얻는 일도 너무나 어려우며 시간낭비일 수도 있다.

회의의 리더가 참석자의 인원수를 조정하는 두 가지 방법이 있다.

- 회의의 안건내용을 검토한 후에, 참여인원 모두가 각 조항에 다 참여할 필요성이 있는지를 결정을 한다. 가능하다면, 회의의 안건 사항 표를 두 부분으로 나눈다. 어떤 사람은 첫 번째 안건을 다루는 회의에만 참석하게 하고, 다른 사람은 두 번째 안건을 다루는 회의를 시작할 무렵에 참여하게 하는 방법이다.
- 하나의 큰 집단보다는 두개의 소집단으로 나누어서 회의하는 것은 효과적이다. 만약 큰 집단 전체가 모여서 의사결정의 목표에 도달하려 한다면, 우선 두개의 소집단으로 나눠져서 자체회의를 거치도록 한다. 그런 다음, 소집단의 리더가 다시 모여서 의사결정의 사안을 도출하도록 한다. 각 두 집단 리더는 자신의 집단 구성원들에게 최종결과를 전달한다.

많은 인원이 참가하는 회의이더라도, 회의의 목표달성을 위해서는 가능한 회의를 짧게 유지하는 것이 좋다. 큰 집단회의에서는 참여하는 모든 구성원들이 참여의 기회를 가질 수 있도록 로버트의 순서 규칙 *Robert's Rules of Order* 같은 공식적인 회의규칙을 적용하는 것도 효과적이다.

## 안건 계획

앞에서 언급했듯이, 토의안건은 회의계획에 있어서 가장 중요한 구성요소이다. 회의가 열리기 전에 면밀하게 정리되어서 배분된 안건은 회의의 진행방향과 목적을 미리 숙지하도록 해준다. 잘 짜여진 안건은 회의의 참가인원을 사전에 조정할 수 있도록 해주며, 체계적인 회의를 진행하는 데 큰 역할을 한다.

회의에서의 돌발상황을 피하고 집단참여를 촉진시키기 원한다면, 회의의 리더는 참석자들에게 토의안건을 제출하도록 부탁할 수 있다. 잘 구성된 문서화된 안건은 아주 유용하다. 그 이유를 살펴보자면 다음과 같다.

- 회의 참석자가 토의내용과 부합하는 정보와 지식을 가지고 참여할 수 있게 만든다.
- 회의의 흐름을 지원하며, 각 주제의 토론을 위한 시간의 틀을 유지해주는 회의의 기본틀을 제공한다.
- 참석자의 관심 집중 및 회의의 시작부터 끝까지 참석자의 일관된 참여를 유지시킨다.
- 모든 참석자들에게 회의에 초대받은 사람이 누구인지를 알게 해준다.

토론안건은 간결하고 명료하게 되도록 하라. 하지만 지나치게 짧거나 모호하지 않도록 하라. 일반적으로 회의와 토의안건 둘 다 가능한 짧은 것이 좋다. 한번의 아주 큰 회의를 통해 모든 것을 다루려고 하지 말고, 2~3개의 짧은 회의로 세분화하라. 그런 다음 각 회의안건에 5~6개의 조항을 포함시키는 것이 보다 현명한 방법이다. 토의안건은 다음의 요점들을 다뤄야 한다.

- 날짜, 시작시간, 종료시간 (보통 2시간을 넘지 않는다).
- 장소, 가능하다면 약도 및 찾아가는 방법.
- 회의에서 다루어질 주제와 부 주제에 관한 간략한 소개.
- 각 안건을 포함시킨 이유에 대한 간단한 설명.
- 각 주제별로 할당되는 시간.
- 참석자 리스트.

각 토론안건은 회의의 목적과 연관되도록 하라. 새로운 안건을 포함시키고 싶다면, 다음의 다섯 가지 질문에 대한 대답을 생각하면서 결정하라.

- 회의의 목적을 달성하는데 그 항목이 도움이 되는가?
- 회의 참가자들이 모두 그것에 관심이 있는가?
- 회의 참가자들은 그 문제를 다루는 데 있어서 권한이 있는가?
- 참석자들의 수준에 알맞은 주제인가?
- 그 안건을 토의하기 위한 충분한 자료는 있는가?

위의 다섯 가지 질문 중 네 가지에 대한 답이 나오지 않는다면, 그 안건은 기각되어야 한다. 마지막 질문에 대한 답이 없다면, 소위원회나 간부회의에 알려서 필요한 자료를 준비할 수 있다.

토의안건에는 회의의 목표가 설명되어 있어야 한다. 또한 회의를 통해 생성될 다양한 질문과 새로운 문제에 대해 준비되어 있어야 한다. 한 항목이 조직의 특별한 관심을 끌게 되면, 그 항목은 다른 것과는 달리 따로 구분해서 새로운 첨부서로 만들어 놓도록 하라. 회의의 리더는 각 항목마다 '정보용', '토론용', '의사결정용' 등으로 구분하라.
이렇게 하면, 회의 참석자는 각 항목의 목적을 인식할 수 있게 된다.

## 에너지 사이클 관리

효율적인 회의를 기대하는 리더는 에너지 사이클을 인식해야만
한다. 회의 에너지는 사람의 집중 사이클, 주제의 흥미, 주제의 복잡
성, 다루어질 주제의 수, 각 주제의 시간계획, 참가자의 수준 등에 따
라 영향을 받는다. 각 회의는 저마다 에너지 사이클을 갖는다. 지각
력이 있는 리더는 이 에너지 사이클을 관리할 수 있으며, 증대시킬
수도 있다. 다음의 내용은 에너지 사이클을 위한 타이밍 안내이다.

- 회의 초반의 분위기는 마지막 분위기보다 더 활기차고 창의적
  인 아이디어가 많이 생성된다. 따라서 풍부한 지적 상상력과
  정신적 에너지를 필요로 하는 안건은 회의가 시작될 때 검토되
  도록 하라.
- 절대적으로 우선순위의 안건은 토의안건의 일순위로 다루도록
  하라. 중요도가 낮은 안건 토의로 인해 회의가 막히거나 흐름
  이 끊기지 않아야 한다.
- 모든 의제 중에서 긴급하고 우선적으로 논의되어야 할 사항이
  없다면, 쉽고 빠른 결과를 도출할 수 있는 안건을 먼저 다루도
  록 하라. 시간이 많이 필요한 사항은 회의의 나머지 시간으로
  남겨 두라.
- 회의에 참여한 모든 사람의 최대 관심사이며 논쟁거리가 될 수

있는 안건은 회의의 마지막까지 남겨 두라. 마지막 순간 주제 논의 이전에 아주 유용한 해결책이 생길 수도 있다. 또 이것은 모두에게 최대 관심사이므로 회의 분위기가 느슨해지는 것도 방지할 수 있다.

- 의제 중에는 한번의 토론으로 끝나지 않고, 필요할 때마다 회의에서 참가자들의 다양한 의견이 수렴되도록 구분될 수 있는 의제가 있다. 회의 참가자가 바뀔 때마다, 새로운 아이디어가 창출될 수도 있기 때문에 회의의 에너지 수준도 한층 올라갈 것이다.
- 회의가 길어지면, 참석자가 지루하지 않도록 능동적인 회의진행의 직접적인 방법과 보고 받는 형식의 수동적인 방법을 번갈아 가면서 진행하라.
- 회의의 마감을 위해 각 의제를 통합하도록 하라. 토의안건에 관한 의제가 제각기 분리되어 있다면, 일치된 하나로 통합하는 것은 아주 중요하다.

## 시간과 장소

회의의 효과를 높이고 회의의 목적을 달성하기 위해서 시간과 장소를 선택하는 것은 매우 중요한 요소이다. 엉성하게 짜여진 시간 스케줄과 덥고 퀴퀴한 실내에서의 회의는 참석자가 활력을 잃게 하여 회의의 질을 떨어뜨린다. 가장 보편적인 세 가지 시간별 회의는 다음과 같다.

- **정오** : 정오시간은 회의의 참석자들에게 인기가 있다. 어떤 사

람은 점심시간과 겹치는 이유로 싫어하기도 하지만 점심을 제
공하면 어느 정도 불만을 상쇄시킬 수 있다.

- **오전** : 오전에 열리는 회의는 모든 사람에게 가장 인기가 있다.
  오전은 참석자가 자신의 생각을 정리하고 남은 일을 처리하며,
  또한 각 부서는 각자 업무를 시작하는 시간이다.
- **늦은 오후** : 이 시간은 하루 일과가 끝난다는 생각 때문에, 회의
  의 종결이 촉진된다. 늦은 오후 회의를 선호하는 사람들도 있다.

회의의 리더들은 오전 중반에 열리는 회의가 사람의 능력을 최상
으로 끌어내는데 가장 효과적이라고 말한다. 정오와 늦은 오후 시간
은 현황보고와 정보의 전달과 교류의 목적 회의로 적절하다. 경험에
의하면, 월요일과 금요일은 회의를 열기에 가장 좋지 않다. 그 이유
는 이날들은 앞뒤로 주말 휴일이 있으므로 무의식적으로 사람의 근
로의욕이 저하된다는 것이다.

회의의 소요시간도 중요하다. 회의는 보통 2시간을 넘지 말아야
한다. 2시간 이상 회의가 진행되어야 한다면 90분마다 휴식을 갖는
것이 좋다. 휴식시간 동안 사람들은 커피를 마시거나 전화를 사용할
수 있고 몸의 피로를 푸는 등 여러 가지 다양한 방법으로 회의의 분
위기를 그대로 유지해갈 수 있다.

회의의 장소의 선정에 있어서는 먼저 참가 예정 인원수에 따라 달
라져야 한다. 회의장소는 조용하고 환기가 잘 되며 적절한 온도가
유지되어야 된다. 가능한 한 산만하지 않고 집중에 도움이 될 수 있
는 장소가 좋으며, 그 곳이 편안하면 할수록 더욱 좋다. 참석인원이
많을수록 접근이 용이해야하며, 교통이 편리하여 이동에 지장이 없

는 곳이 좋다. 청결한 세면실, 물을 마실 수 있는 정수시설, 전화기 등의 편의시설이 갖추어져야 한다.

## 회의장의 좌석 배열

회의에 참석하는 사람을 위한 좌석 배열에는 일반적으로 7가지 형태가 있다. 각 형태는 회의에서 리더와 참가자의 정보교류 방식 또는 커뮤니케이션 방법에 따라 달라져야 한다.

- **극장형 배열** : 여러 줄의 반원 형태로 배열된 의자는 무대 또는 강연대 쪽을 향해 놓여진다. 대규모의 정보교류 회의에 이상적이다. 리더는 강연자의 역할을 맡는다. 참석자의 상호작용과 질의응답 시간을 갖도록 반원 형태로 좌석을 배열한다.
- **교실형 배열** : 일반학교에서 볼 수 있듯이 앞뒤·좌우로 책상과 의자가 놓여진 교실형태의 구성이다. 이 배열은 집단의 상호작용을 제한하며, 주로 강의형태의 회의에 적용된다. 중간규모 또는 대규모의 정보전달을 목적으로 제한된 집단토론을 필요로 하는 경우에 교실형의 좌석배열이 적절하다. 그리고 자료배분 및 메모를 하는데 편한 환경을 제공해 준다.
- **U자형 배열** : 회의의 리더는 U자형의 참석자 테이블 앞에 배치된 독립된 테이블에 따로 앉는다. 참석자가 업무계획서와 같은 자료를 펼쳐야 할 필요가 있을 때, U자형의 좌석배열이 적합하다. 이 구조는 리더가 참가자의 주의집중을 끌어내는 데도 적합하다. 대규모의 회의에 적용된다.

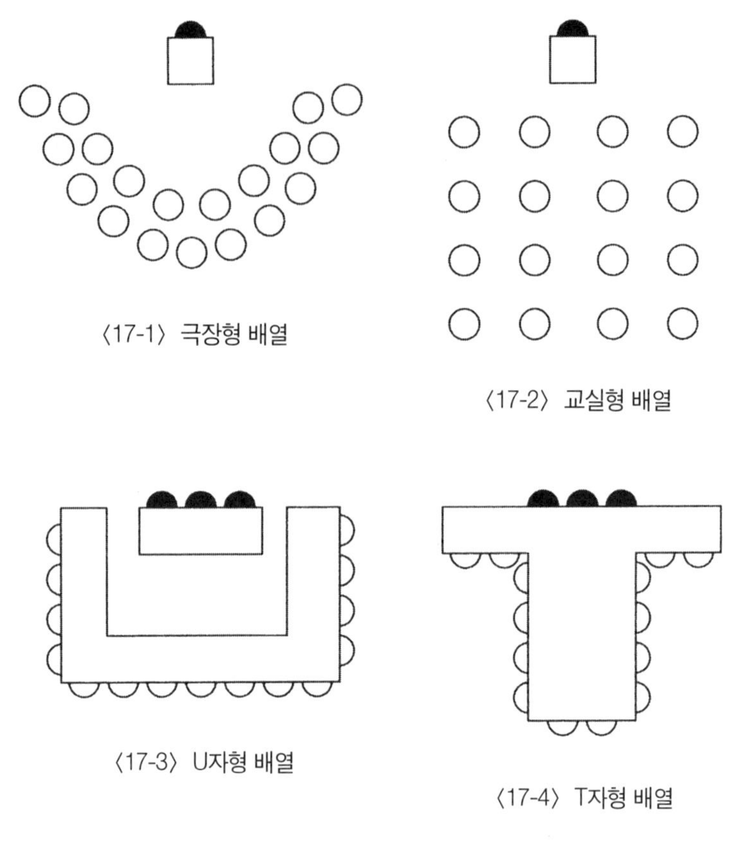



다음의 네 가지 좌석배열 방법은 주로 소규모의 회의에서 사용된다.

- **T자형 배열** : T자형 배열에서는 테이블의 맨 상단에 리더가 앉는다. 테이블 형태의 특성상 참가자와 리더의 사이는 가까우며, 정보전달이 쉽다. 리더의 자리는 다른 사람과 떨어져 있으므로

참석자들의 주목을 즉시 받을 수 있다. 주로 소규모의 모임에 채택되는 방식이다. 리더나 전문가의 자리는 T자형 테이블의 맨 위 부분이다.

- **권력형 배열** : 리더는 테이블 끝에 자리하며, 참석자는 리더의 일거수일투족에 초점을 맞춘다. 리더는 회의에서 다루어지는 의사일정의 내용과 회의자체를 조절할 수 있는 능력을 가지고 있다.

참석자의 협조가 필요한 경우, 리더는 민주적인 형태 혹은 원탁회의 형태의 두 가지 방법 중의 하나를 선택할 수 있다. 이때 리더는 참가자들 사이에 앉는다. 리더가 문제사항에 대한 자신의 생각을 잘 알고 있을 때, 아주 효과적이다. 또한 리더가 자신의 견해로 회의를 주도하고자 하는 것이 아니라, 참석자들의 창의성 발휘의 분위기를 조성하고자 할 때도 아주 효과적이다. 관리자는 자신이 계획하는 회의의 형태 및 회의의 목표달성에 가장 잘 맞는 좌석배열을 선택해야 한다.

- **민주형 배열** : 민주형 배열에서 리더는 테이블 한 쪽 자리에 앉으며 그 반대편은 자리가 비어있다. 리더는 회의의 주도권을 소유하고 있지만, 개방적인 태도를 유지한다. 참가자는 리더에게 자신의 의견을 직접 제시하기보다 상호 의사 소통하는 것이 더 쉽다.
- **원탁형 배열** : 회의 참가자의 참여를 크게 높일 수 있는 배열형태이다. 리더와 참석자 모두가 동등한 입장에 있다. 계급 및 지위의 고하를 막론하고 모두 스스럼없이 진행되는 회의에 적합하다.

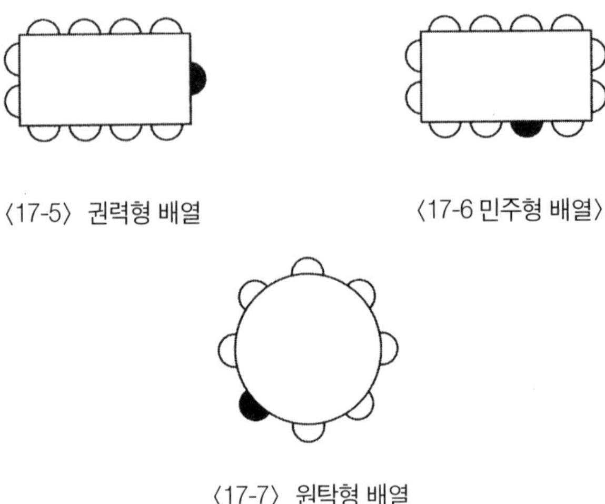

〈17-5〉 권력형 배열　　　　　　〈17-6 민주형 배열〉

〈17-7〉 원탁형 배열

## 시설물 확인

아무리 잘 계획된 회의라도 시설물과 자료보급 계획이 잘못된다면, 계획은 무너지고 말 것이다. 적정 온도보다 더운 방, 프로젝터의 깜박거리는 형광등, 의자의 부족 등은 실패의 요인으로 작용할 수 있다. 효율적인 회의는 수백 가지의 세부사항이 수반된다. 그 중의 하나라도 잘못되면 기차가 선로를 이탈하는 것과 같이, 회의가 궤도를 완전히 벗어날 수 있다. 다음에 제시된 항목의 철저한 점검으로 회의의 성공에 장애 요소를 미연에 방지할 수 있다.

- **장소 설정** : 회의 예정 장소에 대한 예약확인, 인원수에 맞는 의자 준비, 무대의 필요 유무, 온도계의 유무 또는 고장확인 등.
- **시청각 자재** : 빔 프로젝터, 차트, 마이크, 전시자료, 녹음기, 펜, 여분의 전구, 형광등 스위치의 위치 등.
- **인쇄물** : 배분하기에 충분한 양의 인쇄물, 배분에 필요한 도우미 등.
- **간식** : 커피, 차, 음료수, 과자, 과일, 샌드위치 등.
- **기타** : 종이, 폴더, 연필, 재떨이, 표시 펜, 이름표 등.

사람들은 대부분의 회의를 엄청난 시간낭비 또는 실제적인 이유보다는 의례적으로 열리는 것으로 여기고 있다. 그러나 꼭 그런 것만은 아니다. 회의가 사람들이 한데 모여서 그들의 생각, 아이디어, 느낌, 의견, 새로운 제안 등을 서로 교환할 수 있는 분위기이라면, 조직에 엄청난 이익을 가져다 줄 수 있다. 이번 장에서는, 효과적인 회의를 계획하는 방법에 초점을 맞췄다. 다음 장에서는 효과적인 회의를 진행하는 방법을 집중적으로 다루겠다.

# CHAPTER EIGHTEEN

# 효과적인 회의 진행

### 장면 1

"정말 시간 낭비였어!"

"그래! 잭이 주도하는 회의인줄은 알았지만, 정말 완전히 혼자서만 떠들 더군! 내가 말 한마디 하려 했더니 다 잘라버리고 말이야!"

"사라도 자기 생각을 말하려다가 비웃음만 샀잖아."

"정말 쓸모없는 회의였어!"

### 장면 2

"모두가 내 의견에 찬성했다는 게 정말 믿어지지 않아!"

"특히 조는 나와 다른 생각이었거든. 그는 누구나 각자의 생각을 말하도 록 분위기를 잘 이끄는 것 같아."

"그렇게 많은 의견이 나왔다는 것도 정말 놀라워."

"정말 괜찮은 의견도 꽤 많이 나온 것 같아."

"조가 이끄는 회의는 언제나 충분한 가치가 있는 것 같아."

당신이 주도하는 회의는 〈장면 1〉과 〈장면 2〉 중 어느 것에 해당하는가? 회의 소집에 있어서 당신이 원하는 것은 참석자의 정보, 아이디어나 제안, 결정에 대한 합의, 행동 약속 등이다. 회의의 성공적인 목표를 성취하는 것은 당신이 얼마나 많이 알고 있느냐에 달린 것이 아니라, 회의가 끝난 이후 참석자 모두가 얼마나 더 알게 되느냐에 달려 있다. 또한 회의의 진행되는 동안 참석자들 모두가 목표에 대한 실행약속을 얼마나 했느냐에 달려있다. 역동적인 회의의 리더는 사소한 일로 회의소집을 하지 않는다. 이러한 리더는 참석자의 시간과 지적 능력을 존중하며, 회의를 최대한 효과적이고 흥미롭게 만들기 위한 모든 노력을 기울인다.

앞장에서는 효과적인 회의를 위한 준비에 관한 지침에 대해 살펴보았다. 그 지침은 회의목적의 결정 방법, 의사일정과 의제 준비 및 참석자 초대방법, 적절한 시간과 장소 정하는 방법에 관한 것이다. 이 장에서는 효과적인 회의의 리더에게 요구되는 기술에 초점을 맞춘다.


# 역동적인 회의의 리더십


역동적인 회의를 위한 리더십을 갖기 위해서 가장 먼저 할 일은 회의를 통해 성취하고자 하는 것이 무엇인지를 아는 것이다. 일단 자신이 성취하고자 하는 것이 무엇인지를 알게 되면, 다음은 자신의 목표와 참석자의 목표를 동일선상에 가져오는 것이다. 회의를 시작하는 가장 효과적인 방법은 토의안건과 회의의 목적을 재검토해 보는 것이다. 회의의 리더는 참석자가 토의안건 안내서를 가져오는 일을 잊을 때를 대비하여 여분의 복사본을 준비해 두라. 초기의 기본적인 토론에서는 참석자 모두에게 질문과 제안의 기회를 제공한다. 또한 회의에 참석하게 된 이유에 관한 자신의 의견을 표현할 수도 있다.

회의 리더의 가장 큰 역할은 조직집단을 촉진하는 것이다. 그러기 위해서는 집단의 특성을 파악하고, 참석자들의 적극적인 참여 촉진 방법을 알아야 하며, 회의과정을 언제나 조정할 수 있어야 한다. 커뮤니케이션이 회의 진행과정의 가장 주목할 만한 점이다. 커뮤니케이션 패턴을 관찰하면, 회의 진행상황의 중요한 단서를 얻는다. 다음은 회의 리더가 참가자 집단을 관찰할 때, 스스로에게 던져야 할 질문사항이다.

- 누가 발언하고 있는가? 얼마나 길게 발언하는가? 얼마나 자주 발언하는가?
- 전혀 발언하지 않는 사람은 누구인가?
- 발언하는 사람이 자신의 시선을 누구에게 두는가?
- 누가 누구 다음에 발언하는가, 혹은 누가 중간에 끼어드는가?
- 주장 형식, 질문 형식, 가설 형식 등 어떤 커뮤니케이션 방식을 사용하는가?
- 어떤 톤의 음성인가?
- 몸짓, 자세, 제스처, 좌석배열 등은 무엇을 의미하는가?
- 누가 어떤 의견에 동의하는가?
- 다른 사람의 말을 경청하는가?
- 소수 의견이 존중되고 있는가?

이런 관찰을 통해 리더는 어떤 행동을 취해야 할지를 알게 된다. 예를 들어, 언제 자신이 토론에 개입하여 발언하지 않은 사람의 의견을 들을 것인지, 또는 발언을 독점하고 있는 사람을 언제 적절하게 제어할 것인지를 알게 해준다. 질문을 유도하여 보다 활발한 개방적인 대화로 이끌어 가야할 시점이 언제인지도 알게 해준다. 어느 순간 어조나 몸짓이 필요 이상으로 격해지면 회의를 진정시키도록 한다. 참석자들이 이해하지 못하거나 혼란스러워 하면, 내용을 요약하거나 추가적인 설명을 해준다. 어떤 논점이 해결되지 않으면, 적절한 시점에 다음 회의를 기약하는 진행을 취할 수 있게 해준다.

리더는 개회사를 통해 참석자가 편안한 마음으로 회의에 참여하도록 분위기를 조성해 주어야 한다. 리더는 회의를 긍정적인 분위기에서 시작해야 하며, 자신의 말과 행동에서 참석자 개개인에 대한 존중을 나타내야 한다. 리더는 참석자들이 서로를 알도록 해야 한다. 다른 지역이나 다른 조직에서 모인 참석자들이라면, 간단하게 각자의 소개를 통해 서로를 알 수 있게 해야 한다. 회의에 손님이나 관찰자가 있다면 모두에게 소개시키고, 손님이나 관찰자가 있는 이유나 계기에 대해 모두가 고려할 수 있도록 해야 한다. 조직의 역동성은 낯선 존재로 인해 바람직하지 못한 방향으로 벗어날 수도 있기 때문이다. 특히 민감하거나 대립적인 논제에 대한 회의일 경우 그럴 가능성은 더욱 크다.

훌륭한 회의 리더는 언제나 다음과 같이 행동한다.

- **공유 분위기를 조성한다** : 편안한 시설에서 회의를 개최한다. 필요하다면 이름표를 준비하고 개개인이 다른 모두를 볼 수 있도

록 좌석을 배치한다. 모두가 자신의 의견을 말하도록 격려한다. 반대 의견을 가진 사람의 권리를 보호하는 등의 진행으로 최대한 편안한 분위기를 유도한다.

- **기본규칙을 설명한다** : 참석자가 지켜야 할 사항을 알게 해주고 규칙에 대한 이해나 수용여부를 확인한다.
- **목표를 설정한다** : 회의에 참여하는 집단과 함께 회의의 목적을 정하고 회의를 진행하면서 틈틈이 목표를 상기시킨다.
- **의제를 설명한다** : 논의할 주제를 발표하고 회의의 형식과 과정에 대해 설명한다. 문서화된 논제는 회의의 초점을 강조하고 참석자가 적절한 주제에 대해 토의할 수 있게 하는데 그 목표가 있다. 가능하다면 조직의 개개인을 논제를 결정하는 작업에 참여시킨다.
- **업무 지향적이 되도록 한다** : 개인적인 일 또는 주제와 관계없는 것에 빠지지 않고 의제에 충실해야 한다.
- **모두가 들을 수 있도록 한다** : 모든 아이디어를 인정하라. 모든 아이디어를 다 사용하거나 판단하는 것은 아니지만, 참석자 모두가 들을 수는 있어야 한다. 리더는 회의의 일반적인 다섯 단계에 대해서 인식하고 있어야 한다. 모든 회의가 이 단계를 거치기는 하지만, 각각의 단계에 소비되는 시간은 회의마다 크게 다를 수 있다.

여기 다섯 가지 일반적인 단계에 대한 간략한 설명이 있다.

- **사교** : 처음 몇 분 동안은 사교적으로 서로를 아는 단계이다. 이 시간은 개인적인 관심, 가족, 관심사 등에 관해 서로 대화 나누는 시간이다. 비록 이 단계가 회의의 목적상 생산적인 단계는 아니지만 상호 친밀한 분위기를 만든다는 점에서 중요하다.

- **카타르시스** : 의제가 논쟁의 여지가 있고 복잡하거나 흥미로운 내용을 포함하고 있다면, 대립적인 의견 혹은 결론에 대한 반론이 나올 가능성이 높다. 참석자의 의견이나 의혹, 또는 반론 등을 회의 초반에 표현하게 한다면, 추후에 적대적인 행동을 예방해 줄 수 있다. 활동적인 회의 리더는 "10분간 반대사항이나 이의에 대해 터놓고 얘기해봅시다!" 또는 "오늘의 의제나 목적에 대해 우려되는 점이 있다면 말씀하시기 바랍니다." 라고 말하면서 회의를 시작한다. 이 단계를 거치지 않고, 개인적인 부정적 감정을 억누르면 회의의 좋은 결과를 얻는 데 방해가 될 것이다.

- **학습** : 이 단계에서, 참석자들은 경청하여 정보를 획득한다. 피로나 지루함을 유발시키는 단계이다. 내용이 무미건조하다고 느끼거나 너무 전문적이거나 아니면 재미없게 발표된다고 느껴지면, 10분에서 15분마다 상황을 바꾸기 위한 휴식을 취하는 것도 좋은 방법이다. 그냥 논의를 중지하고 질문을 하거나, 발표의 어떤 측면에 관한 의견을 묻거나, 주요 사항을 요약해보는 등의 단순한 시간을 보내면 된다.

- **규정 만들기** : 정보의 요약과 결정이 요구된다. 회의 리더가 의견의 합의점을 찾는 단계로서, 가장 어려운 단계이다. 성공적인 결과의 활용 또는 적용을 위해서는 관계된 모든 사람들의 적극적인 참여가 필요하다. 강제적으로 참여자로부터 결과를 이끌

어내도록 할 수도 있지만, 진정한 다짐과 참여를 원한다면 적합하지 않는 방법이다. 따라서 이 단계에서 참가자 모두가 동의할 수 있는 합의점을 찾아낼 수 있도록 회의 리더가 회의를 잘 주도하는 것이 매우 중요하다.

- **활동** : 적용의 과정은 결정되었고 참여자의 활동계획도 설정되었다. 모든 결정과 취해진 활동을 문서화하고, 개개인의 활동절차에 대한 책임을 명확히 하는 것이 매우 중요하다.

## 의사록

회의의 개최가 중요한 일이라면, 회의의 결정사항과 수반되는 행동을 기록에 남기는 일 또한 중요하다. 의사록은 중요한 쟁점과 결정사항을 잘못 해석하는 일 없이 정확하게 기록하도록 한다. 회의의 내용의 기록하는 것은 회의 리더가 해야 할 일은 아니다. 요즘 추세는 참석자 중 한 명이 비서 역할을 하도록 하며, 플립차트에 필요한 사항을 기록하여 회의를 진행한다.

플립차트를 쓸 때, 차트 한 장에 행동조항을 기록하여 모든 행동조항이나 임무 등을 알린다.

플립차트나 OHP에 올려져 있는 의사록은 회의가 진행되는 동안 참석자가 수시로 재검토할 수 있도록 해주기 때문에 유용하다. 만약 회의의 진행과 동시에 의사록이 기록될 수 없다면, 회의종료 이후 되도록 빨리 최대 이틀을 넘기지 않고 만들어야 한다. 그리하여 기억에서 회의의 내용이 지워지기 전에 필요한 수정이 가능할 수 있도록 한다.

의사록은 짧고 간결해야 한다. 한 장 정도가 적당하다. 의사록은 회의진행 과정의 모든 말을 받아쓰는 것이 아니라, 회의를 요약한 것이기 때문이다.

의사록에는 다음의 정보가 포함되어야 한다.

- 회의 날짜와 시각, 회의 장소, 회의 의장.
- 참석자 모두의 이름과 불참석자 이름.
- 모든 토론안건과 결정사항.
- 합의되어 할당된 업무의 책임자.
- 회의 종료시각.
- 다음 회의의 날짜, 시각, 장소.

## 참여 유발

참석자의 참여는 회의의 생산성과 결과에 막대한 영향을 끼치는 요소이다. 회의를 개최하는 이유는 여러 사람의 다양한 경험과 정보, 지혜와 의견을 교환하면서 더 좋은 결과를 도출하는 것이다. 참석자가 자신의 생각과 의견을 표현하지 않고 가만히 있다면, 회의를 갖는 의미는 없다. 뿐만 아니라, 나쁜 결과로 이어질 수도 있다. 여기 참석자의 참여를 촉진할 수 있는 몇몇 아이디어가 있다.

- **적극적인 참여를 부탁하라** : 리더가 가장 먼저 해야 할 일은 참석자의 회의참여 약속을 받는 것이다. 리더는 참석자에게 각자의 참여를 부탁해야 한다. 적극적인 참여가 이루어졌을 때, 리더는

그들의 참여에 대해 말이나 행동으로 정중한 감사를 표현해야한다. 참석자의 생각이 리더의 생각과 다르더라도 참석자의 의견은 존중되어야 한다. "좋은 질문입니다", "좋은 지적입니다", "훌륭한 정보를 공유하도록 해주서서 감사합니다", "그런 의견을 기다리고 있었습니다" 등은 모두가 참석자들의 참여를 더욱 활발히 촉진시킬 수 있는 좋은 표현이다.

- **특정한 질문을 하라** : 각 개인에게 특정한 질문을 함으로써 참여를 유도한다. 예를 들어, 다 함께 논의를 시작하기 전에 "이번 예산편성에 대해 어떻게 생각하십니까?" 등의 질문을 하면 될 것이다.

- **지배하려 하지 말라** : 자신이 알고 있는 정보나 지식에 근거하여 참석자에게 의견을 내지 마라. 그 의견에 반대하는 사람에게 불쾌한 감정을 유발시킬 수 있다. 어떤 사항에 관한 다른 사람의 진실한 의견을 듣고 싶다면 겸손한 자세를 취하라. 리더가 회의를 지배하려는 행동은 쉽게 발생한다. 하지만 그런 방식의 회의라면 굳이 여러 사람이 모일 필요가 없다.

- **적극적인 경청 자세를 보여라** : 다른 사람의 발표를 경청하면서 메모하고, 필요하다면 명료화를 위한 설명을 요구하라. 발표자의 내용을 바꾸어 생각해보고, 자신의 올바른 이해를 확인하기 위해 질문을 하라.

- **집단을 하위집단으로 나누어라** : 하위집단에서 의제를 토론한 후에, 각 하위 집단의 리더가 전체에게 보고하는 형식이다. 각 하위집단에 7명 이상의 인원이나 높은 직급의 사람 또는 전문가가 포함된다면, 잘못된 의견으로 바보취급을 받지 않을까 하는

염려 때문에 자신의 의견을 표현하는 것을 주저할 수 있다. 따라서 하위집단을 3~4명 정도의 소규모로 나누도록 하라. 여기서는 자신의 의사 표현을 꺼려할 위험이 적으며, 각자의 생각을 말할 기회가 그만큼 많아진다.

- **참여에 관해 토론하라** : 참석자 중에 참여하지 않는 사람이 많아서 심각한 문제가 된다면, 하위집단의 구성원들에게 회의참여의 방법에 관한 토론을 부탁하라. 회의 진행에 관해서 터놓고 얘기함으로써 회의를 통하여 구성원들의 생각을 공유하고 좋은 의견을 제시하게 할 수 있다.

- **브레인스토밍을 이용하라** : 전체적으로 브레인스토밍의 시간을 주어서 모두에게 자신의 견해나 아이디어를 발표하되, 비판을 허용하지 말라. 재미있는 시간으로 만들어라. 좋다고 생각하는 의견뿐만 아니라 어리석고 황당하다고 생각하는 의견의 제시도 부탁하라. 필요에 따라 추후 언제라도 이때 나온 의견을 검토해 볼 수 있다고 말하라. 브레인스토밍 형식은 참석자의 활발한 참여를 도출한다.

- **'권력형' 좌석배열은 삼가라** : 회의를 위한 좌석배열에 신중을 기해야 한다. 회의가 좀더 활발하게 진행되도록 도와주는 좌석 배치가 있는 반면에, 그렇지 못한 형식의 좌석배치도 있다. 리더가 좀더 많은 참여를 유도하고 싶다면, 자신이 지배적인 위치에 자리하면 안 된다. 예를 들어, 연단이나 테이블의 머리부분 같은 자리는 매우 지배적일 수 있다.

# 문제해결을 독려하라

회의의 주요 토의안건이 문제해결이라면, 참가자 전체가 문제해결 과정에 집중하도록 유도하라. 각자의 주장에 빠져서 헤어나지 못하기보다는 사실에 초점을 맞추고 서로의 의견 차이를 이해하는 것은 너무나 중요하다. 여러 다른 관점들의 균형을 유지하도록 노력하라. 한 사람이나 한 집단이 토의를 독점하는 상황을 피하도록 하라. 어떤 내성적인 사람이 자신의 의견을 제시하지 않고 가만히 있을 때, 그 사람을 지적해서라도 다른 의견이 있는지를 묻도록 하라. 침묵을 동의로 판단하면 안 된다. 회의에서의 침묵은 지배적인 의견과 자신의 의견 사이에 약간의 차이가 있다는 것을 의미하는 경우가 더 많다.

효과적인 문제해결 회의는 일반적으로 어떤 패턴이 있다. 토론의 초기에는 문제의 성격파악으로 시작된다. 이 단계에서는 평가보다는 사실에 근거한 문제분석에 치중한다. 가능한 모든 해결책을 제시하되, 평가는 개입되지 말아야 한다. 가장 적합한 해결책을 도출하게 하기 위하여, 모든 참석자에게 모든 가능한 해결책을 제시해주기를 독려하는 것이 매우 중요하다. 이 단계 이후라야 비로소 가능성을 저울질하기 시작하므로, 토론은 평가의 단계로 접어들어야 한다.

어떤 해결책을 성급하게 선택해 버리지 않도록, 리더는 회의를 조정해야 한다. 문제해결에 아주 적합한 의견이 많이 나올 수 있기 때문이다. 성급한 해결책에 대하여 누군가 이의를 제기하지 않으면, 제시된 해결책은 선택되며 참가자들은 벌써 실행방법에 관해 토의하거나 다음 주제로 넘어가는 경우가 많다.

이러한 접근에는 두 가지 위험이 따른다.

- **잘못된 문제를 다룰 수 있다** : 문제를 완벽하게 분석하지 않으면, 그 문제의 진의나 범위 등을 정확히 알기 어렵다. 최종적으로 도출된 해결책이 문제의 일부분만에 적용되거나 전혀 엉뚱한 문제의 해결책일 수도 있다.
- **최적의 해결책을 찾지 못한다** : 토론이 조금만 더 길어지면 최적의 의견이 제시될 수도 있는데, 해결책을 찾는 과정이 너무 성급하게 끝나게 되면 평범한 해결책으로 마무리하게 된다.

문제해결 회의의 일반적인 기본 틀은 다음과 같다.

- 문제에 대한 설명.
- 문제의 배경과 목표의 재검토.
- 아이디어와 해결책의 생성.
- 각 선택된 해결책에 대한 찬성자와 반대자의 토론.
- 토론의 요약.
- 결정에 대한 합의.
- 결정된 사항의 활동계획에 대한 합의.

# 회의의 일관성 유지

회의 참석자들은 리더가 회의를 잘 조정하여 궤도를 이탈하지 않도록 하며 회의진행의 방해 요소에 잘 대처해 주기를 바란다. 회의 참석자는 일반적으로 세 가지 유형이 있으며, 리더는 세 가지 유형에 대해 잘 알고 대응해야 한다. 참석자의 세 가지 유형을 영어의 첫 글자를 따서 '3H'라 일컫는다. 3H는 '도움이 되는 형 *helpfuls*, 적대적인 형 *hostiles*, 따분해하는 형 *ho-hums*' 이다.

- **도움이 되는 형** : 도움이 되는 구성원은 열성적이며 때로는 회의를 지배하는 수준에까지 이른다. 회의 리더는 그들의 도움에 대해 고마움을 인정하고 감사를 표현해야 한다. 반면 그들이 다른 사람에게 말할 기회를 주도록 분위기를 유도해야 한다. 그들의 열성을 격려하는 한편, 그들이 회의 전체를 지배하여 다른 사람의 참여에 방해가 되지 않도록 해야 한다.

- **적대적인 형** : 부정적인 참여자는 적절하게 조정하지 않으면 회의의 생산성을 떨어뜨릴 수 있다. 이 유형은 다른 사람이 발표를 하는 동안, 독자적으로 계속 쓰기만 하거나 옆 사람에게 말을 건다. 이 유형은 계속적으로 리더를 부정적인 말로 방해할 수도 있다. 회의 리더는 적대적인 구성원을 대할 때는 차분해져야 한다. 이때 앞장에서 제안한 회의규칙을 알고 있다면, 그 규칙을 상기해보고 상황에 부합하는 규칙을 강조하도록 하라. 리더는 참가자 모두의 참여를 독려하고, 다른 참가자의 의견을 존중할 필요성에 대해 다시 강조하라. 또한 "존, 이 주제에 관해 이해가 되지 않는 것 같군요. 당신의 생각이 뭔지 말씀해 주시겠어요?" 라는 말과 함께 적대행위를 직접적으로 말해 줄 수도 있다.

  여기서 가장 중요한 것은 다투려하지 말며, 다른 참가자에게는 그 적대적인 참여자의 관점에서 반응하도록 부탁하는 것이다.

- **따분해하는 형** : 회의 구성원의 다수를 차지하고 있는 소극적인

참여자들이 이 유형에 속한다. 이런 유형의 사람에게는 각 개인의 이름을 불러주고 그에게 개방적인 질문을 함으로써 토론에 참여토록 유도하라. 조심스럽게 질문하라. 너무 부담되는 질문을 피하고, 단지 그의 생각과 의견을 물어 보라.

리더는 논쟁점에 대한 찬반의 요구, 또는 논의되고 있는 주제에 대한 각자의 생각을 적어 달라고 요구함으로써 참여를 자극할 수 있다. 안건 제안, 정보 지원, 참여가능한 사람의 명단 등으로 회의의 준비과정에 사람들을 참여시켜라.

회의의 효과성을 저하시키는 참여자 행동유형은 여러 가지가 있다.

- **방해하는 사람** : 방해 행동이 의식적인 것일 수도 있고 무의식적인 것일 수도 있다. 어쨌든 방해는 회의진행의 맥을 끊는다. 방해꾼은 대개 곁길로 새면서 논쟁점보다는 자기 자신에게 관심을 주목시킨다. 모든 부분에서 이의를 제기한다.
- **공격적인 사람** : 다른 사람의 생각을 꺾어 놓는다. 회의의 가치를 공격한다. 철저하게 자기를 숨기며 드러내지 않는 쪽으로 농담한다. 이 공격적인 사람은 모든 논쟁에서 자신의 방법만을 고집한다.
- **안건을 숨기는 사람** : 이 유형 또한 방해가 된다. 왜냐하면 회의에서 자기만의 비장의 토의안건을 상정하기 때문이다. 그는 절대로 공개하지 않을 특별한 결과만을 원한다. 그래서 그는 피상적인 추론을 통해 안건을 토론하거나 방해한다. 이런 유형이 개입하면 회의의 개방성이나 솔직함은 기대하기 어렵고 중요한

안건마저 논의되지 않는다.

- **농담하는 사람** : 이 유형은 농담, 비꼼, 방해를 일으키는 유머를 통해서 자신이 느끼는 감정을 보여 준다.
- **지배하는 사람** : 회의에서, 이 유형의 이목집중 행동은 다른 사람의 흥미를 떨어뜨릴 수 있다. 이 유형은 보다 열성적인 다른 멤버의 발표를 방해하며, 언제나 제일 마지막에 말하고 싶어한다. 이 유형의 계속적인 방해로 인해, 다른 참여자들은 두려움과 성가신 마음이 생겨서 의견발표를 꺼려하게 된다.
- **회피하는 사람** : 이 유형은 연루되는 것 또는 논쟁 등을 피하려고 곁길로 빠진다. 이 유형은 회의에서 논쟁이 발생되면 회의와 관련 없는 새로운 관심사를 추구함으로써 회피의 수완을 발휘한다.
- **도움을 구하는 사람** : 이 유형은 회의를 회의의 목표와는 관계없는 자신의 문제해결에 사용한다. 이 유형은 종종 이런 말로 시작한다. "여러분이 마침 여기 계시므로, 계시는 동안…." 그런 다음, 그의 문제설명으로 들어가서는 회의의 논점에서 멀어지게 한다.

다음은 이런 역기능적인 행동을 다루는 지침이다.

- 조심스런 방식으로 참가자를 대면하라. 사람이 아닌, 사람의 행동에 집중해야 한다는 것에 유의하라.
- 잘못된 행동이 회의에 끼치는 영향을 지적하라.
- 관련된 사람들이 만족할 수 있는 대안행동을 제안하라.

회의가 곁길로 새는 것은 어쩌면 자연스러운 현상이다. 한 주제에 대한 지나친 시간소요, 다른 즉각적인 관심 주제의 제시, 회의장소 밖으로의 참석자 호출, 핵심정보의 결여로 토론의 정지 등으로 인해 딴 방향으로 흐르게 되는 경우가 많다. 이 모든 것은 회의 리더가 당면하는 난제이다. 리더는 공동의 목표를 확인하고 그것에 전념해야 한다. 회의가 곁길로 흐르는 것을 방지하는 가장 좋은 방법은, 리더가 참가자를 독려하여 가장 빠르게 적합한 결론에 도달하도록 명확한 목표를 유지하는 것이다.

리더는 토론이 논점에서 벗어나지 않도록 하며, 회의를 방해하는 일과 참가자간의 갈등 및 쓸데없는 말을 최소화하도록 해야 한다. 토론의 주제가 틀을 벗어나면, 리더는 분위기를 조정하여 다시 토론의 주제를 찾아가도록 해야 한다. 영향력 있는 회의의 리더는 명확하게 해달라는 응시, 눈썹 추켜올림, 부드러운 얼굴 찡그림 등의 비언어적인 몸짓을 발달시켜야 한다. 이러한 비언어적인 커뮤니케이션은 구성원들을 다시 주제의 토론으로 돌아올 수 있게 한다. 리더는 다른 형태의 회의의 주재를 위해 다른 수준의 통제력을 발휘하고자 한다. 다음과 같은 상황에서는 보다 많은 통제력을 발휘할 수 있다.

- 보다 많은 정보교환을 지향하는 회의
- 강하고 잠재적 분열의 감정을 발생시킬 수 있는 주제의 회의
- 회의에서 의사결정이 다가올 때
- 시간제한이 뚜렷할 때

만약 당신이 회의에서 더 강력한 통제력을 발휘하고 싶다면, 많은

종류의 기법을 알고 있어야 한다. 예를 들면, 통제기법 중에는 리더가 허락했을 때만 발언하게 하는 요령도 있다. 또 각 개인의 발언에 대해 평가하고 요약하는 방법도 있다. 이것은 개인간의 상호작용에서 대치국면을 방지할 수 있다. 또한 플립차트나 칠판을 사용하여 의견을 요약함으로써 공식적인 회의를 유지하고, 구성원간의 직접적인 의견교환을 축소시킨다.

때로는 의사진행의 순서에 관한 로버트의 순서규칙과 같은 회의진행방식을 활용하고 싶을 것이다. 이 기법의 일부는 소회의에서는 필요하지 않다. 이런 기법이 강력한 통제력을 발휘하게는 하지만, 참가자의 격한 감정을 막지는 못한다. 처음부터 억눌러진 사람은 격한 감정을 폭발할 수도 있다.


리더는 보다 융통성을 발휘함으로써 통제된 회의과정에서 팽배해진 긴장을 해소할 수 있다. 회의가 궤도에서 벗어나기 시작하면, 리더가 시계를 한번 쳐다봄으로써 다시 본 궤도로 돌아가야 한다는 것을 상기시켜 줄 수 있다. 회의의 진척상황을 표시하는 또 다른 방법은 회의의 진척상황을 정기적으로 요약하여 전체에게 현재의 토론을 계속하기 원하는지 아니면 다음기회로 넘기고 싶은지를 물어보는 것이다.

짧은 휴식시간을 제공함으로써 참여자들의 문제에 집중하려는 마음에 새로운 활력을 넣어줄 수 있다. 이것은 또한 길게 끄는 대화를 끊어주는 역할도 하며, 새로운 대화를 열어준다. 리더가 회의를 지나치게 지시하는 행위와 우유부단하게 이끄는 행위는 배제되어야 할 중요한 사항이다. 고도로 체계적인 리더는 회의를 스케줄에 맞추기 위해 본의 아니게 빠르게 회의를 진행하여 참가자의 참여를 줄인다.

어떤 사항의 토론이건, 토론의 시작에서 리더는 특별한 주제에 대한 목표가 무엇인지를 명확하게 해야 한다. 모든 참석자는 현안문제를 이해해야 하며, 그 문제를 토론하는 이유를 이해해야 한다. 누군가 주제를 소개해야 하고, 각 항목이 토의안건으로 상정된 이유와 중요성 및 현재의 상황 등에 관한 전반적인 의견을 소개해야 한다. 또한 각 항목의 요구사항이 무엇이며, 논점에 대한 찬반양쪽의 의견뿐만 아니라 질의사항에서 나온 지적, 제안되거나 개발된 활동방향 등을 알려주어야 한다.

## 상반된 의견 유도

훌륭한 회의 리더는 모든 추론에 관한 질문과 테스트가 가능하도록 끊임없는 질의의 분위기를 유지한다. 이 추론은 다양한 관점, 비판적인 생각, 건설적인 불일치를 유도한다. 다양한 추론은 창의성을 자극하고 조기 합의점에 도달하려는 조직의 욕망을 저지한다. 효과적인 회의는 종종 의견충돌이 있어야 한다. 이것은 인격의 대립이 아니라 아이디어의 대립이어야 한다.

대부분의 회의 리더는 목소리가 높아지고 신경전이 벌어지는 회의의 분위기를 언젠가는 접하게 된다. 불일치가 생산적이기는 하지만, 그것으로 인해 개인적인 적개심이 감정의 통제권을 벗어나지 않도록 하는 것이 중요하다. 리더는 중립적인 참가자에게 사실에 입각한 대답을 요하는 질문을 부탁하거나 또는 누군가에게 양쪽의 의견을 재생시키게 하거나 요약하게 함으로써 그 상황을 진정시킬 수 있

다. 리더는 차트를 통해 현안문제에 찬성 또는 반대 의견을 재생시
킬 수도 있다.

## '집단사고'의 위험

회의는 주제에 대한 다양한 의견과 아이디어에 초점을 맞추어야
한다. 회의의 중요한 함정 중 하나는 '집단사고'이다. 심지어 잘 진
행되는 것 같은 회의에서조차 이런 상황이 발생될 수 있다. 집단사
고는 오랜만에 만나는 회의에서 두드러진다. '집단사고'가 시작되
면, 조직은 논점을 더 이상 깊게 토론하지 않는다. 그들은 표면적인
것에만 머물다가 쉬운 해결책을 채택한다. 그들은 아이디어나 제안
에 도전하지 않는다. 다음은 '집단사고'의 몇몇 요인이다.

- **함께라는 환상** : 이것은 모든 사람이 동의하는 인식이다. 조직은
  불일치가 없다는 것과 신속한 결정에 도달할 수 있는 능력에 자
  부심을 가지게 된다.
- **동의 압력** : 의견 반대자는 '팀플레이' 하지 않는 사람으로 낙인
  받는다. 의견 반대는 조직에 대한 공격으로 인식된다.
- **자아 검열** : 조직 구성원은 결정에 영향을 미칠 부정적인 요소에
  대해 침묵을 지키고 조직의 향방에 대해 질문하지 못한다.
- **시간 압박** : 시간 압박은 논점에 대한 진지한 토론을 방해한다.
  또한 구성원들 간에 건설적인 반론을 피하게 하며, 구성원들이
  쉬운 해결책을 선택하도록 만든다.

‘집단사고’를 방지하기 위하여 리더는 다음과 같이 해야 한다.

- **합법적 불일치** : 리더는 참여자가 이의를 제기하기 쉬운 분위기를 조성해야 한다. 개방성을 격려하고 소수의 의견을 존중해야 한다. 참가자들에게 악마와 같은 역할을 하게 하며, 침묵을 동의의 의미로 받아들여서는 안 된다.
- **관점의 다양성 유도** : 모두에게 아이디어를 요구하라. 새로운 견해를 환영하라. 감춰진 위험요소나 인정받지 못한 소중한 아이디어를 구성원들이 지적해 주도록 부탁하라.
- **의견평가 이전에 의견 생성하기** : 토론을 두 단계로 나누어라. 두 단계는 생성과 평가이다. 의견생성의 단계에서는 평가하지 마라. 자유로운 의견의 교환과 제안을 격려하라. 쉬운 해결책으로 뛰어넘지 말고 문제의 완벽한 이해에 대해 초점을 맞추도록 하라.
- **각 해결책에 대한 찬반 논의** : 평가단계에서 각 해결책의 유리한 점과 불리한 점을 측정하라.
- **전체 아이디어에 관한 깊은 생각** : 충분한 시간이 경과 후에, 결정에 대해 재검토하는 습관을 가져라. 결정하는 과정에 가능한 많은 사람을 개입시켜라.
- **조직 과정의 검토** : 집단의 논점에 대응하는 방식과 그 논점이 무엇인지를 분석하라. 각 결정이 만들어진 후, 조직이 결정을 내리기까지의 과정을 검토하라.

# 결정 도달

회의에서 결정에 도달하는 두 가지 방법이 있다. 두 가지 방법은 투표와 의견일치이다. 투표는 조직이 크거나 혹은 중요한 결정에 대해 분리될 때, 가장 보편적으로 채택하는 방법이다. 이 방법을 채택하는 이점은 보장되는 결론이 나온다는 것이다. 이 방법의 단점은 공적인 실행이 요구되는 구성원들을 승패의 상황에 처하게 만든다는 것이다. 투표는 결정 과정에서 소수의 위치에 있는 사람이 소수이기 때문에 신분이 밝혀질 수 있다. 이런 이유로, 다음의 결정에서는 자신들의 의견을 다른 사람들에게 맞추는 결과를 낳는다.

반면에, 의견일치는 일반적으로 효과적인 결론 도출의 절차이다. 하지만 이것은 보다 어렵고 보다 많은 시간이 걸린다. 의견일치 의사결정의 가장 큰 장점은 모든 관점의 의견을 듣고 모든 참가자가 진정으로 지지하는 결론을 도출한다는 것이다. 이 결과는 나중의 결정사항 실행에서 아주 중요하다. 참가자는 자신의 의견이 반영된 결정에 반대하지 않으며, 실행에 있어서도 적극적이다.

의견일치에 확실하게 도달했는지를 확인하는 방법 중 하나는 모든 참가자들에게 결정에 동의하는지를 묻는 것이다. '긍정' 보다는 '부정' 으로 물어 보라. '나는 기본적으로는 동의하지만, …' 이라고 말하는 사람은 토론을 계속해야 한다. 그에게는 결심하지 못하게 하는 이유가 있거나, 합의과정에서 자신의 반대의견을 표현하지 못한 것이다.

다음 사항이 명확하면 토론을 종료해야 한다.

- 세부적인 진행 이전에 보다 많은 사실이 요구될 때.
- 불참자의 의견이 필요할 때.
- 참석자들이 보다 많은 시간을 필요로 할 때.
- 사태가 변하고 있어서, 결정의 기본을 곧 바꾸거나 명료화해야 할 때.
- 이번 토론에서 주제가 적절하게 다뤄질 시간이 없을 때.
- 조직 전체가 참여하지 않고 2~3명이 문제를 해결할 수 있을 때.

리더는 토론된 결정사항을 회의의 마무리 부분에서 짧고 명확하게 요약해주어야 한다. 요약함으로써 참여자들에 의해 합의된 모든 사항을 각자가 인식하게 된다. 각자는 자신이 수용한 임무를 확인하게 된다.

## 회의 종료

회의가 거의 끝날 무렵에, 리더는 결론으로 밀어붙여야 한다. 마지막 몇 분 동안 주요 요점과 결정사항을 요약해야 한다. 모든 합의내용과 부여된 업무 기한일 등에 대해 다시 알려라. 회의에 참여해 준 참석자들에게 감사를 표현하며, 긍정적인 말로 회의 종료해야 한다. 모든 참석자들이 회의목적의 달성을 느끼는 것은 중요하다. 회의 구성원들이 다시 만나야 한다면, 그 자리에서 스케줄을 만들어서 시간을 절약하라.

# 회의 후속조치

회의에 대한 평가시간을 5분 정도 가져라. 회의에서 도출된 결과가 무엇인지, 그 결과가 조직의 목표나 계획에 얼마나 부합하는지, 그 다음의 합리적인 단계는 무엇이 되어야 하는지 등을 결정하라. 다음과 같은 질문을 해 보라.

- 회의의 목적을 달성했는가?
- 모든 사람이 적절하게 참여했는가?
- 물질적인 준비는 만족스러웠는가?
- 무엇을 보다 잘할 수 있었겠는가?

가능한 한 빨리 의사록을 배분하도록 하라. 효과적인 회의진행을 위해서는 효과적인 커뮤니케이션기술이 절실히 필요하다. 잘 계획되고 실행된 회의의 효과는 엄청나다. 문제에 대한 해결책 확인, 다양한 아이디어와 정보의 공유, 조직실행의 활동계획 수립, 조직의 공동체 의식과 사기 진작 등의 효과는 바로 효율적인 회의를 통해서 얻을 수 있는 긍정적인 결과이다.

# 맺음 말

우리는 1장에서부터 먼 길을 걸어 왔다. 먼저 대인간의 커뮤니케이션의 기본을 다루었고, 네 가지 행동유형과 각 유형이 표현하는 서로 다른 '언어'에 관하여 학습했다. 또한 자신의 행동유형과 주변사람들의 행동유형을 확인하는 방법과, 다른 사람들의 언어로 자신의 커뮤니케이션을 적응시키는 방법도 배웠다.

그런 다음, 그들과 대화하기 위하여 우리는 듣고 질문하는 다양한 방법을 연구했다. 이 방법은 주변사람들의 문제와 요구를 파악할 수 있게 해 주었다. 적극적 경청은 카레스*CARESS* 모델을 통해 제시되었고, 이것은 커뮤니케이션 과정에 다른 사람에게 보다 민감하고 세심하고 책임감 있게 되도록 도와준다. 다른 사람들과의 갈등해결을 위한 간단한 모델도 제시했다.

비언어적 커뮤니케이션의 전체부분에서는, 다른 사람들의 커뮤니케이션과 그들의 느낌을 다룬 사례를 제공함으로써 그 사례에 대한 당신의 보다 깊은 감수성을 다루었다. 여기에 관하여 이미지, 신체언어, 목소리의 톤, 시간과 공간에 따른 커뮤니케이션과 같은 주제들도 다루었다. 비언어적인 커뮤니케이션 기법은 대화하기 전에 강력한 메시지를 전달해줄 것이다.

집단 커뮤니케이션 부분에서는, 대중 앞에서의 프레젠테이션 준비하는 방법과 전달하는 방법을 학습했다. 효과적인 회의의 계획과 실행에 관한 상세한 지침도 제시했다. 아울러 글을 통해 사람들에게 당신의 메시지를 효과적으로 전달할 수 있게 해줄 소중한 통찰력에 대해서도 살펴보았다.

간단히 말하자면, 커뮤니케이션의 전체그림이 막 당신에게 제시된 거이다. 또한 당신의 메시지를 다른 사람들에게 강력하고 효과적으로 전달하는 구체적인 테크닉도 막 제공되었다. 사람들은 새로운 경험에 대해 다섯 가지 반응 중 하나의 반응을 보인다. 첫째는 새로운 경험을 즐겁고 양립할 수 있는 것으로 받아들여서 기존의 경험과 쉽게 통합하는 경우이다. 둘째는 그것을 너무나 생소한 것으로 생각하여 전적으로 거부하는 경우이다. 셋째는 기존의 익숙한 것으로부터 새로운 경험을 고립시켜서 예외적인 것으로 간주하는 것이다. 넷째는 새로운 경험을 변형시켜 과거의 경험에 맞게 고치는 반응을 보이는 것이다. 마지막은 새로운 경험을 진리로 인식하고 기존의 생각이나 행동양식을 새로이 확장시키고 변화시키는 경우이다.

이중에서 가장 생산적인 반응은 마지막의 경우이다. 이러한 반응으로 긍정적인 행동의 변화를 경험할 수 있다. 물론 누구나 경험한 것들을 모두 다 받아들이는 것은 아니다. 당신에게 감동을 주는 것들만을 취해서 현재의 '진리' 에 그것을 포함시켜라. 이 책에서 읽은 내용 중 어떤 것도 구체적으로 제시된 것은 없다. 현재와 미래의 개인적 효과성을 결정하는 것은 어떤 부분을 어떻게 사용하는가 하는 당신의 선택과 노력에 좌우된다. 이 책을 읽은 후에, 밖으로 나가서 직접 새로운 커뮤니케이션 기술을 실습하기 시작한다면 그보다 더 기쁜 일은 없겠다. 다른 사람들과의 커뮤니케이션에 있어서 보다 큰 성과를 거두는 일은 결코 쉽지 않으며 많은 실습과 실수를 요하는 일이다.

당신이 처음 운전을 배울 때를 기억하는가? 운전을 배우기 전에 당신은 '의식하지 못하는 무능력 상태'라고 불리는 단계에 있었다. 이 단계는 운전을 할 줄 모를 뿐만 아니라 운전하지 못하는 이유조차도 모르는 상태이다.

처음 부모님이나 친구 또는 코치와 함께 실제 운전을 배우러 나간다면, 당신은 '의식하는 무능력 상태'에 있는 것이다. 이 단계는 여전히 운전할 줄은 모르지만, 자동차에 대해 어느 정도 배우고 자신이 운전을 할 수 없는 이유를 알고 있다. 이 단계에서부터 당신은 운전하는 법을 배우기 위해 적어도 무엇을 해야 하는지는 알게 된다.

좀 더 많은 연습과 지도를 통해서 마침내 당신은 차를 운전할 수 있는 상태가 된다. 하지만 당신은 차의 모든 기계장치에 신경을 써 가면서 운전을 해야한다. 커브를 돌기 전에는 표시등을 켜야 한다는 것을 잊어버리지 않도록 신경을 써야하고 뒤쪽의 상황을 보기 위해 옆 거울을 주시해야 한다는 것도 잊지 않아야 한다. 양손으로 핸들을 꼭 잡고 차가 도로를 따라서 잘 달리고 있는지도 예의 주시해야 한다. 이 '의식하는 능력 상태'에서는 항상 이러한 것을 신경 써서 숙지하고 있어야 하는 것이다.

시간이 어느 정도 지난 다음에 운전할 때를 떠올려 보라. 위에서 이야기했던 모든 것들을 신경 쓰면서 운전하는가? 물론 아니다. 우리들 대부분은 어느 정도 운전을 해본 뒤에는 '의식하지 못하는 능력 상태'가 된다. 이 단계는 생각하지 않고도 그 일을 잘할 수 있게 된다. 우리는 자연스러운 습관의 단계에 이르게 된다.

앞의 예는 다른 사람들과 대화를 함에 있어서도 똑같이 적용된다. 당신은 '의식하지 못하는 능력 상태'에 이르기 위해 '의식하는 능력의 상태'를 거쳐야 한다. 마지막 단계에 이르면 당신은 자연스럽고 효과적으로 커뮤니케이션을 할 수 있게 될 것이다. 하지만 그 단계에 도달하기 위해서는 많은 실수와 꾸준한 연습이라는 대가를 지불해야 한다. 운전을 배울 때, 당신은 연습을 통해서 그 능력을 획득하게 된다. 이 글을 읽는 사람들 중 일부는 다른 사람들과 효과적인 커뮤니케이션을 위하여 어떤 행동의 변화를 가져와야 할지도 모른다. 끈기를 가지고 연습한 후에 '의식하지 못하는 능력 상태'에 이를 것이며, 그때는 다른 사람들과의 커뮤니케이션 기술은 처음 단계를 훌쩍 뛰어넘어 있을 것이다.

다른 사람들과의 보다 효과적인 커뮤니케이션 기술 획득에 도전하기로 결심했다면, 스스로의 성실한 노력이 뒤따라야 한다. 배워야 할 것이 너무나 많기 때문에 어디서부터 시작해야 할지 혼란스러울 것이다. 우리는 당신이 처해 있는 현재 상태에서부터 출발하라고 충고하고 싶다. 스스로 얼마나 잘 탐구하며, 잘 듣고, 신체언어를 잘 파악하는가? 피드백 주고받기를 얼마나 잘 하는가? 얼마나 시간과 공간을 잘 활용하여 커뮤니케이션 하는가?

현재 상태를 파악하고 자신의 새로운 목표와 비교해보고, 노력이 필요한 영역을 찾아내라. 이 영역은 무수히 많을 것이다. 집중력을 발휘하여 우선순위를 정해야 한다. 가장 많은 주의를 필요로 하는 영역에서부터 시작하라. 당신이 이 영역에서 능력을 갖게 된 후, 그 다음 우선 순위의 영역으로 도전하라. 다른 사람들과 대화를 잘 할 수 있는데 도움이 되는 영역을 발전시키는데 특히 중점을 두고 계획을 세워라. 그 계획을 달성하기 위하여 어떤 것이 필요한지 규명해야 할 것이다. 실행 계획을 세우고 그것이 성취될 때까지 계획에 따라서 실행에 옮겨라. 목표를 설정하고 성공을 위한 준거를 설정하라. 대인간의 커뮤니케이션 기술 향상에 있어서 언제 어떤 방법으로 자신의 향상된 능력을 측정해야 하는지를 결정하라. 꾸준하게 결과를 주시하고, 중간에 고쳐야할 것이 있다면 즉시 행동으로 옮겨라.

당신의 목표가 무엇이건 간에, 확실한 실행 일정이 포함된 행동계획을 가지고 있어야 한다는 것을 명심하라. 그렇지 않으면, 너무 많은 것을 동시에 하려고 할 것이며 결국 어떠한 능력도 향상시키지 못할 것이다. 이렇게 되면 혼란에 빠져서 결국 자신의 커뮤니케이션 능력의 개발 시도를 포기하게 될 것이 분명하다.

대인간의 커뮤니케이션 기술이 올바르게 사용되면, 그것은 다른 사람들과의 상호작용을 가능하게 해주며 신뢰와 도움의 진솔하고 개방적인 분위기에서 문제해결이 가능케 해준다. 당신은 다른 사람들의 보다 많은 지원을 받게 될 것이다. 새롭고 성공적인 자신의 커뮤니케이션 방식에 긍지를 느끼게 될 것이 분명하다.

기다릴 필요는 없다. 커뮤니케이션 기술을 즉시 응용해볼 수 있다. 이제 갈 길은 정해졌다. 지금부터 갈 길은 커뮤니케이션 기술의 응용에 있어서 당신의 결심과 끈기가 얼마나 유지되느냐에 달려있다.

저자에 관하여 »

# 토니 알레산드라 *Tony Alessandra, Ph.D., CPAE*

알레산드라 박사는 미국 *Meeting & Conventions Magazine* 지(誌)가 인정한 '미국에서 가장 감동을 주는 연사 중의 한사람' 으로 명성이 높다. 그의 타고난 재치는 그의 지식과 경험, 교육 등과 융합되어 전 세계에서 펼쳐진 수많은 강의에서 청중을 사로잡는 매력을 과시했다. 또한 그는 포천*Fortune* 지(誌)에 이름이 오르내리는 500대 대기업들과 파트너십을 유지하고 있으며, 이외의 수많은 기업과 유명인들과도 긴밀한 관계를 유지하고 있다. 그가 펼친 관계성 전략*Relationship Strategies*, 고객 서비스 *Customer Service*, 협력적 판매*Collaborative Selling* 등에 관한 훌륭한 강의들은 인간과 인간 사이의 커뮤니케이션에 바탕을 둔 비즈니스의 강화에 상당한 도움을 주는 것으로 평판이 높다.

노틀담*Notre Dame* 대학에서 학사학위*B.B.A.*, 커네티켓 대학교*U. of Conn.* 에서 석사학위*M.B.A.*를 받았으며, 1979년에 조지아 주립대학교*Georgia State U.* 에서 박사학위 *Ph.D.*를 받았다. 기업체를 대상으로 강의를 펼치는 전문강사가 되기 전까지, 그는 8년 동안 대학교에서 마케팅과 세일즈에 관한 강의를 담당했고, 그 이후로는 수십 권의 책을 집필했다. 주요 저서로는 《*Non-Manipulative Selling, The Art of Managing People, Publish & Flourish*》와 《*People Smart*》 등이 있다.

'경청의 힘*The Power of Listening*' 을 포함한 그의 탁월한 훈련 프로그램들은 일반인들에게 커뮤니케이션에 관한 중요성을 일깨우는 데 일익을 담당하고 있다. 이런 이유로 그의 프로그램들은 오디오 및 비디오로 제작되어 미국 내에서는 물론이고 전 세계에서 교육용 교재로 널리 사용되고 있다.

주소 : Alessandra & Associates, P.O. Box 2767, La Jolla, CA. 92038

전화 : (800) 222-4383 Fax; (619) 459-0435

# 필립 헌스커 *Phillip Hunsaker, Ph.D.*

헌스커 박사는 관리 및 조직개발 분야에서 국제적으로 인정받는 컨설턴트이자 세미나 리더, 전문강사, 저자, 교수, 그리고 연구가로서 명성이 높다. 꾸준한 연구를 통해 공공부문과 개인부문에서 개인과 집단 및 조직의 효과성을 증대시키기 위한 방법을 모색하고 있으며, 활발한 저술력으로 수많은 학술전문지에 끊임없이 글을 기고하는 것으로도 유명하다. 일백 개가 넘는 간행물에 글을 기고하고 있으며, 날카로운 분석력으로 여섯 권의 책을 저술한 바 있다. 현재는 샌디에고 대학교*University of San Diego*의 경영학 교수이자 관리 프로그램의 감독*Director of Management Programs*으로 활동하고 있다. 아울러 디시즌 다이나믹스 코퍼레이션*Decision Dynamics Corporation*에서는 경영컨설턴트로, 캘리포니아 대학교에서는 샌디에고 리더십과 관리 프로그램*San Diego Leadership and Management Program*의 연구원, 품질 및 생산성 연구소*the Institute for Quality and Productivity*의 교수로 재직하며 바쁜 나날을 보내고 있다.

연락처 : School of Business Administration, University of San Diego, Alcala Park, San Diego, CA92110

전화 : (619) 260-4870

역자에 관하여 ≫

# 최 경 희

연세대학교를 졸업하고 동 대학 교육대학원에서 산업교육전공 석사과정을 거쳤다. 현재 미래컨설팅 대표로 재직 중이며, 한국인간교육원 교육·기획 이사, 중앙공무원 교육원 국제협력 프로그램 인간관계훈련 및 감수성 훈련 전임강사 등으로 활동하고 있다. 환경부, 국무총리비상기획위원회, 한국노동교육원, 농촌진흥청 산하 연구기관들, 성남시청, 광주시청 등 다수의 기관에서 교육을 담당한 경력이 있으며, 한국토지공사, LG화학, SKT, (주)SK, 삼성광전, 대신증권 등의 대기업과 한국인간교육원, 산업카운슬링협회, YMCA, 성균관대학교 등의 여러 교육기관에서 열성적으로 강의를 펼치며, 활발한 활동을 벌이고 있다.

주요 논문으로는〈감수성 훈련의 재조명〉, 번역서로는《설득을 위한 대화의 기술》(정봉원 공역) 등이 있다. 현재 'HRD 프로그램: 피플 스마트people smart(피플 스마트 하이퍼포먼스 리더십 과정, 피플 스마트 고객관계 판매와 서비스 과정, 피플 스마트 파트너십 과정, 피플 스마트 팀빌딩 과정, 피플 스마트 자녀교육 과정)' 을 정봉원 교수와 함께 운영하고 있다.

연락처 : 미래컨설팅(02-537-2135, www.mireconsult.co.kr)

이메일 : mirae@mireconsult.co.kr

# 정 봉 원

조직행동으로 경영학 박사학위를 받은 그는 현재 영진산업인력개발원 교수, 영진전문대학 국제관광계열 교수로 재직하고 있다. LG전자, LG Philips Displays, SK-Enron, 코오롱, 현대중공업, 대구백화점, 동아백화점 등의 대기업에서 직원 교육을 담당한 경력이 있으며 경북도청, 대구지방경찰청, 경북지방경찰청, 구미시청, 대구도시가스, 조폐공사 등의 공기업에서도 교육을 담당한 바 있다. 주요 논문으로는 〈리엔지니어링 고객만족 벤치마킹 S곡선〉, 〈갈등관리방법이 직무만족과 이직의사에 미치는 영향〉의 다수가 있으며, 《외식사업과 창업》, 《파트너십과정》, 《고객감동실천과정》, 《Self-Innovation과정》, 《리더십과정》과 같은 다수의 기업 교재도 저술하였다. 번역서로는 《설득을 위한 대화의 기술》(최경희 공역)이 있다. 현재 'HRD 프로그램: 피플 스마트 people smart(피플 스마트 하이퍼포먼스 리더십 과정, 피플 스마트 고객관계 판매와 서비스 과정, 피플 스마트 파트너십 과정, 피플 스마트 팀빌딩 과정, 피플 스마트 자녀교육 과정)'을 최경희 대표와 함께 운영하고 있다.

연락처 : 영진산업인력개발원(054-977-5900, http://www.hrd.or.kr)

# 행복한 일터의 커뮤니케이션


펴  냄    2003년 4월 5일 1판 1쇄 펴냄 / 2005년 5월 20일 1판 2쇄 펴냄
지은이    토니 알레산드라 · 필립 헌스커
옮긴이    최경희 · 정봉원
펴낸이    김철종
펴낸곳    (주)한언
          등록번호 제1−128호 / 등록일자 1983. 9. 30
주  소    서울시 마포구 신수동 63−14 구 프라자 6층(우 121−854)
          TEL. 02-701-6616(대) / FAX. 02-701-4449
디자인    백주영 jypaek@haneon.com
홈페이지   www.haneon.com
e-mail    haneon@haneon.com


이 책의 무단전재 및 복제를 금합니다.
잘못 만들어진 책은 구입하신 서점에서 바꾸어 드립니다.
ISBN 89-5596-058-1    03300